Ulrike Diehl/Otto Loistl/
Heinz Rehkugler

Effiziente Kapitalmarktkommunikation

1998
Schäffer-Poeschel Verlag Stuttgart

Die Deutsche Bibliothek – CIP-Einheitsaufnahme

Diehl, Ulrike:
Effiziente Kapitalmarktkommunikation / Ulrike Diehl/Otto Loistl/
Heinz Rehkugler. – Stuttgart : Schäffer-Poeschel, 1998
ISBN 3-7910-1281-9

Einbandgestaltung: Willy Löffelhardt
Satz: Dörr + Schiller GmbH, Stuttgart
Druck und Bindung: Franz Spiegel Buch GmbH, Ulm
Printed in Germany

Schäffer-Poeschel Verlag Stuttgart
Ein Tochterunternehmen der Verlagsgruppe Handelsblatt

Vorwort

Die Kapitalmarktkommunikation hat in Deutschland, insbesondere durch neue gesetzliche Vorschriften und die Internationalisierung der Kapitalmärkte, in den letzten Jahren an Bedeutung gewonnen. Die DVFA bietet mit dem hier vorgelegten Handbuch eine praxisgerechte Anleitung zur sicheren Handhabung an.

Diese zweifache Motivation prägt die unterschiedliche Darstellungsform der einzelnen Kapitel: Kapitel I und IV erläutern mit ausführlicher Argumentation grundlegende Zusammenhänge. Kapitel II und III geben konkrete Handlungsempfehlungen ab und bevorzugen kurze Merksätze.

Die Grundlagen haben die Mitglieder der DVFA-Kommission »Effiziente Kapitalmarktkommunikation« zusammengetragen und in 4 Arbeitskreisen bearbeitet. Die Mitglieder der einzelnen Arbeitskreise sind im Vorspann aufgeführt. Die Mischung aus Unternehmensvertretern, Investorenvertretern, Wertpapieranalysten und weiteren Experten der Unternehmens-/Kapitalmarktkommunikation bietet Gewähr für eine sachlich fundierte Darstellung. Die Lösungsvorschläge tragen auch den Gütestempel dieser Praxiserfahrung.

Auftragsgemäß oblag es den Sprechern aus allen Arbeitskreisen, die Einzelbeiträge zu einheitlichen Ausführungen zu verarbeiten, die Inhalte der einzelnen Kapitel abzustimmen und mit eigenen Beiträgen zu einer geschlossenen Darstellung abzurunden. Sie zeichnen daher auch als Autoren für die vorgelegte Fassung verantwortlich. Für die wirksame Unterstützung danken sie den Mitgliedern der Kommission und dem DVFA-Vorstand. Dank gebührt auch Frau Hagauer für die redaktionelle Betreuung des Manuskriptes.

Ulrike Diehl — Otto Loistl — Heinz Rehkugler

Inhalt

Vorwort V

Liste der aktiven Mitglieder der DVFA-Kommission XVII

Kapitel I
Zielgruppen und zielgruppenadäquate Gestaltung der Unternehmenspublizität 1

1 Unternehmenspublizität und Investor Relations 1

2 Ebenen der Finanzkommunikation 3

2.1 Finanzkommunikation als Erfüllung gesetzlicher Vorschriften für eine investorengerechte Unternehmenspublizität 3
2.2 Finanzkommunikation als Mittel der Gestaltung von Finanzmarktbeziehungen 4

3 Zielgruppen und Informationsbedarf 7

3.1 Zielgruppen 7
3.2 Informationsbedarf 8
3.2.1 Bestimmung des Informationsbedarfes 8
3.2.2 Bedeutende Informationsbereiche 9
3.2.2.1 Informationen über Vergangenheit bis Gegenwart 9
3.2.2.2 Zukunftsinformationen 9
3.3 Instrumente der Kommunikation 11
3.3.1 Gesetzlich vorgeschriebene Informationsinstrumente 11
3.3.2 Wege freiwilliger Kommunikation 11
3.3.3 Weitere wünschenswerte freiwillige Instrumente 11
3.4 Zielgruppenorientierte Kommunikationsmöglichkeiten 12

4 Grundsätze zweckmäßiger Unternehmenskommunikation ... 14

4.1 Anforderungen an die Unternehmenskommunikation ... 14
4.2 Grundsätze und Prinzipien ... 14
4.2.1 Wesentlichkeit ... 14
4.2.2 Kontinuität/Stetigkeit/Vergleichbarkeit ... 15
4.2.3 Adressatengerechtigkeit ... 17
4.2.4 Zeitnähe ... 17
4.2.5 Wirtschaftlichkeit ... 18
4.2.6 Reputation ... 19
4.3 Probleme bei Beachtung der Kommunikationsgrundsätze ... 20
4.3.1 Problemursachen ... 20
4.3.2 Ausgewählte Probleme ... 20
4.3.2.1 Bereichs- vs. allgemeine Öffentlichkeit ... 20
4.3.2.2 Schwierigkeiten objektivierter Unternehmensbewertung ... 21
4.3.2.3 Meßbarkeit des Investor Relations (IR)-Erfolgs ... 21
4.3.2.4 Entscheidung zwischen eigenen Aktivitäten und Fremdbezug ... 23
4.3.2.5 Aktive IR – eine lohnende Aufgabe, auch für kleinere Unternehmen ... 23

5 Rechnungslegung als Informationsbasis ... 25

5.1 Bilanz, GuV-Rechnung und Anhang ... 25
5.1.1 Der Informationsgehalt des Jahresabschlusses ... 26
5.1.2 Unterschiedliche Rechnungslegungssysteme ... 27
5.1.2.1 Die deutsche Rechnungslegung nach HGB ... 28
5.1.2.2 Die Generally Accepted Accounting Principles der USA (US-GAAP) ... 29
5.1.2.3 Rechnungslegung nach IAS ... 31
5.1.2.4 Internationale Rechnungslegung: Aktuelle Tendenzen ... 38
5.1.3 DVFA-Kennzahlen ... 39
5.1.3.1 DVFA-Ergebnis ... 39
5.1.3.2 Cash Flow (DVFA) ... 42
5.1.4 Der Anhang ... 43
5.1.4.1 Gesetzliche Abschlußerläuterungen ... 43
5.1.4.2 Freiwillige Abschlußerläuterungen ... 47
5.2 Der Lagebericht ... 48
5.2.1 Gesetzlicher Hintergrund und freiwillige Berichterstattung ... 48

5.2.2 Die Elemente des Lageberichts im einzelnen .. 49
5.2.2.1 Wirtschaftsbericht - Darstellung der Geschäftstätigkeit bis zum Bilanzstichtag 49
5.2.2.2 Nachtragsbericht - Entwicklung vom Bilanz- bis zum Berichtsstichtag 51
5.2.2.3 Prognosebericht - Ausblick auf die weitere Entwicklung nach dem Berichtsstichtag 52
5.2.2.4 Forschungs- und Entwicklungsbericht 54
5.2.2.5 Zusatzbericht 54
5.2.3 Schlußbemerkung 55

6 Literatur 56

Kapitel II
Regelmäßige Kommunikation 59

1 Hauptversammlung, Pressekonferenz und Geschäftsbericht im Rahmen des Aktienmarketing 59

1.1 Hauptversammlung 59
1.1.1 Vorbereitungsphase 59
1.1.1.1 Aktivieren der Teilnehmer 59
1.1.1.2 Zeit- und Ortsplanung 60
1.1.2 Durchführung 61
1.1.2.1 Anwesenheit, Versammlungsleitung und Stellungnahmen des Managements 61
1.1.2.2 Berichterstattung des Vorstandssprechers 61
1.1.2.3 Umfeld 62
1.1.3 Nachbereitung 62
1.2 Die Pressekonferenz 63
1.2.1 Vorbereitung 63
1.2.2 Durchführung der Pressekonferenz 64
1.3 Geschäftsbericht 65

2 DVFA-Analystenkonferenzen 67

2.1 Ziel und Zweck von DVFA-Analystenkonferenzen 67
2.2 Durchführung einer DVFA-Analystenkonferenz 69
2.2.1 Aufgabenbereiche 69
2.2.2 Terminierung und Einladung 70
2.2.2.1 Bis 6 Monate vor der Konferenz 70

2.2.2.2 6 Wochen vor der Konferenz 71
2.2.3 Konferenzablauf (Tag der Konferenz) 72
2.2.4 Nachbereitung 76
2.3 Rechtliche Aspekte unter Berücksichtigung der Insiderregelung gem. WpHG 76

3 Unterjährige Berichterstattung: Sonstige Formen der regelmäßigen Kommunikation ... 80

3.1 Weitere Möglichkeiten der unterjährigen Unternehmenspräsentation 80
3.2 Investor Relations für Privatanleger – ein unterschätztes Potential 82
3.2.1 Ziele der Investor Relations für private Anleger 82
3.2.2 Techniken der Investor Relations für private Anleger 83
3.2.2.1 Definition der technischen Anforderungen und Ressourcen 83
3.2.2.2 Instrumente 84
3.2.3 Inhalte der Investor Relations für Privatanleger 86
3.2.4 Erfahrungen mit Investor Relations für Privatanleger 87
3.2.5 Zusammenfassende Wertung 88
3.3 Kommunikation mit der Financial Community am Beispiel der SAP AG 88

4 Bei Analystenbesuchen regelmäßig gestellte Fragen ... 92

4.1 Grundsätzliche Fragen 92
4.1.1 Zur allgemeinen Situation 92
4.1.2 Zum Markt 92
4.1.3 Zu den Produkten 95
4.1.4 Zur Liquidität 96
4.1.5 Zu Ertragsaussichten 98
4.1.6 Zu Unternehmensführung/Mitarbeitern 99
4.2 Erwünschte Angaben zur Bilanz 100
4.2.1 AKTIVA 100
4.2.2 PASSIVA 101

5 Literatur 102

Anhang zu Kapitel II
DVFA: Weitere Aktivitäten und Standesrichtlinien 103

1 Weitere DVFA-Aktivitäten 103

2 Standesrichtlinien der DVFA 105

2.1 Grundsätze ordnungsmäßiger Analyse und Anlageberatung 105
2.2 Allgemeine Berufspflichten 107
2.3 Spezielle Berufspflichten im Umgang mit Informationen und Analysen 108
2.4 Pflichten gegenüber dem Arbeitgeber 111
2.5 Verhalten gegenüber dem Berufsstand (repräsentiert durch die DVFA) 111

Kapitel III
Fallbezogene Kommunikation 113

1 Der rechtliche Rahmen des WpHG 113

1.1 Definition und Erläuterungen der Ad hoc-Publizität gemäß § 15 WpHG 113
1.1.1 Definition der Ad hoc-Publizität gem. § 15 WpHG 113
1.1.2 Rechnungslegung und Ad hoc-Publizitätspflichten 116
1.1.2.1 Gläubigerschutz contra Anlegerschutz 116
1.1.2.2 Abgrenzung dieser Rechtsbereiche 116
1.1.2.3 Lagebericht und Ad hoc-Mitteilung 117
1.1.3 Zwischenberichterstattung und Ad hoc-Publizitätspflichten 118
1.1.4 Auskunftsrecht des Aktionärs und Ad hoc-Publizitätspflichten 119
1.1.4.1 Information der Hauptversammlung 119
1.1.4.2 Auskunftsrecht nach § 131 Aktiengesetz und § 15 WpHG 120
1.1.5 Finanzanalytische Maßgaben von Bedeutung . 121
1.2 Formaler Ablauf der Ad hoc-Publizität 121
1.2.1 Zeitabläufe berücksichtigen 121
1.2.1.1 Zeitspanne zwischen Mitteilung und Veröffentlichung 123

1.2.1.2 Wann gilt die Bereichsöffentlichkeit als informiert? 124
1.2.2 Nicht jede Veröffentlichung wirkt befreiend .. 124
1.2.2.1 Gesetz schreibt Ablauf vor 124
1.2.2.2 Pressegespräch unzureichend 125
1.2.3 Wann publizieren? 125
1.2.4 Abwicklung regelmäßiger Publikationen 126
1.3 Informationsmanagement 126
1.3.1 Formale Vorgaben beeinträchtigen Unternehmensziele 126
1.3.2 Freistellung von der Veröffentlichungspflicht . 127
1.3.3 Vorgeschriebene Wege einhalten 128
1.3.4 Akquisitionen und ähnliche Verhandlungen .. 128
1.3.5 Relevanz der Marktmeinung 129
1.3.6 Analystenkonferenzen 130
1.4 Verhältnis § 15 WpHG zu Meldepflichten aufgrund einer Börsennotierung im Ausland 132
1.4.1 Implikationen der US-amerikanischen Regelung auf die Auslegung von § 15 WpHG 132
1.4.2 Fallbezogene Kommunikation in Großbritannien 135
1.4.2.1 Gesetzliche Rahmenbedingungen 135
1.4.2.2 Praktische Rahmenbedingungen 139

2 Praktischer Teil zur Umsetzung des § 15 WpHG 141

2.1 Vorbemerkung 141
2.2 Welche Pflichten müssen nach § 15 WpHG erfüllt werden? 141
2.3 Welche Prinzipien sind im Rahmen des § 15 WpHG zu beachten? 143
2.4 Organisationsgrundsätze 143
2.4.1 Die Pflicht 143
2.4.2 Die Kür 143
2.5 Welche Punkte wurden durch den Gesetzestext nicht geregelt? 144
2.6 Typische Problemfälle 145
2.7 Medien zur Herstellung der Bereichsöffentlichkeit 146
2.7.1 Elektronische Informationsverbreitungssysteme 146
2.7.1.1 Full-Service-Informationsverbreitungssystem . 146
2.7.1.2 Ad hoc-Service der DGAP 146

2.7.2 Finanzanzeige in einem überregionalen Börsenpflichtblatt ... 148
2.8 Gestaltungsbeispiele ... 149
2.8.1 Standardisierter Aufbau einer Ad hoc-Mitteilung ... 149
2.8.2 Muster-Deckblatt zur Vorabinformation der jeweiligen Börse und des BAWe ... 150
2.9 Wichtige Anschriften und Telefon- und Faxnummern für das neue Insiderrecht und die Ad hoc-Publizität ... 151
2.10 Die Auswahl der Publikationsorgane in Deutschland ... 152
2.11 Geschäftszeiten: FWB Parketthandel, IBIS, DTB 156

3 Literatur ... 157

Kapitel IV
Kurserheblichkeit und Insiderproblematik ... 159

1 Einleitung ... 159

1.1 Grundlegend neue Sicht ... 159
1.2 Rechtliche Grundlagen ... 160
1.2.1 Insiderhandelsverbot ist Straftatbestand ... 160
1.2.2 Insider ... 160
1.2.3 Insiderpapiere ... 162
1.2.4 Kursrelevante Tatsachen ... 163
1.3 Regelungszweck ... 165

2 Tätigkeit in Investmentresearch und Kapitalmarkteffizienz ... 168

2.1 Kapitalmarkteffizienz ... 168
2.2 Investmentresearch und Unternehmensinformation ... 169
2.3 Insiderregelung und Kapitalmarkteffizienz ... 172

3 Erhebliche Kursbeeinflussung als Tatbestandsmerkmal ... 175

3.1 Problemstellung ... 175

3.1.1 Nur partielle Rezeption der vorhandenen Literatur ... 175
3.1.2 Konzentration auf den Kernbereich ... 177
3.1.3 Subjektives Tatbestandsmerkmal ... 180
3.2 Kurserheblichkeit von betrieblichen Tatsachen 180
3.2.1 Kursbestimmungsfaktoren in der betriebswirtschaftlichen Literatur zur Wertpapieranalyse .. 180
3.2.2 Dividend-Discount-Modell ... 181
3.2.3 Überblick über weitere Konzepte der Kapitalmarkttheorie ... 183
3.2.4 Resümee ... 185
3.3 Die konkrete Bestimmung der Kurserheblichkeit betrieblicher Tatsachen ... 186
3.3.1 Die prinzipiellen Zusammenhänge ... 186
3.3.2 Das DVFA-Ergebnis als nachhaltige Erfolgsgröße 188
3.3.3 Empirische Untersuchungen über den Zusammenhang von Aktienkursveränderungen und Erfolgsgrößen ... 190
3.3.4 Ein grundlegender Beurteilungsvorschlag 192
3.3.5 Beispielkatalog zur kasuistischen Komplettierung des systematischen Bewertungsvorschlages 193
3.3.6 Verallgemeinerungen ... 195
3.3.6.1 5%-Grenze ... 195
3.3.6.2 DVFA-Ergebnisse und alternative Rechnungslegung ... 196
3.3.7 Illustration an den DAX-Werten ... 197
3.3.8 Die Auffassung des BAWe ... 200
3.4 Integriertes dreistufiges Procedere der Kurserheblichkeitsbestimmung ... 202
3.5 Zusammenfassende Würdigung ... 207
3.5.1 Kurserheblichkeitspotential ... 207
3.5.2 Volatilität als objektiver Erheblichkeitsmaßstab 207
3.5.3 Erheblichkeitsschwelle ... 208
3.6 Die Bedeutung nicht kurserheblicher Informationen für das Investmentresearch ... 208

4 Literatur ... 210

Anhang I zu Kapitel IV ... 217

1 Ergebnis nach DVFA/SG ... 217

1.1 Das Prinzip der DVFA-Methodik ... 217

1.2 Zu bereinigende Sondereinflüsse 218
1.2.1 Ungewöhnliche Aufwendungen und Erträge .. 218
1.2.2 Dispositionsbedingte Aufwendungen und Erträge 220
1.3 Faktoren, die das DVFA-Ergebnis beeinflussen . 220
1.4 Die einzelnen Positionen der Gewinn- und Verlustrechnung und Beispiele für Einflußfaktoren 221
1.5 Arbeitsschema zur Ermittlung des Ergebnisses nach DVFA/SG 222
1.6 Veränderungen bei Bilanzpositionen. Besonderheiten bei Industrieunternehmen 227
1.7 Veränderungen bei Bilanzpositionen. Besonderheiten bei Versicherungsgesellschaften 230

2 Statistische Untersuchung über die Aussagefähigkeit des DVFA-Ergebnisses 232

3 Cash Flow nach DVFA/SG 235

3.1 Begriff des Cash Flow 235
3.2 Arbeitsschema zur Ermittlung des Cash Flow nach DVFA/SG 235

Anhang II zu Kapitel IV
Ausgewählte Ad hoc-Meldungen und Kursverläufe – Originaltexte 237

1 Daimler-Benz Aerospace 237

2 Dürr erhielt Großauftrag 241

3 Gerresheimer Ergebniserwartung 244

4 Dresdner Bank veräußert Beteiligung an Degussa AG .. 247

5 Degussa mit neuem Großaktionär 250

6 Deutlicher Ergebnisanstieg der Deutschen Bank im 1. Quartal 252

7 Quartalsbericht der Bertrandt AG 255

8 Nürnberger Versicherungsgruppe steigerte Konzernüberschuß 259

9 Hochtief AG verfolgt Fusionsabsichten nicht weiter 261

10 Fusionsverfahren mit Philipp Holzmann AG 264

Stichwortverzeichnis 267

Liste der aktiven Mitglieder der DVFA-Kommission

Effiziente Kommunikation – Investorengerechte Unternehmenskommunikation

Vorsitzender: Prof. Dr. Otto Loistl, Wirtschaftsuniversität Wien, IFM
Stellvertr. Vorsitzender: Michael Pfister, SAP AG

Arbeitskreis I
Zielgruppen und zielgruppenadäquate Gestaltung der Unternehmenspublizität

Dr. Wolfgang Blättchen, Blättchen & Partner GmbH
Claudia Burkard, DG Capital Management GmbH
Dr. Rainer Link, Ruhrgas AG
Dr. Udo Mandler, C & L Deutsche Revision AG
Rolf Messner, Finanzberatung und Vermögensverwaltung
Petra Nix, VIAG Aktiengesellschaft
Prof. Dr. Heinz Rehkugler, Universität Freiburg (Sprecher des Arbeitskreises I)
Peter Schilling, Bankhaus Dellbrück & Co
Harald Schmidt, Commerzbank AG
Dr. Alexander Serfas, Dresdner Bank AG
Heiner Strungies, Möbel Walther AG
Alexander Vollet, GFD Finanzkommunikation

Arbeitskreis II
Regelmäßige Kommunikation

Heribert Alpmann, BfG Bank AG
Guido Bohnenkamp, Barmag AG
Dr. Harry Brambach, SG-Holding AG/Schwabengarage AG
Michael Dürr, IR Investor Relations AG
Dr. Matthias Eickhoff, CeWe Color Holding AG
Dr. Gerhart Förschle, C & L Deutsche Revision AG
Axel Haubrok, Haubrok Investor Relations GmbH
Dr. Rainer Link, Ruhrgas AG
Dipl.-Kfm. Thomas Nösekabel, A. Fried Flender AG
Stefan Roberg, DePfa-Bank AG
Erich Schäfer, IVG Holding AG
Hans-Peter Wodniok, Credit Lyonnais Securities

Arbeitskreis III **Fallbezogene Kommunikation**	Ulrike Diehl, DVFA (Sprecherin des Arbeitskreises III) Dietmar Hannebohn, Dietmar Hannebohn Consult GmbH Michael Kempkes, Haubrok Investor Relations GmbH Michael Pfister, SAP AG Cornelia Spodzieja, Charles Barker Corporate Communications GmbH Christian Thormann, Vereins- und Westbank AG
Arbeitskreis IV **Kurserheblichkeit und Insiderproblematik**	Heinrich Ackermann, LGT Bank in Liechtenstein (Deutschland) GmbH Helga Balensiefer, DG Bank Klaus M. Geiger, DIT Gesellschaft für Wertpapieranlagen mbH Horst Hartung, Dresdner Bank AG Prof. Dr. Otto Loistl, Wirtschaftsuniversität Wien (Sprecher des Arbeitskreises IV) Hans-Hermann Mindermann, Generaldirektion Telekom Walter Schadenfroh, Global Risk Management Ralf Sernau, Credit Suisse First Boston AG Christian Strenger, DWS GmbH

Kapitel I
Zielgruppen und zielgruppenadäquate Gestaltung der Unternehmenspublizität

1 Unternehmenspublizität und Investor Relations

Public Relations

Public Relations (PR) gehören seit langem zu den Standardinstrumenten der meisten Unternehmen. Durch systematische Unternehmenskommunikation werden Ziele, Strategien, Programme, Aktivitäten und Absichten des Unternehmens allen an diesen Informationen interessierten Zielgruppen, den **Konsumenten, Geschäftspartnern, Wettbewerbern, Eigen- und Fremdkapitalgebern, Arbeitnehmern und Gewerkschaften, der Politik und der allgemeinen Öffentlichkeit**, vermittelt und diesen gegenüber vertreten. Damit sollen die Beziehungen zwischen der Unternehmung und der Öffentlichkeit gezielt positiv gestaltet werden, um diesen Gruppen Wissen über das Unternehmen zu vermitteln und bei ihnen **Verständnis und Vertrauen für das unternehmerische Handeln** zu gewinnen und auszubauen. Dies **verlangt einen permanenten »fairen« Dialog zwischen Unternehmen und der Öffentlichkeit** und setzt im Unternehmen voraus, daß die Unternehmenskommunikation als integratives Element der gesamten Unternehmensstrategie verstanden wird.

Systematische Unternehmenskommunikation

Unter den Zielgruppen der Unternehmenspublizität kommt vor allem bei börsennotierten Unternehmen den Kapitalgebern eine entscheidende Bedeutung zu. Für die Kommunikation mit der »Financial Community« hat sich der Begriff der Investor Relations herausgebildet. Investor Relations bezeichnen damit die **auf die Kapitalgeber bezogene Unternehmenskommunikation**. Sie gezielt und unter Beachtung der internationalen Finanzmarktbedingungen zu gestalten, wird um so wichtiger, je größer das Unternehmen ist und je größer damit das Interesse an ausländischen Anlegern wird. Die Gemeinsamkeiten und Unterschiede zwischen Public Relations und Investor Relations gibt Tabelle 1 wieder.

Investor Relations

Kommunikation mit den Kapitalgebern

Bedeutung der IR wird erst zunehmend erkannt

Die tatsächlich praktizierte Kommunikation mit der Financial Community bleibt in Deutschland allerdings hinter dem formulierten Anspruch oft noch weit zurück. Besonders die **Gestaltung**

Merkmal	PR	IR
Aufgaben	Kommunikation zwischen Unternehmen und Öffentlichkeit	Kommunikation mit der Financial Community
Ziele	hohe Akzeptanz in der Öffentlichkeit, Schaffung von Firmenimage und Corporate Culture	angemessener Aktienkurs, Senkung der Kapitalkosten
Zielgruppen	Kunden, Konkurrenten, Mitarbeiter, Journalisten, breite Öffentlichkeit	Aktionäre, potentielle Investoren, Meinungsmultiplikatoren wie Analysten und Wirtschaftspresse

Tabelle 1: Merkmale von Public Relations und Investor Relations

der Beziehungen zu den Eigenkapitalgebern hat in Deutschland, im Gegensatz zu den angelsächsischen Ländern, vor allem wegen der historisch unterschiedlichen Kapitalmarktentwicklung auch bei den börsennotierten Unternehmen **keine lange und breite Tradition**. Allerdings haben in den letzten Jahren Unternehmen zunehmend deren Bedeutung für die Sicherung der Eigenkapitalversorgung erkannt und durch Einrichtung von Investor Relations-Abteilungen verstärkte Anstrengungen zur Gestaltung und Pflege der Finanzmarktbeziehungen unternommen. Zahlreiche andere Unternehmen werden diesem Weg folgen wollen oder müssen, kennen aber möglicherweise Mittel und Wege zur sinnvollen und wirksamen Finanzkommunikation nicht genau. Das gilt sowohl hinsichtlich der neuen gesetzlichen Vorschriften zur Unternehmenspublizität als auch hinsichtlich der weitergehenden freiwilligen Finanzkommunikation.

Basis jeder Finanzkommunikation ist die korrekte Erfüllung der **gesetzlichen Verpflichtungen zur Berichterstattung**. Über die Erfüllung der Mindestverpflichtungen hinaus ist es für die Verbesserung der Finanzmarktbeziehungen zweckmäßig, **freiwillig zusätzliche, für Investoren hilfreiche Informationen** zu publizieren. Für »Pflicht« und »Kür« will dieses Handbuch Unterstützung bieten.

2 Ebenen der Finanzkommunikation

2.1 Finanzkommunikation als Erfüllung gesetzlicher Vorschriften für eine investorengerechte Unternehmenspublizität

Gesetzliche Vorschriften über die regelmäßige Unternehmenspublizität finden sich in den Bestimmungen über die **Rechnungslegung im Handelsgesetzbuch** (§§ 238 ff. HGB). Diese bilden eine zentrale Informationsbasis für die Investoren. Die Vorschriften zur regelmäßigen Berichterstattung von Kapitalgesellschaften (§§ 264 ff. HGB) verlangen die jährliche Aufstellung einer **Bilanz** und einer **Gewinn- und Verlustrechnung**, erweitert um einen **Anhang**. Diese bilden den Jahresabschluß, der nach den Grundsätzen ordnungsmäßiger Buchführung und Bilanzierung aufzustellen ist und in diesem Rahmen »ein den tatsächlichen Verhältnissen entsprechendes Bild der Vermögens-, Finanz- und Ertragslage der Kapitalgesellschaft zu vermitteln« hat (§ 264 Abs. 2 HGB). Zusätzlich ist ein **Lagebericht** aufzustellen.

Mindestrahmen:

Gesetzliche, regelmäßige Unternehmenspublizität

Der Öffentlichkeit wird der Jahresabschluß regelmäßig erst etwa vier bis sechs Monate nach dem Bilanzstichtag vorgestellt. Um dem Interesse der Aktionäre von börsennotierten Gesellschaften an zeitnäheren Informationen entgegenzukommen, sind die Emittenten von zum Börsenhandel zugelassenen Aktien nach **§ 44 b Abs. 1 Börsengesetz** verpflichtet, »innerhalb des Geschäftsjahres regelmäßig mindestens einen **Zwischenbericht** zu veröffentlichen, der anhand von Zahlenangaben und Erläuterungen ein den tatsächlichen Verhältnissen entsprechendes Bild der Finanzlage und des allgemeinen Geschäftsgangs ... vermittelt«.

Diese traditionellen Vorschriften wurden durch neue gesetzliche Publizitätsregelungen ergänzt.

Zur Stärkung des Vertrauens in die Funktionsfähigkeit des deutschen Kapitalmarktes sowie der Attraktivität und Wettbewerbsfähigkeit der deutschen Börsen wurde am 26. Juli 1994 das 2. Finanzmarktförderungsgesetz verabschiedet. Kernpunkt ist das **Wertpapierhandelsgesetz (WpHG)** mit dem **Verbot von Insidergeschäften** und der Pflicht zur **Ad hoc-Publizität von kursbeeinflussenden Tatsachen**. Diese Bestimmungen verfolgen den Zweck, den Mißbrauch von Insiderinformationen zu Lasten der anderen Finanzmarktteilnehmer soweit wie möglich zu verhindern, um damit möglichst Chancengleichheit für alle Aktionäre und potentiellen Investoren zu schaffen. Mit § 15 des Wertpapierhandelsgesetzes sind die Vorschriften zur fallbezogenen Berichterstattung neu gefaßt worden und am 1. Januar 1995 in Kraft getreten. Bis

Gesetzliche, fallbezogene Berichterstattung

dahin galten für die Ad hoc-Veröffentlichung kursrelevanter Tatsachen die Bestimmungen des § 44 a Börsengesetz in Verbindung mit § 70 Börsenzulassungs-Verordnung. Die Entwicklung des gesetzlichen Rahmens zur Schaffung international vergleichbarer Finanzmarktbedingungen ist mit den jetzigen Regelungen sicher nicht abgeschlossen, sondern wird im 3. Finanzmarktförderungsgesetz fortgeführt.

Überwachung

Zur Insiderüberwachung, welche auch die fallbezogene Veröffentlichung und Mitteilung kursbeeinflussender Tatsachen gemäß § 15 WpHG umfaßt, wurde **das Bundesaufsichtsamt für den Wertpapierhandel** errichtet, das seine Aufgaben nur im öffentlichen Interesse wahrnimmt und seine Befugnisse entsprechend einsetzt.

Mit der korrekten Auslegung und Umsetzung der Vorschriften zur regelmäßigen Rechnungslegung sind die Unternehmen und die sie unterstützenden Berater und Wirtschaftsprüfer inzwischen bestens vertraut, zumal auch eine große Zahl erläuternder Kommentare verfügbar ist. Dagegen bedürfen vor allem die neuen Vorschriften zur Ad hoc-Publizität noch der Interpretation und der

Sanktionen

Herausbildung praktikabler Regeln. Wegen der **Sanktionsbewehrung der neuen Vorschriften** gem. § 39 WpHG werden sie anders zu würdigen sein als die kaum beachtete Vorgängervorschrift § 44 a BörsG. Um Unsicherheiten im Umgang mit der Ad hoc-Publizität abzubauen, werden in den Kapiteln III und IV dieses Handbuchs die wichtigsten Bestimmungen zur Ad hoc-Publizität und zum Insiderrecht kommentiert dargestellt. Dabei geht es insbesondere darum, ökonomisch sinnvolle Begründungen und konkrete Erläuterungen zu den Tatbestandsvoraussetzungen und zum Begriff der »**kursbeeinflussenden Tatsachen**« zu entwickeln.

2.2 Finanzkommunikation als Mittel der Gestaltung von Finanzmarktbeziehungen

Finanzkommunikation über gesetzlichem Mindeststandard

Die Erfüllung der gesetzlichen Publikationspflichten nach dem HGB vermag die Informationsbedürfnisse der Investoren nicht vollständig zu befriedigen, sondern stellt nur einen Mindestrahmen dar. Es ist bekannt und wird aus Sicht der Finanzmärkte oft kritisiert, daß die deutsche Rechnungslegung vornehmlich am Prinzip des Gläubigerschutzes orientiert ist. Die Ausrichtung der Informationsinhalte an den Eigentümerinteressen tritt demgegenüber in den Hintergrund. **Investoren** sind verständlicherweise an möglichst umfassenden und verläßlichen Informationen über alle wesentlichen wertbeeinflussenden Tatsachen eines Unternehmens interessiert. Dies betrifft zum einen die **aktuelle Vermögens-, Finanz- und Ertragslage** und zum anderen **unternehmensinterne Aktionen und Strategien** sowie **externe Entwicklungen**, die für die künftige Finanz- und Ertragskraft bestimmend sein können. Nur auf dieser Basis können sie fundierte Anlageentscheidungen treffen und die Qualität der Managementleistung beurteilen.

Folgen unzureichender Informationsversorgung

Können sich die Investoren aufgrund unzureichender Informationsversorgung der **Einschätzung des angemessenen Unternehmens- und Kurswerts nicht sicher** sein, werden sie entweder diese Risiken durch Aufschläge auf die geforderten Renditen zu kompensieren versuchen, was zu Kursabschlägen und damit zu **erhöhten Eigenkapitalkosten** führt, oder sie **werden im Extremfall von bestimmten Investments gänzlich Abstand nehmen**. Gerade international orientierte Anleger werden sich Länder und Unternehmen mit guter Informationspolitik aussuchen. Manchen deutschen Unternehmen wird hier, wohl nicht zu unrecht, ein erheblicher Nachholbedarf unterstellt. Es gilt also, durch die spezifisch deutsche Kapitalmarkttradition geprägte Verhaltensweisen aufzugeben und mit offener Informationspolitik die heute üblichen internationalen Standards zu erreichen.

Verbesserung des Informationsniveaus

Die Verbesserung des Informationsniveaus der Anleger soll das Risiko der falschen Einschätzung der Unternehmenssituation verringern. Dies führt zu »fairen«, **nicht durch Informationsmängel verfälschten Kursen** und verhindert erratische, nicht durch Veränderung der fundamentalen Daten ausgelöste Kursschwankungen. Mit der Ähnlichkeit der verfügbaren Informationsbasis wird die Einschätzung der Unternehmenssituation durch den Markt der des Managements angenähert. Regelmäßige, verläßliche Kommunikation der Finanzmarktdaten etabliert das Unternehmen im Bewußtsein der Finanzmärkte. Sie verstärkt die Nachfrage nach den Wertpapieren der Gesellschaft und erhöht die Liquidität dieser Papiere. Insgesamt gesehen kann damit **investorengerechte Unternehmenspublizität** zur **Senkung der Kapitalkosten** führen.

Beim Transport dieser Informationen zu den aktuellen und potentiellen Anlegern übernehmen die **Wertpapieranalysten** eine wichtige Funktion. Sie besitzen die erforderliche Sachkenntnis zur Auswertung der Informationen. Sie haben **großen Einfluß auf die Anlageentscheidungen der Investoren**, sei es als Buy-Side- oder Sell-Side-Analysten. Den Informationsbedürfnissen der Wertpapieranalysten ist daher in besonderer Weise bei Form und Inhalt der Finanzkommunikation Rechnung zu tragen. Kapitel II des Handbuchs wird Möglichkeiten freiwilliger zusätzlicher Publizität im Rahmen der Veröffentlichung des Jahresabschlusses behandeln. Ebenso wäre daran zu denken, durch zusätzliche laufende oder bedarfsweise unterjährige Berichterstattung, die über die gesetzliche Ad hoc-Publizität hinausgeht, das Vertrauen der Anleger zu fördern und die Transparenz des Unternehmensgeschehens zu erhöhen.

Anspruch der Anteilseigner auf umfassende Information

Die Frage, ob eine Finanzkommunikation über den gesetzlich geforderten Mindeststandard hinaus sinnvoll ist, kann in zweifacher Weise beantwortet werden. Eine erste Antwort ist: **Anteilseigner haben Anspruch auf umfassende Auskunft**. Vor allem im internationalen Bereich sind Tendenzen nicht zu übersehen, daß sie sich dieses Anspruchs auch zunehmend bewußt werden und ihn offensiv durchzusetzen beginnen. Eine zweite Antwort ist: Es geht um eine simple Nutzenabwägung. Den unbestreitbaren Kosten vermehrter freiwilliger Publizität sind die dadurch erreichbaren Vorteile bei der **Verbesserung der Finanzmarktbedingungen** und des **allgemeinen Standings** des Unternehmens gegenüberzustellen.

Vorteile der IR übersteigen Kosten

Folgende gesicherte Erkenntnisse stützen diese Argumentation:

- Aktienkurse reagieren unverhältnismäßig stark auf unerwartete positive und negative Jahresabschlußinformationen und Zwischenberichte.
- Aktienkurse reagieren auf Ankündigungen von Veränderungen der Gewinnerwartung und der Dividendenzahlungen.
- Aktienkurse reagieren auf Gewinnschätzungen von Wertpapieranalysten.
- Freiwillige Unternehmenspublizität wirkt sich im Prinzip positiv auf die Marktliquidität und die Finanzierungskosten aus.

Qualität der Kommunikation

Die Kursreaktionen hängen dabei entscheidend von der Publizitätsgüte ab. Bei **hoher Kommunikationskultur** fallen die Kursanpassungen geringer aus, da in den neuen Informationen nur noch wenig Überraschendes enthalten ist, während bei schlechter Publizität die Kurse bei neuen Nachrichten oft extrem überreagieren. Ebenso zeigt sich, daß Höhe und Zeitraum der Kurswirkung von neuen Informationen von deren Glaubwürdigkeit abhängen. Dem Aufbau von Reputation kommt also erhebliche Bedeutung zu.

Damit liegen insgesamt deutliche Hinweise vor, daß die behaupteten Zielwirkungen verbesserter freiwilliger Publizität tatsächlich eintreten und sich daher eine systematische Finanzkommunikation für Unternehmen wie Investoren lohnt.

3 Zielgruppen und Informationsbedarf

3.1 Zielgruppen

Teilnehmer des Kapitalmarktes

Während Public Relations auf alle möglichen Gruppen zielt, mit denen ein Unternehmen zusammenarbeitet, so z. B. auch auf Mitarbeiter, Kunden, Lieferanten und die allgemeine Presse, beschränken sich Investor Relations voll und ganz auf die Teilnehmer des Kapitalmarktes, d. h. die **Fachpresse, Wertpapieranalysten und Ratingagenturen als Informationsmittler** sowie die **institutionellen und privaten Investoren**, also die aktuellen und potentiellen zukünftigen Aktionäre der Aktiengesellschaft. Wegen unterschiedlicher Interessen versteht es sich eigentlich von selbst, daß Art und Umfang der **gewünschten Information für jede Gruppe zielgerichtet** angepaßt werden sollte.

Institutionelle Anleger

Die institutionellen Anleger haben in den letzten Jahren, unterstützt durch eine Reihe externer Faktoren, ihr Gewicht bedeutend erhöht. Die in Deutschland gemanagten Fondsvermögen erreichten jedes Jahr, dank noch immer steigender Zuflüsse, neue Höchststände. Auch im Ausland läßt sich diese Tendenz der zunehmenden Bedeutung institutioneller Anleger beobachten. Damit treten den Aktiengesellschaften mehr und mehr professionelle Großanleger gegenüber, die **sehr detaillierte Informationen** über das Umfeld, die Besonderheiten des Unternehmens und seine Zukunftserwartungen erwarten. Deren Ziel ist es, die **Risiken und Chancen** eines eventuellen Investments in die betreffende Aktiengesellschaft **besser abschätzen** zu können. Andererseits lernen die Unternehmen durch diese regelmäßigen Kontakte einen Teil ihrer Aktionäre kennen und können diese dann zielgerichteter informieren, was sich besonders in schwierigen Zeiten als kursstabilisierend herausgestellt hat.

Private Anleger

Den privaten Anleger direkt anzusprechen ist eigentlich fast unmöglich, da in Deutschland die Inhaberaktien dominieren. Obwohl das Gewicht der Privatanleger in der Vergangenheit kontinuierlich abgenommen hat, ist es eine Gruppe, die nicht vernachlässigt werden sollte, da sie normalerweise ihre Aktienbestände sehr langfristig hält. Als mögliche Kommunikationswege haben sich **Presseartikel**, **Finanzwerbung** sowie **Aktionärsmessen** etabliert; alles in allem aber Wege mit relativ **hohen Streuverlusten**.

Informationsmittler

Als **Mittler** treten in den Kapitalmärkten die **Fachpresse** sowie die **Wertpapieranalysten** von Banken oder Ratingagenturen auf. Beide Gruppen kennen ihre Branchen und Unternehmen aus langjähriger Berufserfahrung gut und können daher Unternehmensveröffentlichungen fundiert auswerten. Während die **Fach-**

journalisten aber normalerweise verstärkt **aktuelle Informationen** verarbeiten und in den Vordergrund stellen, konzentrieren sich die **Wertpapieranalysten** mehr auf **zukunftsbezogene Aspekte** und filtern aus der Masse von Informationen die für ihre Empfehlungen relevanten Details heraus. Wertpapieranalysten fungieren dabei nicht nur als Branchenkenner, sondern auch als unabhängige Fachleute. Daraus ergibt sich zwangsläufig, daß die Aktiengesellschaften zu beiden Gruppen einen intensiven Kontakt aufbauen und auch regelmäßig pflegen sollten. Beide Gruppen sind somit wichtige Mittler mit **Verstärkereffekten**.

3.2 Informationsbedarf

3.2.1 Bestimmung des Informationsbedarfes

Bei der Bestimmung des Informationsbedarfs kommt es weniger auf die Zielgruppe selbst, sondern mehr auf den **Kenntnisstand über das Unternehmen** an. Weiter wichtig für den Informationsbedarf ist der **Anlagehorizont**, wobei als grober Anhaltspunkt folgendes gilt: Je längerfristig der Anlagehorizont ist, desto umfassendere Informationen werden von den Unternehmen verlangt. Schließlich ist auch noch das **Volumen des Investments** entscheidend.

Die folgenden Ausführungen definieren den Informationsbedarf, den Investoren an ein Unternehmen stellen. Ein breites Feld nehmen dabei **historische Zahlen** ein, obwohl es sicher falsch wäre, vergangenheitsbezogenene Details unkritisch in die Zukunft zu projizieren. Aber sie bieten doch ein klares Bild über die aktuellen Stärken und Schwächen des Unternehmens sowie des Managements. Nichtsdestoweniger sollten die gegebenen **Informationen** primär **über die zukünftige Entwicklung** der Aktiengesellschaft unterrichten. Sie bestimmt die Börsenkurse.

Mit den historischen Unternehmensdaten als Basis und den jetzt schon abschätzbaren Zukunftsinformationen sollte auch ein Externer in der Lage sein, die **zukünftigen Chancen und Risiken der Aktiengesellschaft abzuschätzen**. Eine sehr viel qualifiziertere Aussage darüber wird dann mit dem **Vergleich** der Informationen, die von **ähnlichen** Unternehmen oder Marktforschungsinstituten gegeben werden, ermöglicht.

3.2.2 Bedeutende Informationsbereiche

3.2.2.1 Informationen über Vergangenheit bis Gegenwart

Umfeld:
- konjunkturelles Umfeld der wichtigsten Länder
- Marktentwicklung der wichtigsten Abnehmermärkte
- Marktpositionen, Konkurrenzsituationen u. ä.

Unternehmensdaten:
- Historie, Strategie, Unternehmensphilosophie
- Produktspektrum mit detaillierter Input-Output-Analyse, so z. B.
  - Kundenstruktur
  - Produktionsstruktur
  - Lieferantenstruktur
  - Investitionen und Finanzierung
  - Hauptkostenblöcke
  - Spartenergebnisse
- ausführliche Bilanz- und GuV-Übersicht der letzten Jahre

Vergangenheitsbezogene Informationen

Wenn man diesen Informationskatalog mit dem vergleicht, der gesetzlich vorgeschrieben ist (z. B. Jahresabschluß, Zwischenbericht), dann ist das »Informationsloch«, das es mit freiwilliger Publizität auszufüllen gilt, klar zu erkennen. Obwohl sich in Deutschland im Zuge der Globalisierung der Kapitalmärkte in den letzten Jahren die Informationskultur und -qualität bedeutend verbessert hat, ist bei einer Reihe von Aktiengesellschaften noch dringender Handlungsbedarf auszumachen, um sich dem Standard der angelsächsischen Märkte anzugleichen.

Die obigen Daten helfen, die Besonderheiten des Unternehmens herauszustellen, und bilden eine gute Basis, die angedeuteten Zukunftsperspektiven der Aktiengesellschaft zu überprüfen. Teilweise ist der Übergang von der Gegenwart zur Zukunft fließend, so z. B. bei Forschungsaktivitäten oder Auftragsbeständen.

3.2.2.2 Zukunftsinformationen

Zukunftsbezogene Informationen

Auf künftige Entwicklungen bezogene Informationen haben für die Anleger grundsätzlich **höheres Gewicht** als Berichte über bereits eingetretene Tatsachen, da aus ihnen Entwicklungsperspektiven des Unternehmens besser abgeschätzt werden können. Ihr Wert hängt allerdings sehr stark vom Grad ihrer Konkretisierung ab. Es gibt Informationen, die nur **Erwartungen oder Prognosen** zum Ausdruck bringen (meist Konjunktur- oder Markteinschätzungen), aber auch schon relativ **gut abschätzbare Details**, die den eingeschlagenen mittelfristigen Weg der Aktiengesellschaft beschreiben, so z.B. Forschungsresultate, feste Investitionsentscheidungen usw. Die Struktur der benötigten Informationen ist den oben angeführten Punkten sehr ähnlich:

Umfeld:
- konjunktureller Ausblick der wichtigsten Länder, auch Devisenentwicklungen
- prognostizierte Marktentwicklung der wichtigsten Abnehmermärkte
- eigene Erwartungen mit Begründungen

Unternehmensdaten:
- Forschungsergebnisse:
  - Projekte, Besonderheiten, Investitionen
  - wann ist Markteinführung?
  - erwartetes Potential bei Umsatz und Ertrag
- Produktspektrum: Generelle Frage: Wo ergeben sich wichtige Änderungen?
  - Kundenstruktur
  - Produktionsstruktur, neue Technologien
  - Lieferantenstruktur
  - Investitionen und Finanzierung
  - Auswirkungen auf die Hauptkostenblöcke
  - Ziele für die Spartenergebnisse
- Sonstiges: z.B. Großaktionärswechsel usw.
- Unternehmensziele, auch für Ergebnisse und Kennzahlen

Aufbau von Goodwill

Vermeidung von Insiderwissen

Die Präsentation nachvollziehbarer zukunftsgerichteter Informationen hat für beide Seiten Vorteile: Die Investoren und Wertpapieranalysten fühlen sich sicherer bei ihren Anlageentscheidungen und begleiten die Unternehmen für längere Zeit. Die Aktiengesellschaft baut damit einen Goodwill für die Zukunft bei den Marktteilnehmern auf. Parallel verringert sie die Gefahr von Insidern, da die Marktteilnehmer ausführlich, gleichzeitig und gleichartig informiert werden. Der Nachteil, daß eventuell auch die Konkurrenz von diesen Details erfährt, ist eher als gering einzuschätzen, da das Unternehmen - aus diesem verständlichen Grunde - natürlich nicht alle Hintergrundinformationen veröffentlichen muß.

3.3 Instrumente der Kommunikation

3.3.1 Gesetzlich vorgeschriebene Informationsinstrumente

In den Gesetzen sind eine Reihe von Pflichtinformationen und -veranstaltungen angeführt:

Gesetzlich vorgeschriebene Informationsinstrumente

- Geschäftsbericht (Jahresabschluß, Lagebericht)
- Zwischenbericht, je nach Börsensegment
- Hauptversammlung
- Ad hoc-Mitteilungen nach § 15 WpHG

3.3.2 Wege freiwilliger Kommunikation

Freiwillige Kommunikationswege

Zu den Wegen freiwilliger Kommunikation zählen

- Bilanzpressekonferenzen
- Aktionärsbriefe oder Zwischenberichte, möglichst quartalsmäßig
- DVFA-Analystenkonferenzen.

Alle drei Kommunikationswege sollten für jede börsennotierte Gesellschaft ein absolutes »Muß« darstellen, da sie der Fachpresse, den Wertpapieranalysten und den Investoren Raum für ausführliche Fragen und Antworten bieten. Wünschenswert sind **dabei regelmäßige und ausführliche Informationen, besonders in schlechten Zeiten**. Resümierend läßt sich feststellen, daß das Niveau solcher Veranstaltungen um so höher ist, je besser die Zielgruppen bzw. Teilnehmer mit dem Unternehmen vertraut sind.

3.3.3 Weitere wünschenswerte freiwillige Instrumente

Ansprechpartner

Verteilerliste

Besonders für die Wertpapieranalysten und Investoren ist es wichtig, für schnelle Informationen einen **zentralen Ansprechpartner** in einem Unternehmen zu haben, der entweder selbst schon Antworten geben kann oder sich bemüht, so schnell wie möglich Antworten von den betreffenden Abteilungen zu bekommen und weiterzuleiten. Natürlich sollten auch Wertpapieranalysten und Investoren auf der **Verteilerliste für Unternehmensinformationen** stehen. Ein großes Gewicht haben in den letzten Jahren die **Einzelgespräche** von Marktteilnehmern mit Repräsentanten der Aktiengesellschaften bekommen, wobei ausführlicher längerfristige Aspekte, Strategien u. ä. des Unternehmens diskutiert werden. Zur Unterstützung dieser Gespräche kann ein **Unternehmenshandbuch** eingesetzt werden, das die wünschenswerten

Informationen gemäß den Abschnitten 3.2.2.1 und 3.2.2.2 Kapitel I zusammenfaßt.

Zunehmend stärker werden sogenannte **Road-Shows** genutzt, um meist an ausländischen Börsenplätzen die dort ansässigen Wertpapieranalysten und Investoren regelmäßig über die aktuellen Entwicklungen in der Aktiengesellschaft zu informieren. Infolge des hohen Organisationsaufwands setzt dieses Kommunikationsinstrument regelmäßig einen gewissen Bekanntheitsgrad und eine bestimmte Unternehmensgröße voraus. Ein sinnvoller Weg kann die von mehreren anderen Unternehmen gemeinsam durchgeführte Präsentation sein.

Besonders auf private Aktionäre zielen **Werbemaßnahmen, Aktionärsmessen** oder **Anlagekongresse**. Wie oben schon erwähnt, sollte diese Zielgruppe - trotz großer Streuverluste - nicht vernachlässigt werden, denn sie kaufen Aktien entweder direkt oder über Investmentfonds, die von institutionellen Anlegern gemanagt werden. Schließlich sollte jede Aktiengesellschaft in Deutschland an der Popularisierung der Aktie als attraktives Anlagemedium mithelfen, da sie im internationalen Vergleich deutlich unterrepräsentiert ist.

Bei allen diesen Veranstaltungen oder gegebenen zusätzlichen Informationen kann möglicherweise das **Problem von Insiderinformationen** auftauchen, was nie gänzlich auszuschließen ist. Dieses wird jedoch bei regelmäßiger und ausführlicher Kommunikation mit den Teilnehmern des Kapitalmarktes bedeutend abgeschwächt. (Vgl. hierzu Kapitel III und IV.)

3.4 Zielgruppenorientierte Kommunikationsmöglichkeiten

Wie schon erwähnt, sind die angesprochenen Kommunikationsinstrumente und -wege nicht für alle Zielgruppen gleich zweckmäßig. Die folgende Tabelle 2 gibt die **Zweckmäßigkeit der verschiedenen Instrumente für die verschiedenen Zielgruppen** wieder.

Zusammenfassend läßt sich festhalten, daß der Informationsbedarf abhängig ist von dem **Kenntnisstand der Anleger** sowie der **Größe und Fristigkeit des Investments**. Für die optimale Ansprache der Zielgruppen ist die Kombination der verschiedenen obigen Kommunikationswege entscheidend. Es gibt keinen Königsweg. Jede Aktiengesellschaft sollte sich ihre passenden Informationsinstrumente auswählen, ausfüllen und anwenden. Besonders für kleinere Aktiengesellschaften stellt sich die Frage der kritischen Größe für den Aufbau einer eigenen internen IR-Gruppe.

	Wirtschaftspresse	Analysten	Institutionelle Anleger	Privatanleger
Geschäftsbericht	×	×	×	×
Zwischenbericht	×	×	×	×
Hauptversammlung	×			×
Unternehmenshandbuch		×	×	×
Bilanzpressekonferenz	×			
DVFA-Meeting		×	×	
Einzelmeeting		×	×	
Road-Shows		×	×	
Aktionärsmesse				×
Finanzwerbung				×

Tabelle 2: Kommunikationsinstrumente und Zielgruppen der Investor Relations

4 Grundsätze zweckmäßiger Unternehmenskommunikation

4.1 Anforderungen an die Unternehmenskommunikation

Ziel zweckmäßiger Unternehmenskommunikation ist die Unterrichtung des Informationsempfängers über die **betriebswirtschaftliche Situation** des jeweiligen Unternehmens. Mit Hilfe effizienter Informationspolitik soll das Investitionsrisiko am Aktienmarkt vermindert werden. Unternehmen, die ihre Publizität an den Grundsätzen zweckmäßiger Unternehmenskommunikation ausrichten, werden auf den internationalen Kapitalmärkten langfristig vom Anleger für ihre Politik belohnt. Der Anleger hat bei der Investition in Anteile solcher Unternehmen **nur das Risiko der zukünftigen Geschäftsentwicklung** mitzutragen. Das Risiko von negativen Überraschungen in Form von nicht veröffentlichten, aber zum Kaufzeitpunkt bereits vorhandenen betriebswirtschaftlichen Schwierigkeiten, entfällt. Der Anleger wird das geringere Investitionsrisiko in Form von höheren Preisen honorieren.

Das Unternehmen wird über die Beachtung der Grundsätze zweckmäßiger Unternehmenskommunikation am Kapitalmarkt das Kursniveau steigern. Es dient damit zum einen seinen Anteilseignern, die neben der Dividende auch an hohen Kurswerten ihrer Anteile interessiert sind. Zum anderen sichert es die Basis für eine günstige Eigenkapitalversorgung.

Keine allgemeingültigen Kommunikationsregeln

In Anbetracht der Schnellebigkeit des Wirtschaftslebens und der Vielfalt von Unternehmungen in einer modernen Industriegesellschaft ist es schwierig, feste allgemeingültige Kommunikationsregeln zu erstellen. Es gilt, Grundsätze und Prinzipien zu erarbeiten, die die **individuellen Kommunikationsanforderungen** regeln. Diese Grundsätze und Prinzipien erlauben den Unternehmen die gezielte Befriedigung der Informationsansprüche einzelner Gruppen. Diese Grundsätze beantworten die Fragen nach dem »Was«, dem »Wie« und dem »Wann« von Unternehmenspublizität.

4.2 Grundsätze und Prinzipien

4.2.1 Wesentlichkeit

Kurs- und bewertungsrelevant

Das Wesentlichkeitsprinzip ist von zentraler Bedeutung für eine zweckmäßige Unternehmenskommunikation. Die verschiedenen Adressatengruppen wollen für eine verläßliche Beurteilung alle für sie wesentlichen Unternehmensinformationen verarbeiten.

Wesentliche Informationen sind in diesem Zusammenhang **alle kurs- und bewertungsrelevanten Unternehmensdaten**. Es widerspräche allerdings einer zweckmäßigen Unternehmenskommunikation, wollte man das Wesentlichkeitsprinzip lediglich am Informationsbedürfnis der Adressatengruppen festmachen. Die Begriffsbestimmung »wesentliche Information« sollte sich vielmehr am **Kommunikationszweck** orientieren.

Effizienz

In der Kommunikation der Unternehmen mit ihren Anteilseignern (bzw. potentiellen Anteilseignern) sind daher in erster Linie Effizienzgesichtspunkte für die Bestimmung der Wesentlichkeit entscheidend. So sollten die bei der **Informationsbereitstellung** im Unternehmen **anfallenden Kosten** in einer vertretbaren **Relation zum Nutzen** dieser Informationen stehen. (Siehe auch 4.2.5 Wirtschaftlichkeit). Von Bedeutung ist in diesem Zusammenhang insbesondere die Unternehmensgröße, da große Unternehmen gegenüber kleineren oft deutliche Kostenvorteile bei der Informationsbereitstellung (hier insbesondere die Informationstiefe) besitzen. Diese Kostenunterschiede dürften i. d. R. zu einer unterschiedlichen Auslegung des Begriffes der Wesentlichkeit führen. Das bedeutet, daß bei der Bestimmung von wesentlichen, zu veröffentlichenden Informationen die **Unternehmensgröße ein entscheidender Faktor** sein kann.

Das Veröffentlichen nicht kurs- bzw. bewertungsrelevanter Informationen ist ineffizient; zum einen für das Unternehmen, das sich den Aufwand der Informationsübermittlung sparen sollte, und zum anderen für den **Informationsempfänger**. Bei letzterem gilt dies insbesondere dann, wenn der Empfänger diese Informationen nicht ohne Aufwand als irrelevant identifizieren kann. Außerdem könnte unter einer großen Anzahl nicht kursrelevanter Meldungen die eine oder andere wesentliche Information übersehen werden.

4.2.2 Kontinuität/Stetigkeit/Vergleichbarkeit

Kontinuität, Stetigkeit und Vergleichbarkeit sind unentbehrliche Grundsätze einer zweckmäßigen Kommunikation zwischen dem Unternehmen und der interessierten Öffentlichkeit.

Kontinuität

Ein kontinuierlicher Informationsfluß erlaubt dem Informationsempfänger eine **genauere Bestimmung des Risiko/Chancen-Profils** der betreffenden Dividendenpapiere. Durch **regelmäßiges und zeitnahes Veröffentlichen von Unternehmensdaten** gelingt es, Bewertungsunsicherheiten und -risiken aus dem Markt zu nehmen. Der ökonomisch handelnde Anleger wird bei gleicher Ertragschance für das Investment mit dem geringeren Risiko den höheren Preis zahlen. Eine kontinuierliche Berichterstattung hat sowohl Vorteile für das Unternehmen (relativ niedrigere Kapitalkosten) als auch für den Informationsempfänger (relativ geringeres Investitionsrisiko).

Stetigkeit

Entscheidend für die Verwertbarkeit von Informationen ist eine gewisse Stetigkeit in **Form, Umfang und Methodik der zu veröffentlichenden Daten**. Insbesondere bei der kontinuierlichen Berichterstattung ist die Stetigkeit - wie sie das HGB für den Jahresabschluß fordert (z.B. §§ 252 Abs. 1 Nr. 6 und 265 Abs. 1) - von besonderer Bedeutung. Der Informationsempfänger benötigt **regelmäßige Aktualisierungen** seiner - auf vorherigen Veröffentlichungen aufbauenden - Unternehmensdaten. Auf diesen Daten basieren die Prognosen und Erwartungen und letztlich auch das Pricing der jeweiligen Unternehmensanteile.

Unnötige Veränderungen in der Methodik der Informationsermittlung (z.B. bei der Bewertung von Aktiva) zwingen den Empfänger, sein gesamtes Prognosemodell neu anzupassen, und verursachen daher Kosten. Schlimmstenfalls könnten solche Veränderungen, wenn sie von Adressaten übersehen bzw. falsch interpretiert werden, zu Fehleinschätzungen führen. Unstetigkeiten in der Informationsermittlung der Unternehmen erschweren das - für gewisse Trendaussagen bzw. für quantitative Ansätze wichtige - Aufbauen einer durchgängigen Datenhistorie.

Stetigkeit sollte vom Unternehmen auch **bezüglich Form und Umfang** der veröffentlichten Daten gewährleistet werden. Während Formveränderungen primär den Verwaltungsaufwand beim Empfänger erhöhen, verlangen Änderungen des Datenumfanges regelmäßig generelle Anpassungen der vom Informationsempfänger angewandten Bewertungssystematik.

Vergleichbarkeit

Die Vergleichbarkeit von Unternehmensdaten ist nicht nur **in bezug auf früher** gegebene Informationen des Unternehmens wichtig. Das Datenmaterial sollte auch Quervergleiche **zu anderen Unternehmen** ermöglichen. Insbesondere im **Branchenvergleich** sind weitgehend homogene Informationsermittlungs- und Weitergabepraktiken wünschenswert. In diesem Zusammenhang ist zu beachten, daß wegen der wachsenden internationalen Verflechtungen eine sich rein an nationalen Gepflogenheiten ausrichtende Berichterstattung den Ansprüchen der international orientierten Wertpapieranalysten und Investoren nicht mehr genügen kann. Die zunehmende Globalisierung im internationalen Wertpapierhandel erfordert die **internationale Vergleichbarkeit** von Unternehmensdaten.

Einschränkung

Der Grundsatz der »Kontinuität/Stetigkeit/Vergleichbarkeit« sollte immer dann Beachtung finden, wenn dies **nicht gegen den**

Grundsatz der Wesentlichkeit verstößt. So können Veränderungen im Unternehmen oder in dessen Umfeld unter Umständen auch ein Abrücken von Kontinuität und Stetigkeit erfordern, um den Aussagewert der Informationen zu halten bzw. zu erhöhen. Der Grundsatz der Kontinuität/Stetigkeit/Vergleichbarkeit muß somit gegenüber der Anforderung, alle wesentlichen Informationen zu veröffentlichen, zurückstehen.

4.2.3 Adressatengerechtigkeit

Zweckmäßige Unternehmenskommunikation hat adressatengerecht zu sein. Das Unternehmen muß sich deshalb über die Struktur der Zielgruppen im klaren sein. Die Informationen sollten in **Form und Umfang an dem Verwendungszweck** und an der **Verwertungsfähigkeit der jeweiligen Empfängergruppe** ausgerichtet werden. Daten und Meldungen, die zum Beispiel für professionelle Investmentanalysten leicht zu verarbeiten sind und einen hohen Informationsgehalt haben, können unter Umständen von weniger professionellen Kapitalmarktteilnehmern (Kleinaktionären) nicht verwertet werden.

Zielgruppenorientiert

Die effiziente Unternehmenskommunikation erlaubt es den Kapitalmarktteilnehmern (potentiellen Käufern und Verkäufern), ihre Dispositionen aufgrund gleicher Informationslage zu treffen. Überdurchschnittliche Erträge aus Kapitalmarkttransaktionen sollten nicht darauf beruhen, daß Informationsdefizite anderer ausgenutzt werden. Der Grundsatz einer adressatengerechten Unternehmenskommunikation ist in diesem Zusammenhang von großer Bedeutung. Die Informationen sollten deshalb für die jeweiligen Zielgruppen leicht (aufwands- bzw. kostenarm) zugänglich und leicht verwertbar gemacht werden. Hinsichtlich ihrer Kurs- und Bewertungsrelevanz dürfen sich die von den berichtenden Unternehmen gegenüber den jeweiligen Zielgruppen gemachten Aussagen nicht unterscheiden.

Leicht zugänglich und verwertbar

4.2.4 Zeitnähe

Wesentliche Informationen sollten nicht nur vollständig, sondern auch möglichst zeitnah veröffentlicht werden. Eine **schnelle Veröffentlichung kurs- bzw. bewertungsrelevanter Meldungen** verringert die Gefahr, daß einzelne Gruppen Informationsvorteile ausnutzen. Durch eine zeitnahe Informationspolitik gibt ein Unternehmen seinen Anteilseignern zudem eine gewisse Sicherheit, die aktuelle Situation beurteilen zu können. Unternehmen, die den Grundsatz der zeitnahen Berichterstattung beachten, werden

Zeitnahe Veröffentlichung

auf lange Sicht profitieren. Insbesondere in Krisenzeiten dürfte ihr Aktienkurs weit weniger heftig auf Gerüchte und negative Meldungen reagieren als der von Unternehmen, die in der Vergangenheit eine eher etwas zögerliche Informationspolitik betrieben haben.

Im Zusammenhang mit dem Zeitpunkt der Publizität sollte die **unterschiedliche Reaktionsgeschwindigkeit der einzelnen Kapitalmarktteilnehmer** berücksichtigt werden. So sollte sichergestellt sein, daß Kleinaktionäre, die naturgemäß den längsten Informationsweg haben, durch eine zeitnahe Informationspolitik so wenig wie möglich benachteiligt werden.

Das Prinzip der zeitnahen Kommunikation ist **insbesondere bei der Ad hoc-Publizität** von großer Bedeutung. Fristigkeiten sind aber auch im Zusammenhang mit der regelmäßigen Berichterstattung zu beachten. Die gesetzlich vorgeschriebene Berichterstattung scheint für eine zweckmäßige Unternehmenskommunikation nicht ausreichend. Die Unternehmen sollten **regelmäßig einen Gesamtüberblick** über ihre jüngsten Aktivitäten und ihre wirtschaftliche Lage geben. Die Zeitintervalle sind so zu wählen, daß der Informationsverarbeiter jederzeit über eine ausreichend aktuelle Datenbasis verfügt. Das Unternehmen sollte **frühzeitig die Termine bekanntgeben**, an denen es im Rahmen seiner regelmäßigen Kommunikation Informationen veröffentlicht. Hierdurch wird der Verwaltungsaufwand beim Informationsempfänger verringert.

4.2.5 Wirtschaftlichkeit

Kosten-/Nutzenabwägung

Die Wirtschaftlichkeit ist ein wesentliches Element zweckmäßiger Unternehmenskommunikation. Die Kommunikationskosten sollten sowohl im Interesse des Unternehmens als auch im Interesse der Anteilseigner als wesentlichster Adressatengruppe möglichst gering gehalten werden. Der Grundsatz der Wirtschaftlichkeit liefert gewissermaßen den Rahmen der Unternehmenskommunikation. Die Grundsätze zweckmäßiger Unternehmenskommunikation haben sich deswegen an **Kosten-/Nutzenabwägungen** zu orientieren.

Die Einhaltung der obengenannten Kommunikationsgrundsätze ist nur dann zweckmäßig, wenn den hierdurch **entstehenden Kosten** ein zumindest **vergleichbarer Informationsnutzen** gegenübersteht. Der Informationsnutzen für das berichtende Unternehmen folgt aus dem Nutzen des berechtigten Informationsempfängers. Das bedeutet zum Beispiel für den Grundsatz der Wesentlichkeit, daß als wesentliche Informationen nur solche gelten, die zum einen bewertungs- bzw. kursrelevant sind und zum anderen unter Kosten/Nutzen-Gesichtspunkten mit einem vertretbaren Aufwand veröffentlicht werden können.

4.2.6 Reputation

Unternehmenskommunikation ist eine **Bringschuld** der Unternehmen, die ihre Eigenkapitalgeber über die Verwendung der bereitgestellten finanziellen Mittel zu informieren haben. Es widerspricht diesem Grundgedanken, wenn Unternehmenskommunikation von den Informationsgebern dazu mißbraucht wird, **nur kurzfristige geschäftspolitische** (hoher Kurs für Kapitalerhöhung) oder **persönliche** (Reputation der Geschäftsleitung) Ziele zu verfolgen. Langfristig wird dadurch ohnehin die Glaubwürdigkeit des Unternehmens als entscheidende Basis einer effizienten Unternehmenskommunikation zerstört.

Glaubwürdigkeit als Basis

Die bereitgestellten Informationen sollten sachlich aufgearbeitet und publiziert sein und einen weitgehend objektiven Einblick in die aktuelle Geschäftsentwicklung geben. Daneben ist es für den Informationsempfänger auch wichtig, über die Pläne, Ziele und Visionen der Geschäftsleitung informiert zu sein. Diese - zumeist subjektiven - Einschätzungen der Geschäftsleitung sollten in der Berichterstattung allerdings auch als solche kenntlich gemacht werden.

Unternehmenskommunikation kann langfristig nur erfolgreich sein, wenn die Publizität nicht zu einer Marketingveranstaltung wird. Unternehmen, die in dieser Hinsicht zur Selbstverherrlichung neigen, laufen Gefahr, daß ihre Stellungnahmen und Publikationen von der Öffentlichkeit besonders skeptisch beurteilt werden. Das Verschleiern bzw. Beschönigen bestimmter Sachverhalte schadet langfristig der Reputation des betroffenen Unternehmens.

Keine Marketingveranstaltung

Eine zweckmäßige Kommunikationspolitik seitens der Unternehmen umfaßt nicht nur die Unterrichtung der Öffentlichkeit bei positiven Meldungen, sondern gerade **auch in kritischen Situationen**. Hier tritt der Grundsatz der Stetigkeit zurück. Die Kommunikationsinhalte werden auf Strategien der Zukunft und klar definierte Unternehmensziele konzentriert. Eine mangelhafte Informationspolitik während kritischer Geschäftsperioden bereitet den Nährboden für falsche Interpretationen und/oder schädliche Gerüchte. Insbesondere in schwierigen Geschäftslagen erfordert zweckmäßige Unternehmenskommunikation vom berichtenden Unternehmen ein **hohes Maß an Flexibilität und Offenheit.** Unternehmensführungen, die hierzu wegen eines kurzfristigen - oft zweifelhaften - Vorteils nicht bereit sind, verlieren an Reputation.

Kommunikation in Krisenzeiten

Mittel- und langfristig wird dem Unternehmen durch eine solche Politik nur Schaden zugefügt.

4.3 Probleme bei Beachtung der Kommunikationsgrundsätze

4.3.1 Problemursachen

Wie bereits in den vorangegangenen Ausführungen über die Grundsätze zu erkennen ist, können sowohl durch die - in manchen Bereichen - einschränkende gesetzliche Regelung und die Auslegbarkeit der Begriffe als auch durch die situationsspezifische Anwendung und die Meßbarkeit des Kommunikationserfolgs bzw. Informationsnutzens Probleme in der Beachtung der Grundsätze auftreten.

Die folgenden Ausführungen beschäftigen sich daher mit ausgewählten **Problemen bei der Implementierung und Realisierung** einer effizienten Unternehmenskommunikation.

4.3.2 Ausgewählte Probleme

4.3.2.1 Bereichs- vs. allgemeine Öffentlichkeit

Unterschiedliche Zielgruppen

In bezug auf die fallbezogene Publizität schreibt das Wertpapierhandelsgesetz vor, daß es grundsätzlich den Marktteilnehmern wie Kreditinstituten und anderen an der Börse zugelassenen Unternehmen möglich sein muß, von der kursrelevanten Tatsache Kenntnis zu nehmen. Dies kann einerseits durch die Veröffentlichung in einem Börsenpflichtblatt oder andererseits über ein elektronisch betriebenes Informationsverbreitungssystem geschehen. Aufgrund dieser gesetzlichen Vorschrift zur Ad hoc-Publizität, nach der nur die **Herstellung der Bereichsöffentlichkeit** als Pflicht gesehen wird, entsteht jedoch eine Ungleichbehandlung gegenüber der allgemeinen Öffentlichkeit.

Da **keine Pflicht zur Information** des **breiten Anlegerpublikums** besteht, muß jedes Unternehmen für sich entscheiden, an welche Adressaten es sich außerhalb der gesetzlichen Verpflichtung wendet. Dieser Beschluß ist sicherlich auch von der **Wirtschaftlichkeits-Überlegung** abhängig, die im Punkt 4.2.5 näher erläutert wurde. Ein bedeutendes Spannungsfeld kann allerdings darüber hinaus durch die zeitliche Verzögerung entstehen, die bei der gesetzlichen und der freiwilligen Information auftritt bzw. durch die **Informationsrechte** der Eigentümer auf der einen Seite und die **Geheimhaltungswünsche** der Unternehmen auf der an-

Informationsansprüche

Geheimhaltungswünsche

deren Seite. Zur praktischen Umsetzung des Informationsverhaltens in besonderen Situationen - beispielsweise bei der Behandlung einer Frage in der Hauptversammlung zu einem noch nicht publizierten Sachverhalt - soll an dieser Stelle auf das III. Kapitel dieses Handbuches verwiesen werden.

4.3.2.2 Schwierigkeiten objektivierter Unternehmensbewertung

Da eine übereinstimmende Auslegung der Kommunikationsgrundsätze schwer möglich ist und die Ermessensspielräume aufgrund der angestrebten Gleichbehandlung nicht zu groß sein sollen, erfordert die Kommunikation mit der Öffentlichkeit eine **Informationskultur mit klaren Verhaltensregeln.** Um diese konsequent anwenden zu können, d.h. um Fehlinterpretationen bzw. unterschiedliche Interpretationen zu vermeiden, sollten bestimmte Informationen standardisiert und damit vergleichbar gemacht werden. Hierbei ist es wichtig, Normen festzulegen, die sowohl die gesetzlichen Vorschriften beachten als auch über diese hinaus einer praxisgerechten Interpretation entsprechen. Allgemein anerkannte Standards **erhöhen die Glaubwürdigkeit der Kommunikationspolitik** und **erleichtern die Tätigkeiten** vieler mit Analyse- und Interpretationsaufgaben Beauftragter.

Allgemein anerkannte Informationsstandards

In diesem Zusammenhang soll allerdings auch die Problematik angesprochen werden, daß eine **zu große Standardisierung die Qualität der Aussagen verschlechtern** kann. Eine individuelle Berichterstattung ermöglicht hingegen ein in die Tiefe gehendes Bild - birgt jedoch auch einen großen Ermessensspielraum. Deshalb muß die Standardisierung auf einer fundierten Basis stehen und von kompetenten Stellen entwickelt werden.

Entsprechende Normen außerhalb des Gesetzgebungsverfahrens können z.B. von Fachorganisationen aufgestellt werden. Über die Möglichkeiten, die Kommunikationspolitik von bestimmten Standards leiten zu lassen, soll an dieser Stelle auf nachfolgende Kapitel des Handbuches verwiesen werden.

4.3.2.3 Meßbarkeit des Investor Relations (IR)-Erfolgs

Ein bedeutendes Problem bei der Realisierung der Unternehmenskommunikation ist die Tatsache, daß der »Kommunikationserfolg« in bezug auf die Unternehmensbewertung in der Öffentlichkeit **schwer meßbar** ist. Die **Steigerung des Aktienkurses** läßt sich häufig nicht auf die Unterrichtung über strategische Entscheidungen und Festsetzung von Zielen zurückführen, da hierbei - neben den von einer Unternehmung beeinflußbaren Kommunikationsinhalten – wirtschaftliche und politische Einflußfaktoren eine große Rolle spielen. Trotz allem bietet eine Analyse der IR-Aktivitäten einen nützlichen und wünschenswerten Leistungsnachweis über getätigte Maßnahmen, um so beispielsweise Erkenntnisse für die künftige Gestaltung des Inhaltes, Umfanges und der Form der Kommunikation zu liefern. Der hierbei erreichte Erfolg läßt sich allerdings eher hinsichtlich der **Effektivität** messen, **d.h. der Wirksamkeit der Maßnahme in bezug auf ein bestimmtes Ziel**, als hinsichtlich der Effizienz, d.h. der Wirtschaftlichkeit der Maßnahme in bezug auf bestimmte ökonomische Größen.

Analyse der IR-Aktivitäten hinsichtlich Zielerreichung

Vor der Darstellung von Lösungsansätzen zur Erfolgsbeurteilung sollen kurz einige **Nachteile aufgeführt werden, die oft als Mißerfolg einer transparenten Kommunikationspolitik gesehen** werden. Der ungehinderte Zugang zu umfassenden Unternehmensdaten zieht für viele Unternehmen eine angebliche **Verschlechterung der Wettbewerbsposition** nach sich; jedoch gehen die von den Anlegern benötigten Informationen in der Regel nicht so weit, daß Geschäftsgeheimnisse preisgegeben werden müßten. Eine kritische und gewissenhafte Abwägung zwischen den berechtigten Informationsanforderungen der Öffentlichkeit und der notwendigen Geheimhaltung bestimmter Unternehmensdaten ist selbstverständlich vorzunehmen. Als weiterer Nachteil werden **überhöhte Dividendenforderungen** angeführt – vor allem aufgrund des Erkennens von stillen Reserven. Eine konsequent offene Finanzpublizität schafft jedoch Vertrauen und läßt den Anleger oftmals erkennen, daß eine Selbstfinanzierung in einer Periode die Dividendenzahlungen der nächsten Perioden sicherstellt.

Preisgeben von Geschäftsgeheimnissen

Erkennen stiller Reserven

Da eine Erfolgsbeurteilung für die IR-Kommunikation, d.h. eine Abschätzung des Informationsnutzens sowohl für das Unternehmen als auch für den Adressaten, im quantitativen Sinn schwer durchführbar ist, werden in der Literatur einige **Hilfsgrößen** diskutiert, die plausible Aussagen zum Erfolg oder Mißerfolg erlauben sollen. Genannt werden **Aktienkursentwicklung** oder **titelspezifische Volatilität**. Darüber hinaus können Tendenzaussagen aufgrund der **Analyse der Aktionärsstruktur**, der **Intensität der Kontakte mit Wertpapieranalysten** und privaten sowie institutionellen Investoren und aus deren **Informations-Nachfrageverhalten** getroffen werden. Eine weitere Unterstützung zur Beurteilung des Erfolges stellen umfangreiche und gezielte **Befragungen durch unabhängige Agenturen** dar. Außerdem besteht die Möglichkeit, die Gewinnschätzungen bzw. die Gesamtstudien der Wertpapieranalysten zu überwachen und mit den unternehmensinternen Erwartungen zu vergleichen.

Hilfsgrößen zur Beurteilung des IR-Erfolges

4.3.2.4 Entscheidung zwischen eigenen Aktivitäten und Fremdbezug

Aufgrund der oben angeführten Schwierigkeiten bei der Erfolgsbeurteilung der Unternehmenskommunikation bleiben für das Unternehmen kurzfristig Kosten und Nutzen bei der geplanten IR-Kommunikation schwer abschätzbar. Von dieser Einschätzung jedoch wird die Entscheidung abhängen, inwieweit IR-Aktivitäten aus dem Unternehmen in externe Agenturen verlagert oder im eigenen Unternehmen »produziert« werden. Deshalb ist es wichtig, den **Nutzen von IR-Maßnahmen** anhand von Hilfsgrößen zu quantifizieren und **den Kosten gegenüberzustellen**, um dann – je nach **Größe und Aktionärsstruktur des Unternehmens** – einen Vergleich der eigenen Initiative mit der Beauftragung einer externen Agentur durchzuführen und die jeweiligen Vor- und Nachteile umfassend abzuwägen.

4.3.2.5 Aktive IR – eine lohnende Aufgabe, auch für kleinere Unternehmen

Es sind vor allen Dingen die großen DAX-Gesellschaften, die das Gespräch mit Wertpapieranalysten und Fondsmanagern systematisch suchen. Das Gros der kleineren Gesellschaften, der Mid und Small Caps, steht dem Dialog mit dem Investor eher zurückhaltend gegenüber. Für kleinere Unternehmen, bei denen die Investor Relations-Tätigkeit häufig von dem **Vorstandsvorsitzenden oder dem Finanzvorstand persönlich betreut** wird, ist ein solcher Aufwand kaum vertretbar, denn das laufende Geschäft droht vernachlässigt zu werden. Trotz dieser hohen zeitlichen Belastung beschäftigen sich dennoch immer mehr kleinere börsennotierte Aktiengesellschaften intensiv mit Investor Relations.

Zeitliche Belastung

Richtig verstandene Investor Relations sind ein dauerhafter Dialog, der dazu dient, eine tragfähige Vertrauensbasis zwischen Gesellschaften und Investoren aufzubauen, die in wirtschaftlich guten – vor allem aber auch in schlechten Zeiten – hält. Die hierfür erforderliche offene Informationspolitik ist besonders für kleinere Gesellschaften wichtig, **über die nicht so regelmäßig** wie über die Blue Chips **in der Presse berichtet** wird. Somit fließen die Informationen an die Financial Community bei ihnen nicht so kontinuierlich, wie es aus Sicht der externen Investoren wünschenswert wäre.

Die **geringe Marktkapitalisierung** deutscher Small Caps und die dadurch **eingeschränkte Marktliquidität** ist vor allem ein Hindernis für ausländische institutionelle Investoren. Bei deutschen

Investmenthäusern gibt es dagegen sogar einige, die sich gerade auf diese Gesellschaften spezialisiert haben. Tendenziell trifft für beide Gruppen die Aussage zu, daß institutionelle Investoren eher geneigt sind, sich für kleinere Gesellschaften intensiver zu interessieren, wenn eine kontinuierliche Informationspolitik betrieben wird. Doch diese Informationspolitik allein vermag das Manko, das bei zu geringer Marktkapitalisierung empfunden wird, nur zum Teil auszugleichen.

Kontinuierliche Informationspolitik

Systematisierung der IR

Der große Aufwand, den die Vorstände betreiben müssen, um die Vielzahl von Kontakten zu pflegen, kann durch ihre Systematisierung reduziert werden. Treten Wertpapieranalysten und Investoren mit dem Wunsch eines Einzelgespräches direkt an den Vorstand heran, besteht die Möglichkeit, die **Wünsche zu bündeln** und die Besucher zu kleinen Gruppen zusammenzufassen. Auch der Hinweis auf eine zentrale Informationsveranstaltung wie z. B. die DVFA-Präsentation im Inland oder eine Road-Show im Ausland sind geeignet, die **Investorengespräche auf wenige Anlässe zu konzentrieren** und so die Effizienz der Kommunikation aus Unternehmenssicht zu erhöhen.

Andererseits scheuen auch ausländische Investoren häufig den Aufwand, sich über einzelne mittelständische Unternehmen regelmäßig zu informieren. Deshalb bietet es sich an, mehrere Präsentationen von Unternehmen zu einer Konferenz zusammenzufassen. Zweckmäßigerweise sollten diese Veranstaltungen nach Branchen gegliedert sein und so dem potentiellen Investor erlauben, sich auch einen Überblick über die spezifische konjunkturelle Situation und die Wettbewerbsposition zu verschaffen.

5 Rechnungslegung als Informationsbasis

5.1 Bilanz, GuV-Rechnung und Anhang

Effiziente Kommunikation durch Rechnungslegung

Ein wichtiger Bestandteil der **Unternehmenspublizität** sind die im **Jahresabschluß** (Einzel- oder Konzernabschluß) jährlich zu veröffentlichenden Rechnungslegungsdaten. Diese unterliegen einer nach Unternehmensgröße geordneten gesetzlichen Publizitätspflicht, sind rechtlich normiert und durch den Wirtschaftsprüfer auf Richtigkeit und Vollständigkeit geprüft.

Der Jahresabschluß (Bilanz, Gewinn- und Verlustrechnung, Anhang) enthält nahezu ausschließlich **vergangenheitsorientierte Informationen**, die aber eine gewisse Signalwirkung für die zukünftige Unternehmensentwicklung aufzeigen und damit für Investoren entscheidungsrelevant werden.

In gewissen Grenzen bietet der Jahresabschluß Ansatzpunkte für eine aktive Kommunikationspolitik. Besonders bedeutsam ist in diesem Zusammenhang der **Anhang**, in dem über die gesetzlichen Mindestvorschriften hinaus **erläuternde Zusatzangaben** möglich sind. Darüber hinaus eröffnet das deutsche Bilanzrecht die Möglichkeit der bilanzpolitischen Gestaltung in Form von Bilanzierungs- und Bewertungswahlrechten, um den unterschiedlichen Jahresabschlußzielen gerecht zu werden.

Die **deutsche Rechnungslegung** befindet sich zur Zeit in einem Umbruch. Angestoßen durch die Globalisierung der Kapitalmärkte wird für den **Konzernabschluß** eine **Anpassung** der deutschen Rechnungslegungsvorschriften an die international dominierenden Standards IAS (International Accounting Standards) und US-GAAP (US Generally Accepted Accounting Principles) gefordert. Gerade Unternehmungen, deren Finanzierungspolitik auf die ausländischen Kapitalmärkte gerichtet ist, können sich diesem Anpassungsdruck kaum entziehen.[1]

IAS und US-GAAP im Konzernabschluß

Um deutschen Unternehmungen dabei eine doppelte Rechnungslegung (nach HGB und IAS oder US-GAAP) zu ersparen, hat der Gesetzgeber den Entwurf eines »Kapitalaufnahmeerleichterungsgesetzes (KapAEG)« vorgelegt, das deutsche Unternehmungen von der Konzernrechnungslegung nach HGB befreien soll, wenn diese Unternehmungen einen ausländischen Kapitalmarkt in Anspruch nehmen und aus diesem Grunde verpflichtet sind, einen IAS- oder US-GAAP-Konzernabschluß aufzustellen.

Aus Sicht der Unternehmungen sind für eine durch die Rech-

1 Vgl. dazu im Detail Glaum/Mandler (1996).

nungslegung vermittelte effiziente Kommunikationspolitik zwei Fragestellungen von besonderem Gewicht:

- Welche **Bedeutung** haben Rechnungslegungsdaten für die **Anlageentscheidungen** der Investoren?
- Worin bestehen die entscheidenden **Unterschiede** der zur Zeit diskutierten Rechnungslegungssysteme IAS und US-GAAP zum deutschen HGB?

5.1.1 Der Informationsgehalt des Jahresabschlusses

Informationsgehalt der Rechnungslegungsdaten für Investoren

Ob und inwieweit Rechnungslegungsdaten für Investoren von Bedeutung sind, hängt vor allem davon ab, ob sie geeignet sind, die künftige Ertragskraft und das Risiko von Unternehmungen zu beurteilen. Im theoretischen Grenzfall (halbstreng) »**informationseffizienter« Märkte** kann aus der Analyse von Bilanzdaten **keinerlei Vorteil** gezogen werden. Diesem Konzept zufolge reflektieren die Preise an den Finanzmärkten jederzeit alle öffentlich verfügbaren Informationen. Einzelnen Investoren ist es daher nicht möglich, mit Hilfe von Informationen, die allen anderen Kapitalmarktakteuren ebenfalls zugänglich sind, überdurchschnittlich erfolgreiche Kursprognosen zu erstellen. Sie sollten diesem Argument zufolge (internationale) Portefeuilles bilden, indem sie ihre Mittel gemäß den Marktwerten anteilig auf alle zur Verfügung stehenden Anlagealternativen verteilen (»passive Anlagestrategie«).[1]

Entscheidungshilfe

Verschiedene Untersuchungen bestätigen allerdings, daß **Jahresabschlußinformationen** – wenn auch in begrenztem Maße – **von den Investoren zu Entscheidungszwecken genutzt** werden und eine Beziehung zwischen den bilanziell ausgewiesenen Gewinnen und der Entwicklung der Aktienkurse besteht.

Jahresabschlußinformationen und Aktienkursentwicklung

Die ersten **wissenschaftlichen Untersuchungen** zum **Zusammenhang zwischen der Veröffentlichung von Bilanzgewinnen und Kursreaktionen** stammen von Ball und Brown (1968) und Beaver (1968). Erstere bestätigten, daß **unerwartete Gewinnveränderungen** signifikante **Veränderungen der Aktienkurse** auslösen. Beaver konnte nachweisen, daß das Handelsvolumen und die Volatilität der Aktienkurse zu den Zeitpunkten von Gewinnveröffentlichungen deutlich höher war als in anderen Perioden. Die Ergebnisse dieser beiden wegweisenden Studien wurden seitdem von zahlreichen anderen Autoren bestätigt: **Rechnungslegungsdaten** werden von den Investoren am Kapitalmarkt wahrgenommen und

1 Vgl. hierzu auch Blättchen (1982).

zu **Entscheidungszwecken** genutzt. Eine Studie über den deutschen Aktienmarkt lieferten Coenenberg und Brandi (1979).

Die festgestellten **Korrelationen** zwischen Gewinnveränderung und Aktienkursentwicklung sind allerdings **nur schwach ausgeprägt**, im Durchschnitt kann nur etwa zwei bis fünf Prozent der Variabilität der Aktienrenditen durch unerwartete Gewinnveränderungen erklärt werden.

In jüngerer Zeit wurde in verschiedenen empirischen Untersuchungen nachgewiesen, daß die Zusammenhänge zwischen Jahresabschlußinformationen und Aktienkursen in **verschiedenen Ländern unterschiedlich stark ausgeprägt** sind. Harris et al. (1994) führten dazu zwei Untersuchungen durch: Erstens überprüften sie die Korrelationen zwischen den bilanziellen Gewinnausweisen und den Entwicklungen der Aktienrenditen deutscher und US-amerikanischer Aktien (von 1982 bis 1991); zweitens analysierten sie, welche Erklärungskraft **Jahresüberschuß** und **bilanzielles Eigenkapital** für die **absolute Höhe der Aktienpreise** über diesen Zeitraum in beiden Ländern hatten. Dabei ergab sich überraschenderweise, daß sich die Korrelationen zwischen Bilanzdaten und Aktienrenditen zwischen den beiden Ländern kaum unterscheiden. Die Autoren folgern:

»In summary, based on the annual reported earnings there appears to be no statistical justification that the German earnings are less value relevant than U. S. earnings in terms of their association with stock returns ... .«[1]

Wesentlich geringer als in den USA ist jedoch die Erklärungskraft des deutschen Eigenkapitalausweises für die absolute Höhe der Aktienpreise.

5.1.2 Unterschiedliche Rechnungslegungssysteme

Rechnungslegungssysteme unterscheiden sich von Land zu Land zum Teil beträchtlich. Ein einfacher Klassifikationsansatz bezieht sich auf die maßgeblichen Industrieländer und unterscheidet zwischen einem »**kontinentaleuropäischen**« Rechnungslegungssystem und einem »**anglo-amerikanischen**« System. Als prononcierteste Vertreter dieser beiden Systeme gelten einerseits die **deutsche Rechnungslegung (HGB)** und andererseits die **Rechnungslegung nach US-GAAP**.

Kontinental-europäisch

Anglo-amerikanisch

Die Unterschiedlichkeit der Rechnungslegung ist deshalb von

1 Harris/Lang/Möller (1994), S. 201.

Grenzüberschreitende Harmonisierung: IASC

Bedeutung, weil sich **Finanzmarktbeziehungen** heute in zunehmendem Maße **grenzüberschreitend** gestalten. Publizitätswirkung des Jahresabschlusses und eine an der Rechnungslegung orientierte investorenbezogene Kommunikationspolitik verlieren an Bedeutung, wenn ausländische Investoren nicht in der Lage sind, die inländischen (deutschen) Jahresabschlüsse sachgerecht zu interpretieren. Aus diesem Anlaß heraus ergibt sich die **Forderung nach einer Harmonisierung der Rechnungslegungsvorschriften.** Nur dann kann die Rechnungslegung auch grenzüberschreitend als »language of business« bezeichnet werden.

Hierzu hat das für Harmonisierungsfragen zuständige IASC (International Accounting Standards Committee) **internationale Rechnungslegungsstandards** zur freiwilligen Übernahme oder Transformation in nationales Recht vorgeschlagen. Die International Accounting Standards (IAS) bieten einen Rahmen, innerhalb dessen gewisse Spielräume für die Ausübung landesspezifischer Bilanzierungsgewohnheiten verbleiben.

Die Frage der Anpassung der deutschen Rechnungslegung an international vorherrschende Standards ist nicht nur eine **Frage verständlicher internationaler Kommunikation über Rechnungslegungsfragen**, sondern vor allem auch ein Streit über die **angemessene Rechnungslegungsphilosophie**. Der deutschen Seite wird in diesem Zusammenhang eine zu geringe Berücksichtigung von Investorinteressen vorgeworfen.

Im folgenden sollen kurz die unterschiedlichen Rechnungslegungsphilosophien aufgezeigt werden.

5.1.2.1 Die deutsche Rechnungslegung nach HGB

Die deutsche (kontinentaleuropäische) Rechnungslegung ist traditionsgemäß nur in einem **beschränkten Maße auf die Information der Investoren** gerichtet, da sie drei unterschiedlichen wirtschaftlichen Funktionen zu dienen hat, die in Konflikt miteinander treten können:

- Informationsfunktion,
- Ausschüttungsbemessungsfunktion und
- Steuerbemessungsfunktion.

Informationsfunktion

Die Informationsfunktion des Jahresabschlusses stellt unter dem Stichwort »True and Fair View« auf die **Information der Investoren** und anderer Bilanzadressaten ab. Diese Kommunikationswirkung des Jahresabschlusses kann aber durch die beiden anderen Funktionen deutscher Rechnungslegung **eingeschränkt** werden.

Der handelsrechtliche Einzelabschluß ist im Gegensatz zum

Konzernabschluß auch die **Grundlage für die Ermittlung des ausschüttungsfähigen Gewinns**. Dabei bedient man sich des Konzepts der nominalen Kapitalerhaltung; über die Ausübung des Vorsichtsprinzips will man aber auch eine betriebliche Substanzerhaltung gewährleisten.

Ausschüttungsbemessungsfunktion

Handels- und Steuerbilanz sind durch den Grundsatz der Maßgeblichkeit eng miteinander verknüpft. Insofern kommt dem handelsrechtlichen Jahresabschluß zumindest implizit auch eine Steuerbemessungsfunktion zu. Umgekehrt wird die handelsrechtliche Bilanzierung und Bewertung durch steuerpolitische Erwägungen beeinflußt.

Steuerbemessungsfunktion

Die bilanziellen Wirkungen der Ausschüttungsbemessungs- und Steuerbemessungsfunktion können im Konzernabschluß weitgehend korrigiert werden, so daß dieser bei Ausnutzung der entsprechenden Bilanzierungswahlrechte im Rahmen des gesetzlich Zulässigen stärker auf die Informationsfunktion ausgerichtet werden kann.

5.1.2.2 Die Generally Accepted Accounting Principles der USA (US-GAAP)

Im Mittelpunkt der amerikanischen Rechnungslegung steht der Informationswert des Jahresabschlusses bzw. der gesamten externen Berichterstattung für den Kapitalmarkt.

Das US-Accounting hat daher in erster Linie die Aufgabe, Investoren **entscheidungsrelevante Informationen** zur Verfügung zu stellen (»decision usefulness«) und diese so zu präsentieren, daß ein **möglichst sicherer Einblick in die finanzwirtschaftliche Unternehmenslage** möglich ist (»**fair presentation**«).[1]

Einzig: Informationsfunktion

Die amerikanischen Accounting Principles stellen somit einzig und allein auf die Informationsfunktion des Jahresabschlusses ab. Andere Zwecke handelsrechtlicher Bilanzierung, wie z. B. die Ausschüttungsbemessung, treten deutlich hinter die Informationsfunktion zurück. Die Idee einer vorsichtigen Bemessung des ausschüttungsfähigen Gewinns zum Zwecke der betrieblichen Substanzerhaltung ist der US-Rechnungslegung wesensfremd. Das Vorsichtsprinzip wird daher in den USA deutlich enger gefaßt und eindeutig vom **Prinzip der periodengerechten Gewinnermittlung** (Accrual Principle) dominiert; es darf nicht der willkürlichen Bildung stiller Reserven dienen.

Keine bilanzpolitischen Gestaltungsmöglichkeiten

Gesetzliche Bilanzierungs- und Bewertungswahlrechte im deut-

1 Einen Überblick über die US-amerikanische Rechnungslegung liefern Haller (1994) sowie Förschle/Kroner/Mandler (1994).

schen Sinne mit den entsprechenden bilanzpolitischen Gestaltungsmöglichkeiten der Gewinnglättung gibt es mit dem Hinweis auf eine »Fair Presentation« nach US-GAAP (nahezu) nicht. Im Hinblick auf die Informationsfunktion des Jahresabschlusses kann die dadurch begründete **»Eindeutigkeit« der Rechnungslegung** als einer der entscheidenden Vorteile der US-amerikanischen Rechnungslegung angesehen werden.

Die Steuerbemessungsfunktion der handelsrechtlichen Bilanzierung, die über den Grundsatz der Maßgeblichkeit hergestellt wird, ist ein typisches Systemelement deutscher, kontinentaleuropäischer Rechnungslegung. Auch diese Funktion der handelsrechtlichen Bilanzierung ist der anglo-amerikanischen Rechnungslegungsphilosophie wesensfremd. Dort wird der Zielkonflikt zwischen finanzwirtschaftlicher Informationsfunktion und steuerrechtlicher Zahlungsbemessungsfunktion betont und eine **strenge Trennung von Handels- und Steuerbilanz** vorgenommen.

Trennung von Handels- und Steuerbilanz

Im Vordergrund der US-Rechnungslegung steht die (nach dem Umsatzkostenverfahren gegliederte) Gewinn- und Verlustrechnung (**Income Statement**), die die Quellen des Erfolgs aufzeigt. (Vgl. Tabelle 3). Eher nachrangige Bedeutung hat die Bilanz, die – anders als nach HGB – nach abnehmender Liquidierbarkeit gegliedert ist. Die Kapitalflußrechnung ist ein Pflichtbestandteil des US-Abschlusses. Der großen Bedeutung der Informationsfunktion entsprechend, gehen die Anhangangaben (Notes) deutlich über das nach HGB geforderte Maß hinaus; Bestandteil der Notes ist bspw. eine ausführliche Segmentberichterstattung. Das Statement of Stockholders' Equity spiegelt als weiterer Abschlußbestandteil Aufbau und Entwicklung der Eigenkapitalposten wider.

US-GAAP: Abschlußbestandteile

Der Konzernabschluß hat in den USA ein weitaus größeres Gewicht als der Einzelabschluß. Er gilt im Sinne einer »fair presentation« als der grundsätzlich aussagekräftigere Abschluß. Konsequenterweise reichen die berichtspflichtigen Unternehmen der SEC daher meist nur einen Konzernabschluß ein.

US-GAAP: Abschlußbestandteile
Gewinn- und Verlustrechnung (Income Statement)
Bilanz (Balance Sheet)
Kapitalflußrechnung (Cash Flow Statement)
Statement of Stockholders' Equity
Anhang (Notes)

Tabelle 3: Bestandteile des US-Abschlusses

Deutsche Unternehmungen, die sich im amtlichen Handel an einer **US-Börse listen** lassen wollen, müssen einen Konzernabschluß nach US-GAAP publizieren. Dabei kann von der Erleichterungsregel Gebrauch gemacht werden, daß die Bilanz und die Gewinn- und Verlustrechnung zwar nach HGB-Vorschriften erstellt werden, Eigenkapital und Ergebnis stattdessen aber in einer eigenständigen Überleitungsrechnung von den HGB-Werten auf die US-GAAP-Werte »umbewertet« werden. Gleichwohl hat ein solcher Konzernabschluß alle nach US-GAAP erforderlichen Abschlußbestandteile und Anhanginformationen zu enthalten.

Die US-amerikanischen Rechnungslegungsvorschriften werden nicht vom dortigen Gesetzgeber, sondern von einem aus Rechnungslegungsexperten zusammengesetzten Rechnungslegungsrat »Financial Accounting Standards Board« (FASB) erlassen. Der FASB hat bis Anfang 1997 129 Statements of Financial Accounting Standards (SFAS) herausgegeben.

Breitere Entscheidungsbasis

Festgehalten werden muß, daß der US-GAAP-Abschluß für den an Anlageentscheidungen orientierten Investor ein breiteres Entscheidungsfundament liefert als der HGB-Abschluß, da der US-Abschluß

- einzig auf die Information der Investoren gerichtet ist,
- hinsichtlich Informationsbreite und -tiefe gehaltvoller als der deutsche Abschluß ist,
- in geringerem Maße bilanzpolitischen Gestaltungsspielräumen unterliegt als der deutsche Abschluß.

Die folgende Tabelle 4 illustriert noch einmal die wesentlichen Unterschiede zwischen kontinentaleuropäischer und anglo-amerikanischer Rechnungslegung. Zu letzterer zählt auch die im weiteren zu diskutierende Rechnungslegung nach IAS.

5.1.2.3 Rechnungslegung nach IAS

Das International Accounting Standards Committee (IASC) ist eine internationale Fachorganisation, die die nachstehenden **Zielsetzungen** verfolgt:

IASC-Zielsetzungen

»a) to formulate and publish in the public interest accounting standards to be observed in the presentation of financial statements and to promote their world-wide acceptance and observance, and

b) to work generally for the improvement and harmonisation of regulations, accounting standards and procedures relating to the presentation of financial statements.«

Rechnungslegungssysteme	Kontinentaleuropäische Rechnungslegung	Anglo-amerikanische Rechnungslegung
Rahmenbedingungen		
Finanzmarktorganisation	Bankenfinanzierung dominiert	Kapitalmarktfinanzierung dominiert
Rechtssystem	detaillierte Gesetzesvorschriften dominieren (Code Law), Gesetzgebung zum Bilanzrecht	fallspezifisches Richterrecht dominiert (Common Law), Bilanzrecht wird von Berufsverbänden entwickelt
Steuersystem	Handels- und Steuerrecht eng verbunden	Trennung von Handels- und Steuerrecht
Rechnungslegungsfunktionen		
Informationsfunktion • Dominante Adressaten	Gläubiger, Fiskus, Investoren	Investoren
• Grundsätze	Vorsichtsprinzip und Maßgeblichkeitsprinzip schränken Informationsfunktion ein	True and fair view (decision usefulness)
• Offenlegung	tendenziell niedrigerer Offenlegungsumfang	tendenziell höherer Offenlegungsumfang (z. B. Segmentberichte)
• Bilanzpolitik	zahlreiche Bilanzierungs- und Bewertungswahlrechte	weitgehender Verzicht auf Wahlrechte
Ausschüttungsbemessung	vorsichtige Ausschüttungsbemessung: • Vorsichtsprinzip • Ausschüttungssperren • tendenziell höhere stille Reserven	Ausschüttungsbemessung ist Ausfluß der Informationsfunktion: • True and fair view • keine Ausschüttungssperren • tendenziell geringe stille Reserven
Steuerbemessung	Maßgeblichkeitsprinzip	Trennung von Handels- und Steuerbilanz

Rechnungslegungssysteme	Kontinentaleuropäische Rechnungslegung	Anglo-amerikanische Rechnungslegung
Länder		
Ausgewählte zum Bilanzierungsraum gehörende Länder	Belgien **Deutschland** Frankreich Griechenland Italien Japan Spanien Schweiz	Australien Großbritannien Irland Kanada Neuseeland Niederlande Singapur **USA**

Tabelle 4: Kontinentaleuropäische und anglo-amerikanische Rechnungslegung im Vergleich (Quelle: Glaum/Mandler 1996, S. 28)

Das IASC erarbeitet und veröffentlicht zu allen wesentlichen Bereichen der Bilanzierung *International Accounting Standards* (IAS).[1] Die IAS sind für die Unternehmungen in den verschiedenen Ländern rechtlich nicht verbindlich; ihnen kommt vielmehr bislang **nur Empfehlungscharakter** zu. Die nationalen Mitgliedsorganisationen des IASC haben sich jedoch verpflichtet, die Durchsetzung der IAS in ihren Heimatländern zu fördern.

IAS rechtlich unverbindlich

Bis Anfang des Jahres 1997 wurden 33 International Accounting Standards verabschiedet, von denen nunmehr 31 in Kraft sind. Bis Mitte 1998, dem geplanten vorläufigen Abschluß des IAS-Projektes, wird die IAS-Rechnungslegung ein alle wesentlichen Bilanzierungsbereiche umfassendes Rechnungslegungssystem darstellen. Der angekündigten **Anerkennung der IAS-Abschlüsse durch** die International Organization of Securities Commissions (**IOSCO**) **und** nachfolgend durch die US-Börsenaufsicht **SEC** stünde dann nichts mehr im Wege. Für deutsche Unternehmungen, die nach IAS bilanzieren, wäre damit auch der Weg eröffnet für einen uneingeschränkten Zugang zum US-Kapitalmarkt.

IAS und **US-GAAP** weisen die **gleiche Rechnungslegungsphilosophie** auf. Ebenso wie bei dem US-Accounting gilt der Informationszweck als maßgebliche Zielsetzung des IAS-Jahresabschlusses. Dies wird erreicht durch

- den Verzicht auf das Prinzip vorsichtiger Ausschüttungsbemessung,

1 Eine Einführung in die Bilanzierung nach IAS liefern Förschle/Kroner/Mandler (1994).

- den Verzicht auf eine Verknüpfung der handelsrechtlichen mit der steuerrechtlichen Gewinnermittlung (Maßgeblichkeitsprinzip),
- den Anspruch, Wahlrechte weitgehend zu reduzieren, sowie durch
- hohe Offenlegungsanforderungen im Anhang.

Tabelle 5 zeigt die bislang verabschiedeten IAS und gibt damit einen Überblick über die Bereiche, die bislang vom IASC bearbeitet wurden.[1] Mit einem *) gekennzeichnet sind dabei jene Standards, die zur Zeit vom IASC überarbeitet werden. Hervorzuheben ist in diesem Zusammenhang insbesondere das Projekt »Financial Instruments and Investments«, das eine Bewertung aller Finanzinstrumente zu ihren Marktwerten anstrebt.

IAS Nr.	***TITEL***	**In Kraft ab ...**	**Neufassung gültig ab ...**
IAS 1	Disclosure of Accounting Policies	01.01.1975	*)
IAS 2	Inventories	01.01.1976	01.01.1995
IAS 4	Depreciation Accounting	01.01.1977	
IAS 5	Information to be Disclosed in Financial Statements	01.01.1977	*)
IAS 7	Cash Flow Statements	01.01.1979	01.01.1994
IAS 8	Net Profit or Loss for the Period, Fundamental Errors and Changes in Accounting Policies	01.01.1979	01.01.1995
IAS 9	Research and Development Costs	01.01.1980	01.01.1995*)
IAS 10	Contingencies and Events Occurring after the Balance Sheet Date	01.01.1980	*)
IAS 11	Construction Contracts	01.01.1980	01.01.1995
IAS 12	(Accounting for) Taxes on Income	01.01.1981	01.01.1998
IAS 13	Presentation of Current Assets and Current Liabilities	01.01.1981	*)
IAS 14	Segment Reporting	01.01.1983	01.01.1998
IAS 15	Information Reflecting the Effects of Changing Prices	01.01.1983	
IAS 16	Property, Plant and Equipment	01.01.1983	01.01.1995

1 Vgl. hierzu im Detail Baukmann/Mandler (1997).

IAS Nr.	*TITEL*	In Kraft ab ...	Neufassung gültig ab ...
IAS 17	Accounting for Leases	01.01.1984	*)
IAS 18	Revenue	01.01.1984	01.01.1995
IAS 19	Retirement Benefit Costs	01.01.1985	01.01.1995*)
IAS 20	Accounting for Government Grants and Disclosure of Government Assistance	01.01.1984	
IAS 21	The Effects of Changes in Foreign Exchange Rates	01.01.1985	01.01.1995
IAS 22	Business Combinations	01.01.1985	01.01.1995*)
IAS 23	Borrowing Costs	01.01.1986	01.01.1995
IAS 24	Related Party Disclosures	01.01.1986	
IAS 25	Accounting for Investments	01.01.1987	*)
IAS 26	Accounting and Reporting by Retirement Benefit Plans	01.01.1988	
IAS 27	Consolidated Financial Statements and Accounting for Investments in Subsidiaries	01.01.1990	
IAS 28	Accounting for Investments in Associates	01.01.1990	
IAS 29	Financial Reporting in Hyperinflationary Economies	01.01.1990	
IAS 30	Disclosures in the Financial Statements of Banks and Similar Financial Institutions	01.01.1991	
IAS 31	Financial Reporting of Interests in Joint Ventures	01.01.1992	
IAS 32	Presentation and Disclosure of Financial Instruments	01.01.1996	
IAS 33	Earnings per Share	01.01.1998	

Tabelle 5: International Accounting Standards (Stand: März 1997)

Im Hinblick auf die Bestandteile des Jahresabschlusses (Einzel- und Konzernabschluß) entsprechen sich IAS und US-GAAP ebenfalls weitgehend: Zu erstellen ist neben der Bilanz, der Gewinn- und Verlustrechnung und dem ausführlichen Anhang eine Kapitalflußrechnung. Im Vergleich zu den US-GAAP wird lediglich auf das Statement of Stockholders' Equity verzichtet.

IAS: Abschlußbestandteile
Gewinn- und Verlustrechnung (Income Statement)
Bilanz (Balance Sheet)
Kapitalflußrechnung (Cash Flow Statement)
Anhang (Notes)

Tabelle 6: Die Bestandteile des IAS-Jahresabschlusses

Detaillierte Gliederungs- und Ausweisvorschriften liegen noch nicht vor, IAS 5 und 13 geben bislang lediglich Mindeststandards für die Bilanz und die Gewinn- und Verlustrechnung vor. Detailfragen regelt ein neuer Standard »Presentation of Financial Statements«, der bislang lediglich als Entwurf vorliegt.

IAS entsprechen weitgehend US-GAAP

Die **IAS-Rechnungslegung ist ohne Zweifel dem anglo-amerikanischen Rechnungslegungskreis zuzuordnen**. Dafür spricht insbesondere die grundsätzliche Ausrichtung der Rechnungslegung an der Informationsfunktion des Jahresabschlusses.

Der wesentliche Unterschied zu den US-GAAP besteht allerdings darin, daß die **Regelungsdichte** der IAS weitaus geringer ist als die der US-GAAP.

Das **deutsche HGB** bietet eine **Vielzahl von Wahlrechten**, die deutschen Unternehmungen eine weitgehend IAS-konforme Rechnungslegung ermöglichen. Es verbleiben allerdings **Unterschiede zur IAS-Rechnungslegung**, die sich nicht durch Wahlrechtsausübung (oder Sachverhaltsgestaltung) beheben lassen. Zu diesen gehören u. a.:

IAS und deutsches HGB

- das Verbot des Ansatzes von Aufwandsrückstellungen,
- die Umrechnung (langfristiger) Fremdwährungsforderungen und -verbindlichkeiten zum Stichtagskurs sowie
- die Verpflichtung, bei langfristiger Auftragsfertigung eine Gewinnrealisierung nach dem Projektfortschritt (Percentage of Completion-Methode) vorzunehmen.

Posten	HGB	US-GAAP	IAS
		Ansatz	
Entwicklungskosten	Aktivierungsverbot	Aktivierungsverbot	Aktivierungsgebot, sofern Voraussetzungen erfüllt
Selbsterstellte immaterielle Vermögensgegenstände	Aktivierungsverbot bei Anlagevermögen	Aktivierungswahlrecht bei Anlagevermögen	Aktivierungsgebot, sofern Voraussetzungen erfüllt
Goodwill aus Konsolidierung	Verrechnung mit Rücklagen oder Aktivierung	Aktivierungspflicht	Aktivierungspflicht
Leasingvermögen	i.d.R. keine Aktivierung beim Leasingnehmer	häufig Aktivierung beim Leasingnehmer	häufig Aktivierung beim Leasingnehmer
Aufwandsrückstellungen	i.d.R. Wahlrecht, z. T. Pflicht	Passivierungsverbot	Passivierungsverbot
Verbindlichkeitsrückstellung	u. U. auch, wenn Eintrittswahrscheinlichkeit unter 50% (Vorsichtsprinzip)	Eintrittswahrscheinlichkeit über 70%	Eintrittswahrscheinlichkeit über 50%
		Bewertung	
Sachanlagen	fortgeführte Anschaffungs- oder Herstellungskosten, Neubewertungsverbot	fortgeführte Anschaffungs- oder Herstellungskosten, Neubewertungsverbot	fortgeführte Anschaffungs- oder Herstellungskosten, Neubewertung (alternativ)
Wertpapiere	Anschaffungskosten, Niederstwertprinzip	Bewertung gemäß Wertpapierkategorie: Anschaffungskosten, Marktwerte oder Neubewertung	Wahlrecht: Anschaffungskosten (Niederstwertprinzip) oder Marktwerte bzw. Neubewertung
Vorräte	Teilkostenwahlrecht, Niederstwertprinzip	Vollkostenansatz, Lower of Cost or Market	Vollkostenansatz, Lower of Cost or Net Realisable Value

Posten	HGB	US-GAAP	IAS
Pensionsrückstellungen	i.d.R. Teilwertverfahren (Ansammlungsverfahren): Zins: 6%	Ansammlungsverfahren, aktueller Kapitalmarktzins	Ansammlungs- oder Gleichverteilungsverfahren, langfristiger Kapitalmarktzins

Tabelle 7: HGB, US-GAAP und IAS im Vergleich

5.1.2.4 Internationale Rechnungslegung: Aktuelle Tendenzen

Tendenz zur Anpassung an IAS und US-GAAP

Mit der **Globalisierung der Kapitalmärkte** und der **zunehmenden Kapitalmarktorientierung** der deutschen Wirtschaft unter dem Stichwort »Shareholder Value« wird sich die Bilanzierung deutscher Aktiengesellschaften in Zukunft verstärkt den **Informationsbedürfnissen der internationalen Kapitalmärkte** zu stellen haben. Aus deutscher Sicht scheint die Harmonisierung der Rechnungslegung daher zwangsläufig auf eine Anpassung an die angloamerikanische Rechnungslegungskonzeption (IAS oder US-GAAP) hinauszulaufen.

Die Unternehmenspraxis trägt dieser Entwicklung Rechnung: Während einige der großen deutschen Aktiengesellschaften in ihren Konzernabschlüssen **mittlerweile nach IAS bilanzieren**, sei es im Rahmen eines IAS-konformen HGB-Abschlusses (z.B. Bayer AG) oder eines eigenständigen, parallel zum HGB-Abschluß vorgelegten IAS-Abschlusses (z.B. Deutsche Bank AG), haben sich andere Unternehmen im Hinblick auf einen US-Börsengang **für die US-Rechnungslegung** entschieden (z.B. Daimler Benz AG, Deutsche Telekom AG). Daimler Benz legt im Geschäftsbericht keine doppelte Rechnungslegung (HGB und US-GAAP) mehr vor, sondern publiziert für das breite Publikum nur noch einen US-GAAP-Abschluß, während die Deutsche Telekom alle nach US-GAAP erforderlichen Jahresabschlußinformationen in ihren HGB-Konzernabschluß integriert.

Eine auf die **effiziente Kommunikation mit ausländischen Anlegern** gerichtete Rechnungslegung scheint heute kaum noch an einer Bilanzierung nach internationalen Standards vorbeizukommen. Ein schlagender Beleg dafür ist die Verpflichtung zur Aufstellung von Jahresabschlüssen nach internationalen Standards (IAS, US-GAAP, GOB mit Überleitung) für Unternehmen, die sich an dem seit dem 10. März 1997 eröffneten zusätzlichen Börsensegment des »Neuen Marktes« listen lassen wollen.

5.1.3 DVFA-Kennzahlen

Die Kommunikation zwischen Unternehmen und Investoren wird erleichtert, wenn die **Rechnungslegung einzig dem Informationszweck** dient. Anleger benötigen eine uneingeschränkte Darstellung der »tatsächlichen Verhältnisse der Vermögens-, Finanz- und Ertragslage«.

Als zentrales Informationsinstrument der Rechnungslegung ist der **Konzernabschluß** heranzuziehen, der durch entsprechende bilanzpolitische Gestaltung voll auf den Informationszweck zugeschnitten werden kann.

5.1.3.1 DVFA-Ergebnis

Beschränkte Vergleichbarkeit der Erträge

Die Ausrichtung der deutschen Rechnungslegung auf **unterschiedliche Zielsetzungen** und die sich daraus folgerichtig ergebenden **bilanzpolitischen Gestaltungsmöglichkeiten** erschweren einen am Jahresüberschuß ansetzenden Ertragsvergleich.

Der handelsrechtliche Jahresüberschuß vermittelt zwar ein Bild der Ertragslage des einzelnen Unternehmens, erfüllt jedoch nicht die Anforderungen, die zur Information von Kapitalmarktteilnehmern hinsichtlich der Vergleichbarkeit gestellt werden.

Jahresüberschuß als Ausgangspunkt

Da der Jahresüberschuß daher nur Ausgangspunkt für die Beurteilung der Ertragskraft eines Unternehmens sein kann, versucht die **Finanzanalyse**, durch entsprechende Bereinigungen und zusätzliche Informationen mit einem »Ergebnis pro Aktie« den Kapitalmarktteilnehmern eine **vergleichende** Kursbeurteilung zu ermöglichen.

Ableitung einer Kennzahl

Im einzelnen handelt es sich um den **Zeitvergleich**, der im Rahmen der Einschränkungen, denen Jahresabschlußdaten grundsätzlich unterliegen, unter Abschätzung künftiger Entwicklungen eine allerdings behutsam zu interpretierende Trendextrapolation als Hilfsmittel für eine Zukunftsprognose erlaubt. Mindestens ebenso wichtig ist aus Investmentgesichtspunkten für den Aktionär, der dank der Fungibilität eines Wertpapiers über eine Vielzahl von Handlungsalternativen verfügt, der **Betriebsvergleich,** der unter Berücksichtigung der Unternehmensindividualität vereinheitlichte Bereinigungen unterstellen muß. Dies gilt natürlich nicht nur für die Ertragszahl als solche, sondern auch für die Verwendung entsprechender Steuersätze und einer einheitlichen Adjustierung von Kursen und Werten je Aktie aus Anlaß von Kapitalerhöhungen. Die Grundsätze zur Ableitung einer solchen Kennzahl für Industrie- und Handelsunternehmen hat die DVFA bereits 1968 in ihrer ersten, 1991 (zusammen mit der Schmalenbach-Ge-

DVFA-Ergebnis ermöglicht Zeit- und Betriebsvergleich

sellschaft) in einer neuen und 1996 in einer verbesserten Fassung veröffentlicht.[1] Entsprechende Leitlinien liegen auch für Versicherungsunternehmen, Geschäftsbanken und Unternehmensbeteiligungsgesellschaften vor.

In den letzten Jahren gab es bei den erlaubten Gestaltungsmöglichkeiten gerade bei den deutschen Rechnungslegungsvorschriften ein weites Spielfeld, weil sie viele Möglichkeiten der Bewertung und der Bildung »stiller Reserven« zulassen. In der Vergangenheit waren die **Unterschiede** zwischen dem »bereinigten« und »ausgewiesenen« Überschuß **beträchtlich**.

Vergleich Jahresüberschuß und DVFA-Ergebnis

Beispiel:

	31.12.1978 (in Mio DM)		31.12.1994 (in Mio DM)	
	JÜ	DVFA	JÜ	DVFA
BASF:	431	478	1170	1408
Daimler Benz:	593	1188	895	500
Siemens:	682	1318	1993	2155
Volkswagen:	574	1346	150	317

Tabelle 8: Quelle: Börsenführer 1995/II und Blättchen/Kienast (1981)

Mittlerweile haben sie sich verringert, aber grundsätzlich sind Bereinigungen in den gläubiger- und steuerbilanzorientierten, kontinentaleuropäischen Rechnungslegungen notwendig (z. B. in Frankreich das Konzept des »resultat courant« oder »adjusted earnings«).

Der **Ertragsvergleich** für ein Unternehmen im Zeitablauf und der Vergleich von Unternehmen miteinander wird durch **Sondereinflüsse** wie **außerordentliche, ungewöhnliche oder dispositionsbedingte Komponenten erschwert**. Darüber hinaus soll auch die unterschiedliche Ausübung von Wahlrechten eine Korrektur erfahren. Es soll hypothetisch ermittelt werden, **welches Ergebnis ohne diese Sondereinflüsse** hätte ausgewiesen werden können. Mit dem DVFA/SG-Ergebnis wird außer dem Zeitvergleich bzw. dem Betriebsvergleich auch angestrebt, eine zuverlässige Ausgangsposition für die Abschätzung zukünftiger Entwicklungen darzustellen. Die von der DVFA/SG vorgelegten Empfehlungen dienen primär dazu, die zu bereinigenden Sondereinflüsse sachge-

Ergebnis um Sondereinflüsse bereinigt

1 Vgl. Busse v. Colbe et al. (1996).

recht und allgemeingültig zu definieren, da es im Interesse aller Kapitalmarktbeteiligten liegt, zu einer möglichst **einheitlichen Bereinigung des ausgewiesenen Jahresüberschusses** zu kommen. Im einzelnen sei hier auf die einschlägige Fachliteratur verwiesen.[1] Das Arbeitsschema zur Ermittlung des DVFA/SG-Ergebnisses ist im Anhang I zu Kapitel IV abgedruckt.

Höherer Informationsgehalt

Die empirische Kapitalmarktforschung zeigt, daß der Informationsgehalt des DVFA/SG-Ergebnisses höher ist als der des handelsrechtlichen Konzern-Jahresüberschusses.[2]

Vergleichende Kursbeurteilung

Damit dient das Ergebnis nach DVFA/SG pro Aktie einer **vergleichenden Kursbeurteilung oder einer relativ einfachen Preiswürdigkeitsprüfung**. Sie stützt sich international auf die sogenannte Price-Earnings-Ratio (PER), die in Deutschland als Relation Börsenkurs zum Ergebnis nach DVFA/SG pro Aktie oder Kurs-Gewinn-Verhältnis (KGV) bezeichnet wird.

Ergebnis je Aktie

Für den Kapitalmarktteilnehmer sind nicht nur die bereinigten Ist-Ergebnisse wichtig, sondern deren **Erwartungen bzw. die Revisionstätigkeit der Wertpapieranalysten** in ihren Erwartungen. Während viele Marktteilnehmer die Schätzung dieser Erwartungen anbieten und sie teilweise auch in Fachzeitschriften veröffentlichen, gibt es auch Informationsdienste, die in einem sogenannten Marktkonsens zu einem Wertpapier die Durchschnittswerte, Abweichungen, Wachstumsraten etc. ermitteln (z.B. Associés en Finance für Europa). Sowohl für die Vergangenheit wie für die Zukunft muß die Vergleichbarkeit der Schätzungen gewährleistet sein, die auch die Zugrundelegung der richtigen Aktienauswahl betrifft. Während in den USA die Grundsätze der Ermittlung von »Earnings per share« im Detail durch die SFAS 128 (1997) neu geregelt wurden, ist in Deutschland das Ergebnis je Aktie **nicht in die Jahresabschlußerstellung integriert und der Prüfung durch den Abschlußprüfer** unterworfen. Auf eine wünschenswerte Gleichbehandlung bei der Ermittlung der zu **berücksichtigenden Aktien im Nenner** und die vollständige **Verwässerung**, die sich bei der Ausübung aller ausstehenden Wandlungsrechte ergibt, ist zu achten. Eine detaillierte Regelung wie in den US-GAAP oder nach IAS 33 steht noch aus. Zwischen dem deutschen DVFA/SG-Ergebnis und den im US-Recht definierten und im IASC entwickelten Earnings-Per-Share-Konzepten bestehen enge inhaltliche Verbindungen.

Zugrundezulegende Aktienanzahl

1 Siehe Blättchen/Schmidt (1982).
2 Siehe Booth/Broussard/Loistl (1994).

5.1.3.2 Cash Flow (DVFA)

Finanzieller Überschuß aus Geschäftstätigkeit

Der Hauptzweck einer Cash Flow-Zahl pro Aktie soll im Sichtbarmachen des finanziellen Überschusses aus der Geschäftstätigkeit des Unternehmens liegen. Im wesentlichen ist es kein Ersatz für das DVFA-Ergebnis, obwohl in Deutschland und anderen kontinentaleuropäischen Ländern der Cash Flow oft als zusätzliche Orientierungsgröße für die Beurteilung der Ertragskraft verwendet wird. Dies geschieht insbesondere deshalb, weil die unterschiedliche Ausübung von Bilanzierungs- und Bewertungswahlrechten vor allem bei den Abschreibungen im Cash Flow neutralisiert und somit die Vergleichbarkeit nicht beeinträchtigt wird. Die **Bereinigung von Abschreibungsunterschieden und von zahlungsunwirksamen Zuführungen zu Pensionsrückstellungen** erleichtert auch den internationalen Vergleich.

Der Cash Flow nach DVFA/SG ist aber in erster Linie eine **Finanzgröße** und stellt nur einen Ausschnitt aus dem Finanzierungsspektrum eines Unternehmens dar, der tendenziell die **finanzielle Unabhängigkeit und Stabilität** beurteilen hilft. Für die Beurteilung der finanziellen Situation eines Unternehmens, für die Beurteilung der Ertragsqualität oder für einen Bewertungsvergleich innerhalb einer Branche können Kennzahlen gebildet werden. Bei Zahlen pro Aktie gelten die bereits für die Anteilsverwässerung gemachten Bemerkungen. Das Arbeitsschema zur Cash Flow-Ermittlung nach DVFA/SG ist im Anhang I zu Kapitel IV abgedruckt.

Ausgangsgröße für Finanzflußrechnung

Da Cash Flow-Rechnungen ohne Darstellung der Außenfinanzierung und Mittelverwendung nur einen Ausschnitt des finanziellen Geschehens erläutern, sollte der Jahres-Cash Flow nur die Ausgangsgröße für eine nach internationalen Standards aufzustellende Finanzflußrechnung sein. International ist eine solche Finanzflußrechnung (Cash Flow Statement) auch in Europa bereits weit verbreitet (z. B. in Frankreich, Großbritannien, Niederlande etc.) und kann als sinnvolle **Ergänzung des Jahresabschlusses** angesehen werden. Sie erlaubt einen zusätzlichen **Einblick in die finanzielle Entwicklung**, der allein aufgrund von Bilanz- und Erfolgsrechnung nicht möglich wäre. Die Zusammenfassung wichtiger Vorgänge (Mittelbeschaffung aus der Geschäftstätigkeit, Mittelverwendung und Bedeutung der Außenfinanzierung) erleichtert die Analyse.[1]

Die Regelung nach IAS 7 oder SFAS No 95 (1989), eine Finanzflußrechnung als Pflichtbestandteil des Jahresabschlusses auftei-

1 Vgl. Rehkugler/Poddig (1997), insbes. S. 130 ff.

len zu müssen, erhöht die Gleichförmigkeit des Inhalts und damit die Vergleichbarkeit zwischen Unternehmen.[1]

5.1.4 Der Anhang

Die Bilanz und die GuV bilden mit dem Anhang eine Einheit.

Aufgabe des Anhangs ist die **Vermittlung von Informationen** über die Vermögens-, Finanz- und Ertragslage neben und **zusätzlich zur Bilanz und GuV**.

Der Inhalt des Anhangs bestimmt sich in erster Linie nach den §§ 284–288 sowie §§ 313–314 HGB. Es ist aber wünschenswert, im Anhang zusätzliche, nicht in den gesetzlichen Vorschriften vorgesehene freiwillige Angaben und Erläuterungen zu machen.

Der Anhang ist nicht an ein vorgegebenes Gliederungsschema gebunden. Die **Gliederung** sollte **überschaubar** sowie **sach- und zweckbezogen** sein.

I. Angaben nach § 284 Abs. 2 Nr. 1–3 HGB
II. Erläuterungen zur Bilanz und GuV; jeweils in der Reihenfolge der Posten
III. Sonstige Angaben
IV. Aufsichtsrat und Vorstand sowie Beirat

Für eine große Zahl von Angaben läßt das Gesetz sowohl die Angabe in der Bilanz/GuV als auch im Anhang zu.

5.1.4.1 Gesetzliche Abschlußerläuterungen

Pflicht- bzw. Wahlpflichtangaben

Im folgenden sind die gesetzlichen Vorschriften, die bei der Aufstellung des Anhangs zu beachten sind, in aufsteigender Reihenfolge zusammengestellt. Die Aufstellung enthält sowohl die Angaben, die **für den Anhang vorgeschrieben** sind (Pflichtangaben), als auch die **wahlweise im Anhang oder in Bilanz/GuV** zu machenden Angaben (Wahlpflichtangaben); sie kann als Kontrolliste verwandt werden.

---

1 Siehe Küting/Weber (1994).

Vorschrift	Gegenstand der Angabe
HGB	
§ 264 Abs. 2 Satz 2	Zusätzliche Angaben zur Vermittlung des in § 264 Abs. 2 Satz 1 geforderten Bildes
§ 265 Abs. 1 Satz 2	Abweichungen beim Aufbau und bei der Gliederung der Bilanz und der GuV
§ 265 Abs. 2 Satz 2 und 3	Nicht vergleichbare oder angepaßte Vorjahresbeträge
§ 265 Abs. 3 Satz 1	Vermerk der Mitzugehörigkeit zu anderen Posten der Bilanz
§ 265 Abs. 4 Satz 2	Gliederung nach verschiedenen Gliederungsvorschriften (bei mehreren Geschäftszweigen)
§ 265 Abs. 7 Nr. 2	Angabe von Posten, die im Jahresabschluß zwecks größerer Klarheit der Darstellung zusammengefaßt sind
§ 268 Abs. 1 Satz 2 zweiter Halbsatz	Angabe eines Ergebnisvortrages aus dem Vorjahr, wenn die Bilanz unter Berücksichtigung der teilweisen Verwendung des Jahresergebnisses aufgestellt wird
§ 268 Abs. 2 Satz 1	Anlagenspiegel
§ 268 Abs. 2 Satz 3	Abschreibungen des Geschäftsjahres auf Anlagevermögen und Ingangsetzungs-/Erweiterungsaufwendungen
§ 268 Abs. 4 Satz 2	Antizipative Abgrenzungsposten unter den sonstigen Vermögensgegenständen
§ 268 Abs. 5 Satz 3	Antizipative Abgrenzungsposten unter den Verbindlichkeiten
§ 268 Abs. 6	Disagio/Rückzahlungsagio
§ 268 Abs. 7	Haftungsverhältnisse
§ 269 Satz 1 zweiter Halbsatz	Ingangsetzungs-/Erweiterungsaufwendungen
§ 273 Satz 2 zweiter Halbsatz	Vorschriften, nach denen der Sonderposten mit Rücklagenanteil gebildet worden ist
§ 274 Abs. 1 Satz 1	Passive Steuerabgrenzungsposten
§ 274 Abs. 2 Satz 2	Aktive Steuerabgrenzungsposten
§ 277 Abs. 3 Satz 1	Außerplanmäßige Abschreibungen nach § 253 Abs. 2 Satz 3 und Abschreibungen nach Abs. 3 Satz 3

Vorschrift	Gegenstand der Angabe
§ 277 Abs. 4 Satz 2	Außerordentliche Erträge und Aufwendungen
§ 277 Abs. 4 Satz 3	Periodenfremde Erträge und Aufwendungen
§ 280 Abs. 3	Aus steuerrechtlichen Gründen unterlassene Zuschreibungen
§ 281 Abs. 1 Satz 2	Angabe der steuerrechtlichen Vorschriften, wenn steuerrechtliche Abschreibungen in den Sonderposten mit Rücklageanteil einbezogen sind
§ 281 Abs. 2 Satz 1	Steuerrechtliche Abschreibungen des Geschäftsjahres
§ 281 Abs. 2 Satz 2	Erträge aus der Auflösung von und Einstellungen in Sonderposten mit Rücklageanteil
§ 284 Abs. 2 Nr. 1	Bilanzierungs- und Bewertungsmethoden
§ 284 Abs. 2 Nr. 2	Grundlagen für die Umrechnung in Deutsche Mark (Währungsumrechnung)
§ 284 Abs. 2 Nr. 3	Abweichungen von Bilanzierungs- und Bewertungsmethoden
§ 284 Abs. 2 Nr. 4	Unterschiedsbeträge bei Anwendung von Bewertungsvereinfachungsverfahren
§ 284 Abs. 2 Nr. 5	Einbeziehung von Fremdkapitalzinsen in die Herstellungskosten
§ 285 Nr. 1 und 2	Restlaufzeiten und Sicherheiten der Verbindlichkeiten
§ 285 Nr. 3	Nicht aus der Bilanz ersichtliche sonstige finanzielle Verpflichtungen
§ 285 Nr. 4	Aufgliederung der Umsatzerlöse
§ 285 Nr. 5	Beeinflussung des Jahresergebnisses durch steuerrechtliche Bewertungsmaßnahmen
§ 285 Nr. 6	Aufteilung der Ertragsteuerbelastung nach ordentlichem und nach außerordentlichem Ergebnis
§ 285 Nr. 7	Zahl der beschäftigten Arbeitnehmer
§ 285 Nr. 8	Material- und Personalaufwand bei Anwendung des Umsatzkostenverfahrens
§ 285 Nr. 9 a	Bezüge von Organmitgliedern
§ 285 Nr. 9 b	Bezüge früherer Organmitglieder und Pensionsverpflichtungen für diesen Personenkreis

Vorschrift	Gegenstand der Angabe
§ 285 Nr. 9 c	Vorschüsse, Kredite, Haftungsverhältnisse zugunsten von Organmitgliedern
§ 285 Nr. 10	Namen der Organmitglieder
§ 285 Nr. 11	Unternehmen, an denen ein Anteilsbesitz von 20 vH oder mehr besteht
§ 285 Nr. 12	Sonstige Rückstellungen
§ 285 Nr. 13	Gründe für die planmäßige Abschreibung eines Geschäfts- oder Firmenwerts
§ 285 Nr. 14	Mutterunternehmen der Gesellschaft
§ 291 Abs. 2 Nr. 3	Ausländisches Mutterunternehmen bei (befreiender) Einbeziehung in dessen Konzernabschluß
§ 327 Nr. 1 Satz 2	Ergänzende Nennung bestimmter Bilanzposten, sofern eine mittelgroße Kapitalgesellschaft nur eine verkürzte Bilanz offenlegt
EGHGB	
Art. 28 Abs. 2	Nicht passivierte Pensionsverpflichtungen und ähnliche Verpflichtungen (Fehlbetrag)
AktG	
§ 58 Abs. 2a Satz 2	Einstellung des Eigenkapitalanteils von Wertaufholungen u. a. in andere Gewinnrücklagen
§ 152 Abs. 2	Veränderung der Kapitalrücklage
§ 152 Abs. 3	Veränderung der Gewinnrücklagen
§ 158 Abs. 1 Satz 2	Ergebnisvortrag aus dem Vorjahr. Entnahmen und Einstellungen aus Rücklagen. Bilanzergebnis
§ 160 Abs. 1 Nr. 1	Vorratsaktien
§ 160 Abs. 1 Nr. 2	Eigene Aktien
§ 160 Abs. 1 Nr. 3	Aktiengattungen
§ 160 Abs. 1 Nr. 4	Genehmigtes Kapital
§ 160 Abs. 1 Nr. 5	Wandelschuldverschreibungen und vergleichbare Wertpapiere
§ 160 Abs. 1 Nr. 6	Genußrechte, Rechte aus Besserungsscheinen und ähnliche Rechte
§ 160 Abs. 1 Nr. 7	Wechselseitige Beteiligungen

Vorschrift	Gegenstand der Angabe
§ 160 Abs. 1 Nr. 8	Nach § 20 Abs. 1 oder 4 AktG mitgeteilte Beteiligungen
§ 240 Satz 3	Verwendung von Beträgen bei vereinfachter Kapitalherabsetzung
§ 261 Abs. 1 Satz 3 und 4	Weitere Behandlung durch Sonderprüfung festgestellter unzulässiger Unterbewertung
GmbHG	
§ 29 Abs. 4 Satz 2	Einstellung des Eigenkapitalanteils von Wertaufholungen u. a. in andere Gewinnrücklagen
§ 42 Abs. 3 erster Halbsatz	Ausleihungen, Forderungen und Verbindlichkeiten gegenüber Gesellschaftern

Tabelle 9: Im Anhang zu machende Pflichtangaben bzw. Wahlpflichtangaben

5.1.4.2 Freiwillige Abschlußerläuterungen

Die im Anhang zulässigen freiwilligen Angaben können auch im Lagebericht gemacht werden.

Angabe von Nebenrechnungen

- Kapitalflußrechnung nach IAS 7 oder der gemeinsamen Stellungnahme SG/HFA 1/1995
- Kapital- und Substanzerhaltungsrechnung. Ermittlung des Teils des Jahresergebnisses, das im Interesse der Substanzerhaltung nicht ausgeschüttet werden soll.
- Wertschöpfungsrechnung
- Bewegungsbilanz
- Sozialbilanz
  - Mitarbeiterstruktur
  - Aus- und Fortbildung
  - Freiwillige Leistungen an Arbeitnehmer
  - Angabe über Werkswohnungen
  - Fürsorgemaßnahmen im Bereich Gesundheit und Unfallschutz
  - Veränderungen zu Lohn und Arbeitszeit
- Segmentbilanzierung (IAS 14)

Angabe des Ergebnisses je Aktie mit Überleitung vom Jahresüberschuß

Angaben, durch die die internationale Vergleichbarkeit der Jahresabschlüsse deutscher Kapitalgesellschaften hergestellt wird

- Angaben zu Wiederbeschaffungskosten bzw. Zeitwerten von Vermögensgegenständen
- Angaben zu unrealisierten Gewinnen und zur Einzelbewertung
- Angaben zu selbsterstellten immateriellen Vermögensgegenständen
- Jahresergebnis nach ausländischen/internationalen Rechnungslegungsvorschriften.

Über die gesetzlichen Vorschriften hinausgehende Erläuterung der Posten von Bilanz und GuV sowie sonstiger Pflichtangaben

- Sonstige Rückstellungen. Tabellarische Darstellung mit Angabe der Teilbeträge
- Planmäßige Abschreibungen
  - Differenzierung nach Bilanzposten
  - Nennung von Nutzungsdauern
- Tiefere Untergliederung der
  - sonstigen betrieblichen Erträge
  - sonstigen betrieblichen Aufwendungen.

Erläuterung von nicht im § 285 HGB genannten Posten von Bilanz und GuV

- Abschreibungen auf Firmenwerte aus der Konsolidierung nach Equity-Bewertung.

5.2 Der Lagebericht

5.2.1 Gesetzlicher Hintergrund und freiwillige Berichterstattung

Eigene Komponente der Rechnungslegung

Die vom Gesetzgeber geforderten **Mindestinformationen**, die der Lagebericht zu enthalten hat, ergeben sich aus den **§§ 289 und 315 HGB**, in denen – ausgehend von der Umsetzung des Art. 46 der 4. EG-Richtlinie – erstmals der Begriff »Lagebericht« expressis verbis erscheint, während sich vor dieser Umsetzung bereits als Usance die Berichterstattung über die Lage des Unternehmens im allgemeinen Teil des Geschäftsberichtes herausgebildet hatte. Anders als Bilanz, GuV und Anhang gehört der Lagebericht **nicht zum Jahresabschluß**, sondern stellt eine **eigene Komponente der Rechnungslegung** dar.

Wie in vielen anderen Fällen sind auch beim Lagebericht aus dem Gesetzeswortlaut nur sehr rudimentäre Hinweise auf Einzelheiten der Ausgestaltung herzuleiten. In der einschlägigen Kommentarliteratur[1] besteht jedoch weitgehende Übereinstimmung hinsichtlich **Aufbau und Inhalt** des Lageberichts, so daß hierauf im folgenden primär Bezug genommen werden kann. Allerdings ist wie bei den übrigen gesetzlich vorgeschriebenen Elementen der Finanzkommunikation ausdrücklich auf die **große Spannweite** zwischen den **unerläßlichen Pflichtinformationen** und **den fakultativ aufzunehmenden Zusatzinformationen** - den adressatenorientierten »Kürelementen« - hinzuweisen, da gerade hier die Qualität der derzeit veröffentlichten Lageberichte sehr stark differiert. Im folgenden sollen daher ausgehend vom Gesetzestext die einzelnen Elemente eines vollständigen Lageberichtes quasi in Form einer Checkliste herausgearbeitet werden, wobei selbstredend in Abhängigkeit von der individuellen Unternehmenssituation zu entscheiden ist, welches Gewicht den Teilkomponenten beizumessen ist bzw. ob gegebenenfalls einzelne Teile obsolet oder unter Wettbewerbsaspekten zu kritisch sind. In jedem Fall sollte der Lagebericht den Grundsätzen der **Richtigkeit, Vollständigkeit, Klarheit, Vergleichbarkeit, Wirtschaftlichkeit und Wesentlichkeit sowie der sachgerechten Informationsabstufung** genügen.[2]

Kommentarliteratur

Gemäß § 289 Abs. 1 bzw. § 315 Abs. 1 HGB sollen mit dem Ziel der Vermittlung eines den tatsächlichen Verhältnissen entsprechenden Bildes der **Geschäftsverlauf** und die Lage der Kapitalgesellschaft bzw. des Konzerns dargestellt werden. Hinzu kommen **nach dem Schluß des Geschäftsjahres eingetretene Vorgänge von besonderer Bedeutung** sowie die Berichterstattung über die **voraussichtliche Entwicklung** und den Bereich **Forschung und Entwicklung** (§ 289 Abs. 2 und § 315 Abs. 2 HGB).

5.2.2 Die Elemente des Lageberichts im einzelnen

5.2.2.1 Wirtschaftsbericht – Darstellung der Geschäftstätigkeit bis zum Bilanzstichtag

Hiermit wird der Forderung nach adäquater **Darstellung** des (für die Rechnungslegung relevanten) **Geschäftsverlaufes** Rechnung getragen. Im Wirtschaftsbericht sollten sich demzufolge folgende

1 Vgl. hierzu z. B. die Ausführungen bei Adler/Düring/Schmaltz (1995), (1996); Ellrott (1995); Lück (1995).

2 Siehe hierzu sowie allgemein als Zusatzliteratur zum Lagebericht Baetge/Fischer/Paskert (1989) sowie Krumbholz (1994).

aussagekräftige Informationen einerseits über die Rahmenbedingungen, andererseits über die spezifische Unternehmenssituation finden. Hierzu gehören im einzelnen folgende Darstellungen:

Rahmenbedingungen
Aussagen über die **gesamtwirtschaftliche Lage** einschließlich volkswirtschaftlicher Daten, die für das berichtende Unternehmen von Bedeutung sind (z. B. Konjunkturindikatoren, Wechselkursentwicklungen).

Erläuterung der **Branchenentwicklung** im allgemeinen sowie Verdeutlichung der Stellung und Anteile des Unternehmens im Markt (siehe auch unten »Absatz«) im besonderen.

Unternehmenssituation, strukturiert nach Unternehmensbereichen

- Beschaffungsbereich
  Preis- und Mengensituation auf den Beschaffungsmärkten für Roh-, Hilfs- und Betriebsstoffe einschließlich Energie sowie Handelswaren, Einkaufs- und Lagerhaltungspolitik, Logistik, Qualitätssicherung etc.
- Produktionsbereich
  Auslastung bzw. Beschäftigungsreichweite, Inbetriebnahme oder Stillegung von Produktionseinheiten, Altersstruktur der Anlagen, Produktionsprogramm, Umfang von und Gründe für Produktionsstörungen, produktivitätssteigernde Maßnahmen, Outsourcing usw.
- Absatzbereich
  Auftragseingang und -stand, Absatz- und Umsatzentwicklung, jeweils unterteilt nach Sparten, Regionen, Kundengruppen etc., Exportanteile/-abhängigkeiten, Änderung von Produkten/des Produktionsprogramms etc.
- Investitionsbereich
  Schwerpunkte der (Des-)Investitionstätigkeit entsprechend der in der sonstigen Berichterstattung gewählten Gliederung (z. B. Ersatz-, Erweiterungs-, Rationalisierungs-, Umweltschutzinvestitionen, ggf. Rentabilitäts- und Finanzierungsaspekte)
- Finanzierungsbereich
  Liquiditätslage, Finanzierungspolitik etc. als Ergänzung zur Darstellung im Jahresabschluß und zu sonstigen Ausführungen z. B. im Hinblick auf die Bilanzstruktur und die Einhaltung von Finanzierungsregeln, erforderliche Maßnahmen zur Eigen- oder Fremdkapitalzuführung, insbesondere auch zur Finanzierung der oben genannten Investitionen, Zinsbelastung, Leasing- und sonstige Belastungen

- Organisations- und Verwaltungsbereich
  Maßnahmen zur Verbesserung der Aufbau- und Ablauforganisation sowie der Kommunikation, Erhöhung der organisatorischen Flexibilität, Effizienzsteigerungs- und Kostenreduzierungsmaßnahmen
- Personal- und Sozialbereich (intern)
  Mitarbeiterzahl, Strukturierung und Fluktuation der Belegschaft, Entwicklung von Löhnen und Gehältern, Arbeits-, Ausfall- und Urlaubszeiten, Tarifvertrags- sowie Betriebsvereinbarungen, Mitbestimmungsregelungen, Aus- und Weiterbildung, freiwillige Sozialleistungen (Wohnungen, Verpflegung, Gesundheitsfürsorge, Sport, Betriebskrankenkassen, Pensions- und Unterstützungskassen, Gratifikationen, Belegschaftsaktien, Gewinnbeteiligungen)
- Beteiligungsbereich
  Entwicklung, Ertragslage und aktuelle Situation der wesentlichen Beteiligungsunternehmen, Zu- und Verkäufe, Darstellung in einem gemeinsamen Lage- und Konzernlagebericht oder einem separaten Konzernlagebericht
- Ergebnissituation
  Erläuterung der Entwicklung des Nach- und Vorsteuerergebnisses sowie der Ergebniskomponenten (gewöhnliche Geschäftstätigkeit, Finanz-, Beteiligungsbereich, außerordentliche, periodenfremde und nicht betriebsbedingte Einflüsse)

5.2.2.2 Nachtragsbericht – Entwicklung vom Bilanz- bis zum Berichtsstichtag

Im Nachtragsbericht soll die **aktuelle Lage als Weiterentwicklung** der unter 5.2.2.1 genannten Kriterien in der Zeit vom **Bilanzstichtag bis zum Berichtszeitpunkt** erfolgen. Die in der Literatur aus didaktischen Gründen vorgenommene Trennung gegenüber dem Wirtschaftsbericht ist insoweit möglich, jedoch nicht zwingend. Die Darstellung kann ebenso als zeitnähere Fortsetzung innerhalb der jeweiligen Ausführungen zum Geschäftsverlauf erfolgen.
Wichtig ist jedoch insbesondere unter dem Aspekt der Erfüllung des gesetzgeberischen Postulats nach Nennung der »Vorgänge von besonderer Bedeutung« nach dem Abschlußstichtag deren **Wesentlichkeit**. Aufzuführen sind alle positiven, vor allem aber negativen

- **externen** (rezessive Gesamt- und Branchenkonjunktur, negative Wechselkursänderungen, Preisverfall) und
- **internen** (größere Sach- und Finanzinvestitionen und -desinve-

stitionen, Vertragsabschlüsse, Kooperationen, Streiks, Kurzarbeit, Unglücksfälle, Unfälle, Änderungen in Kapital-, Gesellschafts- oder Eigentümerverhältnissen) Vorgänge,

die erheblichen Einfluß auf die Unternehmensentwicklung hatten und haben.

5.2.2.3 Prognosebericht – Ausblick auf die weitere Entwicklung nach dem Berichtsstichtag

Die inhaltliche Strukturierung kann sich auch beim Prognosebericht wiederum am Aufbau des Wirtschaftsberichtes orientieren. Im einzelnen bieten sich hier Ausführungen zu folgenden Teilgebieten an:

Rahmenbedingungen
Zur **gesamtwirtschaftlichen Lage** sind Aussagen zur erwarteten konjunkturellen Entwicklung, Wechselkursprognosen sowie Hinweise zu absehbaren zukünftigen externen Ereignissen, die für die Unternehmensentwicklung von Bedeutung sein könnten, relevant.

Bei der **Branchenentwicklung** gilt es, wie in der Ex-post-Analyse hier nun ex ante die erwartete Branchenkonjunktur sowie Stellung und Anteile des Unternehmens im Markt zu verdeutlichen.

Unternehmenssituation, strukturiert nach Unternehmensbereichen
- Beschaffungsbereich
  Sicherheit der preisgünstigen und mengenmäßig abgesicherten Versorgung mit Roh-, Hilfs- und Betriebsstoffen sowie Handelswaren etwa in Form von abgeschlossenen Verträgen, erwartete Preisentwicklung, ggf. wiederum Vorratspolitik und Logistik
- Produktionsbereich
  Sicherstellung der Beschäftigung einerseits, zeitlich flexible und termingerechte Produktion andererseits
- Absatzbereich
  Aufbauend auf der Darstellung der prognostizierten Marktstellung und des erwarteten Marktanteils (Absatz- zu Marktpotential; Absatz- zu Marktvolumen), Absatz- und Umsatzprognosen, wiederum unterteilt nach Sparten, Regionen, Kundengruppen etc. sowie Exportanteile/-abhängigkeiten; Zusatzinformationen über bereits vertraglich gesicherten Absatz-/Umsatzvolumenanteil
- Investitionsbereich
  Schwerpunkte der geplanten (Des-)Investitionstätigkeit in Ver-

bindung mit entsprechenden Begründungen (Unternehmensstrategie, Chancen und Risiken)

- Finanzierungsbereich
  Finanz- und Liquiditätsplan(ung) mit Darstellung des Kapitalbedarfs und seiner Deckung, geplante Bilanzstrukturen und Einhaltung von Finanzierungsregeln
- Organisations- und Verwaltungsbereich
  Kosten und Nutzen geplanter Restrukturierungsmaßnahmen, Aufbau- und Ablauforganisation, Kommunikation
- Personal- und Sozialbereich
  Auswirkungen geplanter Restrukturierungs-/Stillegungsmaßnahmen für die Mitarbeiter
- Beteiligungsbereich
  Prognostizierte Entwicklung der wesentlichen Beteiligungsunternehmen, geplante Zu- und Verkäufe
- Ergebnissituation
  Erwartete Entwicklung der einzelnen Ergebniskomponenten sowie der Dividende

Neben der inhaltlichen Komponente sind beim Prognosebericht die zeitliche Komponente und der Grad der Detailliertheit von Bedeutung:

- Länge des Prognosezeitraumes
  Während mit dem Bericht über das abgelaufene Geschäftsjahr der Zeitraum bis zum Beginn des Rückblicks eindeutig definiert ist, kann die Prognose theoretisch unbegrenzt in die Zukunft ausgedehnt werden. In der Literatur hat sich indessen die Meinung herausgebildet, daß ein **Zeitraum von zwei Jahren** als angemessen anzusehen ist. Da der Lagebericht erst nach Ablauf mehrerer Monate im Nach-Berichtsjahr erscheint, wird einerseits ein Zeitraum von einem Jahr als zu kurz, andererseits aufgrund der zunehmenden Prognoseunsicherheit ein Zeitraum von über zwei Jahren als zu lang angesehen.
- Detailliertheit der Prognose
  Der Detailliertheitsgrad läßt sich hingegen nicht eindeutig quantifizieren. Während einerseits eingeräumt wird, daß **genaue Zahlenangaben** mit Punkt- oder Korridorerwartungen im Hinblick auf spätere Rechtfertigungszwänge kaum sinnvoll sind, sollten andererseits vage **und schwammige Formulierungen** als andere Extremform ebenfalls vermieden werden. Hier ist unternehmensindividuell ein **Mittelweg** zu suchen.

5.2.2.4 Forschungs- und Entwicklungsbericht

Da der Bereich der Forschung und Entwicklung (F&E) **vom Gesetzgeber** expressis verbis als **eigenständiger Berichtsteil** genannt wird, sollte dieser Tatsache auch durch die Erstellung eines eigenen F&E-Teils Rechnung getragen werden. Inhaltlich sind hier Angaben über eigene Tätigkeiten oder diejenigen von anderen Unternehmen oder Institutionen aufzuführen, die für das eigene Unternehmen tätig sind. Unter **Forschung** werden hierbei Aktivitäten zur Gewinnung neuer Erkenntnisse und Erfahrungen (Grundlagen und angewandte Forschung), unter **Entwicklung** die Anwendung und Umsetzung der Forschungsergebnisse verstanden.

Die Berichterstattung sollte insbesondere Auskunft geben über:

- **Ziele und Programmschwerpunkte** laufender und geplanter Aktivitäten.
- **Volumen und Entwicklung der finanziellen und personellen FuE-Aufwendungen.**
- **Restriktionen und mögliche Risiken** (z. B. Umweltschutzauflagen, Gesetzesänderungen).
- **Geplante und erwartete Ergebnisse** der F&E-Tätigkeit.

5.2.2.5 Zusatzbericht

Unter dem Sammelbegriff »Zusatzbericht« sollen alle sonstigen Berichtsteile sowie zusätzliche freiwillige Berichtsangaben zusammengefaßt werden, die in Teilen ebenfalls bereits in vorherige Berichtselemente integriert worden sein können.
Hierzu zählen:

Rechnungslegungsbezogene Zusatzangaben und -berichtsteile
Kennzahlen
Bilanzstrukturkennzahlen, Ergebnis-/Rentabilitätskennzahlen, DVFA/SG-Ergebnis

Finanzwirtschaftliche Zusatzrechnungen
Cash Flow-Rechnung, Kapitalflußrechnung, Substanzerhaltungs-/Scheingewinnrechnung, Wertschöpfungsrechnung

Mehrjahresübersichten
Bilanz- und GuV-Daten, Ergebnis-, Dividenden- und Aktienkursentwicklung

Umwelt-/Ökobericht
Ökobilanz: Rohstoffeinsatz, Recycling, Umweltschutzauflagen und -maßnahmen etc.

Sozialbericht
Sozialbilanz: Beziehungen zum gesellschaftlichen Umfeld

Selbstdarstellung
PR-bezogene Ausführungen, Darstellung des Selbstverständnisses des Unternehmens, der Unternehmensphilosophie, der Corporate Identity etc.

Schlußerklärung zum Abhängigkeitsbericht
gem. rechtsformspezifischer Sonderregelung in § 312 Abs. 3 AktG

5.2.3 Schlußbemerkung

Inwieweit die aufgeführten Berichtselemente im Einzelfall entfallen können oder zu ergänzen sind, hängt von der individuellen Unternehmenssituation ab. Zwar ist einzuräumen, daß eine einmal eingeführte Aufnahme von Berichtsteilen im Sinne der **Kontinuität der Darstellung** die Erwartungshaltung einer dauerhaften Beibehaltung und gleichbleibender Strukturierung nach sich zieht. Dennoch sollte dies nicht davon abhalten, alle Adressaten des Lageberichts möglichst umfangreich und durch freiwillige Zusatzangaben über die für sie besonders relevanten Teilgebiete zu informieren, da gerade die Aufrechterhaltung einer Berichterstattung auch im Falle von negativen Entwicklungen nicht nur indirekt vom Gesetzgeber gefordert ist, sondern die einzige realistische Möglichkeit darstellt, eine dauerhafte Vertrauensbasis aufzubauen.

6 Literatur

Adler, H./Düring, W./Schmaltz, K. (1996): Rechnungslegung und Prüfung der Unternehmen, bearbeitet von Forster, K.H. u.a., Teilband 3, Kommentar zu § 315 HGB, 6. Aufl., Stuttgart, S. 891–902.

Adler, H./Düring, W./Schmaltz, K. (1995): Rechnungslegung und Prüfung der Unternehmen, bearbeitet von Forster, K.H. u.a., Teilband 2, Kommentar zu § 289 HGB, 6. Aufl., Stuttgart, S. 181–229.

Baetge, J./Fischer, Th., R./Paskert, D. (1989): Der Lagebericht. Aufstellung, Prüfung und Offenlegung, Stuttgart.

Ball, R./Brown, P. (1968): The empirical evaluation of accounting income numbers, in: Journal of Accounting Research, Vol. 6, Autumn, S. 159–177.

Baukmann, D./Mandler, U. (1997): International Accounting Standards: IAS und HGB im Konzernabschluß, München-Wien.

Beaver, W.H. (1968): The information content of annual earnings announcements, in: Journal of Accounting Research, Vol. 6, Supplement, S. 67–92.

Blättchen, W. (1982): Diffusion efficiente des informations sur le marché boursier allemand, in: Analyse Financière, Nr. 50, III/82.

Blättchen, W./Schmidt, F. (1982): La pratique de l`analyse financière en RFA, in: Analyse Financière, Nr. 50, III/82.

Blättchen, W./Kienast , P. (1981): Le bilan allemand, Paris.

Booth, G./Broussard, J./Loistl, O. (1994): German Stock Returns and the Information Content of DVFA Earnings, DVFA-Beiträge zur Wertpapieranalyse Nr. 30, Dreieich.

Busse v. Colbe, W./Becker, W./Berndt, H./Geiger, K.M./Haase, H./Schmitt, G./Seeberg, Th. (1996): Ergebnis nach DVFA/SG. Gemeinsame Empfehlung, 2., erweiterte Aufl., Stuttgart.

Coenenberg, A.G./Brandi, E.H. (1979): The information content of annual accounting income numbers of German corporations – A review of German accounting standards and some preliminary results, in: The Annals of the School of Business Administration, Kobe University, No. 23, S. 1–22.

Ellrott, H. (1995): § 289 Lagebericht; § 315 Konzernlagebericht, in: Beck'scher Bilanzkommentar, bearbeitet von Budde, W.D. u.a., 3. Aufl., München, S. 1310–1324, 1742–1747.

Förschle, G./Kroner, M./Mandler, U. (1994): Internationale Rechnungslegung: US-GAAP, HGB und IAS, Bonn.

Glaum, M./Mandler, U. (1996): Rechnungslegung auf globalen Kapitalmärkten, Wiesbaden.

Haller, A. (1994): Die Grundlagen der externen Rechnungslegung in den USA, 4. Aufl., Stuttgart.

Harris, T.S./Lang, M./Möller, H.-P. (1994): The value relevance of German accounting measures: An empirical analysis, in: Journal of Accounting Research, Vol. 32, No. 2, S. 187–209.

IASC (1988): Framework for the Preparation and Presentation of Financial Statements, London.

Krumbholz, M. (1994): Die Qualität publizierter Lageberichte. Ein empirischer Befund zur Unternehmenspublizität, Düsseldorf.

Küting, K./Weber, C.-P. (1994): Die Bilanzanalyse, 2. Aufl., Stuttgart.

Link, R. (1991): Aktienmarketing in deutschen Publikumsgesellschaften, Wiesbaden.

Lück, W. (1995): Lagebericht (§ 289), in: Handbuch der Rechnungslegung, Kommentar zur Bilanzierung und Prüfung, Küting, K.-H./Weber, C. P. (Hrsg.), 4. Aufl., Stuttgart, S. 2005–2027.
Rehkugler, H./Poddig, Th. (1997): Bilanzanalyse, 4. Aufl., München.

Kapitel II
Regelmäßige Kommunikation

1 Hauptversammlung, Pressekonferenz und Geschäftsbericht im Rahmen des Aktienmarketing

1.1 Hauptversammlung

Die Hauptversammlung bildet das **zentrale persönliche Kommunikationsmedium** innerhalb der Investor Relations eines Unternehmens.

Die persönliche Kommunikation bietet die Möglichkeit zur direkten und **individuellen Rückkopplung** mit der Financial Community, allerdings mit dem Nachteil, **zeit- und kostenintensiv** und daher nur beschränkt einsetzbar zu sein. Wichtig ist daher, die bereits pflichtgemäß gem. §§ 118 ff. AktG durchzuführende Hauptversammlung zu einer Werbeveranstaltung für das Unternehmen werden zu lassen, die einen **bleibenden positiven Eindruck hinterläßt**.

Im folgenden soll aufgezeigt werden, welche Aspekte bei der Vorbereitung, Durchführung und Nachbereitung zu berücksichtigen sind, um den Wünschen und Vorstellungen der einzelnen Gruppen der Financial Community gerecht zu werden.

1.1.1 Vorbereitungsphase

1.1.1.1 Aktivieren der Teilnehmer

Wahrnehmung sämtlicher Rechte nur von wenigen Aktionären

Regelmäßig nimmt nur ein sehr geringer Teil der Aktionäre persönlich die ihm **per Gesetz zustehenden Verwaltungsrechte** (Stimmrechtsausübung für Stammaktionäre, Anspruch auf Rechenschaft und Information) wahr. Die mangelnde persönliche Resonanz läßt sich mit der **fehlenden Fachkenntnis** und dem **Gefühl der Wirkungslosigkeit** kleinerer Stimmenanteile sowie mit dem Zeitmangel vieler Anleger begründen. Für **primär an Kursgewinnen und Dividendenzahlungen interessierte** Anleger spielen diese Verwaltungsrechte zudem oft nur eine untergeordnete Rolle. Schließlich würde die zumeist relativ **weite Anreise** für die meisten Anleger (vor allem bei Publikumsgesellschaften mit hohem

Auslandsanteil) unverhältnismäßig hohe Kosten verursachen, zumal bei einer sehr kleinen Zahl gehaltener Aktien.

Stimmrechtsvollmacht

Nach § 134 Abs. 3 AktG könnte das Stimmrecht jedoch auch durch einen vom Aktionär dazu schriftlich Bevollmächtigten ausgeübt werden, wenn dieser der Gesellschaft die Vollmachtsurkunde vorlegt.

Depotstimmrecht

§ 135 AktG berechtigt ebenso ein an der Hauptversammlung teilnehmendes Kreditinstitut zur Stimmrechtsausübung für ihm nicht gehörende Inhaberaktien, wenn es schriftlich und unter Benennung des Aktionärs bevollmächtigt ist. Über die Ausübung dieses Depotstimmrechtes können die Kreditinstitute regelmäßig einen maßgeblichen Einfluß ausüben.

Information über Multiplikatoren

Angesichts dieser Entwicklung werden neben den Aktionären in immer stärkerem Maße die **Multiplikatoren** zu wichtigen Adressaten. Speziell über die ausführliche Berichterstattung der Wirtschaftsjournalisten soll erreicht werden, daß neben den Anwesenden ebenso sonstige interessierte Mitglieder der Finanzöffentlichkeit sowie der übrigen Interessengruppen über den Verlauf der Hauptversammlung informiert werden.

Terminkollisionen vermeiden

Eine **frühzeitige Terminierung** und Abgleichung mit sonstigen wichtigen Ereignissen ist unumgänglich, um nicht bereits aufgrund von Überschneidungen die Präsenz und Aufmerksamkeit der Zielgruppen zu beeinträchtigen.

1.1.1.2 Zeit- und Ortsplanung

- Es sollte ein Termin gewählt werden, an dem **keine anderen Hauptversammlungen**, insbesondere der gleichen Branche, stattfinden. So wird verhindert, daß sich Interessenten zwischen verschiedenen Veranstaltungen entscheiden müssen.
- Zu den Wünschen der Financial Community gehört aber auch ein **früher Hauptversammlungstermin**, um möglichst zeitnah Informationen über das abgelaufene Geschäftsjahr zu erhalten und auch frühzeitig über die Dividenden verfügen zu können. Dem stehen das Interesse der Unternehmensleitung aufgrund des Zinsgewinns aus der länger zurückbehaltenen Dividende, vor allem aber organisatorische Aspekte (gesetzliche, satzungsmäßige und technische Terminierungen wie z. B. Jahresabschlußerstellung und -prüfung, Abstimmung im Aufsichtsrat, Bilanzpressekonferenz) gegenüber.
- Nicht zwingend ist es, die Hauptversammlung immer am **Sitz der Gesellschaft** stattfinden zu lassen. So kann z. B. ein größeres Interesse am Finanzplatz **Frankfurt** vermutet werden oder können **spezielle lokale Konzentrationen** von Aktionären vorlie-

gen, die ein Unternehmen veranlassen, dort ihre Hauptversammlung abzuhalten.
- Unabhängig von der Einhaltung der gesetzlichen Erfordernisse kann die **Einladung und Bekanntgabe der Tagesordnung** ebenfalls genutzt werden, um Interesse zu wecken (kreative Aufmachung, frühzeitige Einladungen samt wissenswerten Fakten zur Tagesordnung; gegebenenfalls mit Übersetzung).

1.1.2 Durchführung

1.1.2.1 Anwesenheit, Versammlungsleitung und Stellungnahmen des Managements

- Vorstands- und ggf. Aufsichtsratsmitglieder sind **selbstverständlich** anwesend.
- Zu einer überzeugenden Versammlungsleitung gehört die organisatorisch richtige Behandlung von Aktionärsfragen und der souveräne Umgang mit kritischen Befragungen. Schwammige und lückenhafte Antworten sind »verboten«. Es ist zweckmäßig, sich bereits im Rahmen der Vorbereitung mit den **typischen Fragestellungen** der verschiedenen Rednergruppen auseinanderzusetzen und Vorjahresfragen bzw. vergleichbare Fragen auf anderen Hauptversammlungen aufzuarbeiten.

1.1.2.2 Berichterstattung des Vorstandssprechers

Informationen zur Vergangenheitsentwicklung und zum Jahresabschluß sind bereits aus dem Geschäftsbericht bekannt, daher sollte insbesondere auf die **aktuelle** Vermögens-, Finanz- und Ertragslage und die kurz- und mittelfristigen **Zukunftsperspektiven** eingegangen werden, so daß deutlich wird, wie das Management das Ziel der Mehrung des Aktionärsvermögens zu erreichen beabsichtigt.
Dabei ist folgendes Grundprinzip zu beachten: **aktuelle und vollständige, jedoch kompakte und aussagekräftige Information**.

- Basis ist die Selbstdarstellung und Berichterstattung über den Jahresabschluß und die **aktuelle Situation**:
  - Unternehmenstätigkeit,
  - Unternehmenspolitik und -ziele,
  - Erläuterungen erklärungsbedürftiger Positionen im Jahresabschluß,
  - Darstellung der Konzernstruktur,
  - Angabe von regionalen, funktionalen und/oder spartenbezogenen Zahlen zu Umsatz, Investitionen, Mitarbeitern usw.

- Den Schwerpunkt sollte der Ausblick auf das laufende Geschäftsjahr und die mittelfristige **Unternehmens- bzw. Konzernentwicklung** bilden.
  - langfristige Abnahme-, Liefer- und sonstige Verträge,
  - Währungs-, Rohstoff-, politische, sonstige Abhängigkeiten/Risiken,
  - Forschungs- und Entwicklungstätigkeiten,
  - Investitionsvorhaben,
  - Marktstellung, Wettbewerbssituation,
  - Unternehmensziele, beabsichtigte Unternehmensstrategie.
- Direkte **aktionärs- und finanzmarktrelevante Informationen**:
  - »offizielles« Jahresergebnis, DVFA/SG-Ergebnis, Cash Flow,
  - kurz- und langfristige Kursentwicklung im Vergleich zum Markt- oder Branchenindex,
  - Price/Earnings- und Price/Cash Flow-Ratios,
  - Aussagen zu Dividenden und zur Dividendenrendite samt Entwicklung,
  - Aktionärsstrukturerhebungen.

1.1.2.3 Umfeld

- Unterstützung des Ablaufs mittels Einsatz von **Multimedia** (Simultanübersetzungen, mehrsprachige Manuskripte der Rede des Vorstandssprechers, visuelle Hilfsmittel wie Filme etc.),
- Broschüren, sonstiges schriftliches Informationsmaterial,
- Produktpräsentationen (Schautafeln, »Messestände«),
- Bewirtung und Aktionärspräsente.

1.1.3 Nachbereitung

Zur kommunikativen Nachbereitung (neben Dividendenzahlung, Veröffentlichung, Abschlußprüferbestellung etc.) bietet sich die Nutzung einer Reihe von **unpersönlichen Maßnahmen** an: schriftliche Presseinformationen, Finanzanzeigen oder Beiträge in Aktionärszeitschriften und Quartalsberichten.

Die Nachbereitung muß auch eine Auswertung insbesondere des Feedbacks auf die Rede des Vorstands sowie des Diskussionsablaufs enthalten.

Auskunftsfreudigkeit in einem adäquaten Umfeld präsentiert, also auch im Rahmen einer Hauptversammlung, die den Wünschen der Financial Community gerecht wird, kann dazu beitragen, daß das Unternehmen fair, also mit seinem »wahren« inneren Wert, an den Finanzmärkten beurteilt wird und das benötigte **Kapital sicher und mit geringeren Kosten beschafft** werden kann.

1.2 Die Pressekonferenz

1.2.1 Vorbereitung

1. Vorbereitungszeit
   Für die Vorbereitung sind **mindestens sechs** Wochen einzukalkulieren.
2. Zeitplan
   - Die jährlichen Bilanzpressekonferenzen finden in der Regel ein **bis zwei Monate vor der Hauptversammlung** der Gesellschaft statt. Der aktuelle Geschäftsbericht sollte bis zu dieser Konferenz fertiggestellt sein.
   - Kleinere Gesellschaften sollten Termine bevorzugen, an denen keine Veranstaltungen bedeutenderer Unternehmen in der Region stattfinden. Hierdurch wird verhindert, daß die **Aufmerksamkeit in der** Presse am folgenden Tag **geteilt** werden muß.
   - Terminlisten über Pressekonferenzen veröffentlichen:
     - Der Bundesverband der Deutschen Industrie
     - dpa - Deutsche Presseagentur
     - Die Zeitschrift: »Der Wirtschaftsredakteur«
   - Pressekonferenzen sollten zumindest bei dem BDI angemeldet werden.
   - Termin:
     Veranstaltungen möglichst am **Vormittag** stattfinden lassen, damit die Redakteure ausreichend Zeit haben, einen Bericht für die nächste Tagesausgabe zu verfassen.
3. Ort
   Möglichst für alle Journalisten leicht erreichbare Räume in den Stadtzentren (Börsenstädte), evtl. Firmenräumlichkeiten.
4. Einladungen
   - Teilnehmerkreis festlegen - welche Journalisten, von welchen Medien, von welcher Sparte:
     - Lokale Journalisten
     - Regionale und überregionale Wirtschaftsredakteure
     - Redakteure von Presseagenturen, Kapitalanlagezeitschriften, Wirtschaftsmagazinen, Branchenzeitschriften
     - TV
     - Rundfunk: lokal und überregional
     - Redaktionsgemeinschaften/-büros
     - Freie Journalisten/Fotografen
   - Art der Einladungen
     - Via Brief oder via Telefax
     - Persönliche Anrede, Anschrift, Ressort, etc.

   - Drei bis vier Wochen vor der Konferenz Einladungen verschicken.
   - Rückantwortkarte beilegen, um sich über die Teilnehmerzahl zu informieren.
5. Technik, Dekorationsmittel, Raumausstattung
   Je nach Aufwand und Größe der Pressekonferenz kann man folgende **Hilfsmittel** einsetzen:
   Beschallung, Videorecorder, Filmprojektor, Diaprojektor, Flipchart, Overheadprojektor, Monitor, Tonbandgerät, Fahnen, Plakate, Poster, Transparente, Blumenschmuck, Namensschilder, Exponate, Modelle, Vitrinen, Displays.

1.2.2 Durchführung der Pressekonferenz

1. Teilnehmerliste
   Alle Journalisten tragen sich am Eingang des Konferenzraums in eine vorbereitete Liste ein. Übergabe des Pressematerials.
2. Pressematerial/Fact Books zur Ausgabe vor der Pressekonferenz. (Vgl. dazu auch *Analystenkonferenz - schriftliches Informationsmaterial* in Abschnitt 2.2.3 dieses Kapitels).
   - Pressemitteilung
   - Redemanuskripte
   - Geschäftsbericht
   - Zwischen- und Quartalsberichte
   - Fotos (Objekte/Personen)
   - Broschüren/Prospekte
   - Notizblätter/-block, Schreibstift
3. Eröffnung und Ablauf
   Nach dem thematischen Einstieg und Vortrag sollte den Journalisten Gelegenheit zum Fragen gegeben werden.
4. Bewirtung/Pressegeschenke. (Vgl. dazu auch *Analystenkonferenz - Bewirtung/Geschenke* in Abschnitt 2.2.3 dieses Kapitels).
   Die Bewirtung sollte der Tageszeit angemessen und nicht üppig sein. Kleine Geschenke (nicht über 20 DM) sind üblich.
5. Inhalt
   - Die Reden zu den Zahlen der vergangenen Perioden, zu den künftigen Aktivitäten der Unternehmen und sonstige Themen nach Möglichkeit aufteilen: Vorsitzender des Vorstands, Finanzvorstand, Vorstand für Forschung und Entwicklung.
     Der Vorstand für Finanzen oder ein anderer sachkundiger Firmenvertreter sollte auf jeden Fall zugegen sein, um spezielle Sachverhalte zu den Bilanzen und Zahlen beantworten zu können.

- Inhalte der Redetexte (Mindestanforderungen - nicht identisch mit den Inhalten bei Analystenpräsentationen):
  - Allgemeine Geschäftsentwicklung der vergangenen Periode
  - Allgemeine Entwicklung in der Branche
  - Entwicklung der Produktion
  - Umsatzentwicklung
  - Entwicklung in den einzelnen Geschäftsfeldern
  - Dividende
  - Beschäftigungszahlen
  - Aufwandsquoten (Bilanzkennzahlen)
  - Ertragsentwicklung (Ergebnis der gewöhnlichen Geschäftstätigkeit, Jahresüberschuß)
  - verbale Interpretation der Zahlen
  - Ergebnis je Aktie nach DVFA/SG
  - Cash Flow je Aktie nach DVFA/SG
  - Liquidität
  - Eigenkapitalquote
  - Exportquote
  - Auslandsaktivitäten (Produktion und Vertrieb)
  - Abschreibungen
  - Investitionen (getätigte und geplante)
  - Zukunftsaktivitäten, etc.

6. Nachbearbeitung
   Nach der Pressekonferenz werden Pressemitteilungen und evtl. die Pressemappen an Journalisten verschickt, die an der Veranstaltung nicht teilgenommen haben.

1.3 Geschäftsbericht

Zentrales schriftliches Informationsmedium der Finanzkommunikation ist der Geschäftsbericht.

Graphische Aufbereitung

Hier finden zusätzliche, über die gesetzlich vorgeschriebenen Angaben hinausgehende Informationen, z. B. zu den Zukunftsaussichten der Unternehmung, Platz. Generell besteht bei allen Zielgruppen angesichts der zunehmenden Informationsflut die Abneigung gegen ein intensives Studium des Geschäftsberichts. Die wichtigsten Fakten sollten daher in Form von Grafiken, Tabellen, etc. **schnell erkennbar** sein. Der Geschäftsbericht, der je nach Aktionärsstruktur auch in mehreren Sprachen erscheinen kann, sollte folgende Informationen enthalten:

- Zukunftsgerichtete Informationen

- Vollständige, aussagefähige, detaillierte Informationen zur Vergangenheit und zur aktuellen Situation, wie:
  - kursbeeinflussende Faktoren
  - Entwicklung des Aktienkurses im Vergleich zum Markt- und Branchenindex
  - Dividendenhöhe
  - DVFA-Ergebnis
  - Cash Flow
  - Aktionärsstruktur
- Nach Sparten, Regionen und Funktionen differenzierte Berichterstattung
- Währungs-, Rohstoff- oder politische Abhängigkeiten
- Geplante Investitionen
- Forschungs- und Entwicklungstätigkeiten

Selektive Versendung

Die **Versendung** der Geschäftsberichte sollte aufgrund des geringen Interesses der Kleinanleger selektiv erfolgen. Jedoch muß garantiert sein, daß institutionelle Anleger und andere meinungsprägende Zielgruppen automatisch versorgt werden. Voraussetzung hierfür ist eine von der Absatzforschung erstellte »Mailing List«. Es sollten jedoch **Anforderungskarten** in den Printmedien der Wirtschaft ausgelegt werden, um jedem Interessenten die Möglichkeit zu geben, einen Geschäftsbericht zu erhalten.

2 DVFA-Analystenkonferenzen[1]

2.1 Ziel und Zweck von DVFA-Analystenkonferenzen

Ziel und Intention

Der globale Wettbewerb um Kapital hält in Deutschland Einzug und verschafft den Emittenten, die in diesem neuen Markt bereits gut positioniert kunden- und damit **investorenbezogen agieren**, einen geldwerten Vorteil.

Wir stehen erst am Beginn des Informations- und Kommunikationszeitalters. Traditionelle Eckwerte der Unternehmensbewertung wie Umsatzgröße, Anlagevermögen, Eigenkapital und regionaler Bezug werden an Aussagefähigkeit verlieren. **Wettbewerbsentscheidend** wird die Fähigkeit des Unternehmens sein, heterogene interne und externe Informations- und Produktionssysteme in sich rasch verändernden Kerngeschäftsbereichen zu managen. Im Vordergrund steht das Servicemanagement auf volatilen Märkten.

Der späte Beginn der investorenbezogenen Unternehmenskommunikation in Deutschland birgt auch eine wertvolle Chance für alle Beteiligten. Deutsche Emittenten können als »Späteinsteiger« in das globale Netz der Kapitalmarktkommunikation auf eine ausgereiftere Technik und die **Erfahrungswerte kommunikationserprobter Mitwettbewerber** zurückgreifen.

Die explosionsartige Erweiterung der Rechner-, Speicher- und Übertragungsleistungen resultiert in einem permanenten Fluß von real-time Unternehmens- und Marktdaten gigantischen Ausmaßes. Der jetzigen Generation der (Netz-)Anwender stellt sich somit die vorrangige Aufgabe der **optimalen Ressourcenallokation** in der Informationsaufbereitung und -verarbeitung.

Vorteile für Unternehmen

Zur Bewältigung dieser Aufgabe stellt die DVFA als der Berufsverband der Kapitalmarktexperten den Emittenten Produkte zur Verfügung. Die Kooperation mit der DVFA bietet den Unternehmen eine Reihe von Vorteilen:

- Die Emittenten kommunizieren **zielgerichtet** und vermeiden somit hohe Streuverluste im Investor Relations-Bereich.
- Die zur Zeit mehr als 950 persönlichen Verbandsmitglieder (Stand: 10/97) wirken bei Anlageentscheidungen in Höhe von ca. DM 4,6 Billionen p.a. entscheidend mit. Sie sind tätig bei nationalen und internationalen Banken, Versicherungen, Kapitalanlagegesellschaften und anderen im Wertpapierbereich akti-

1 Die Problematik Analystenkonferenz/Ad hoc-Publizität des WpHG wird in Punkt 2.3 dieses Kapitels und im Kapitel III, Punkt 1.3.6 erläutert.

ven Dienstleistern. Über die DVFA erhalten die Emittenten **Zugang zum Netzwerk der maßgeblichen professionellen Multiplikatoren** im Kapitalmarkt.

- Die DVFA-Berufsgrundsätze und Standesrichtlinien[1] entsprechen internationalen Standards. Zur Sicherstellung der Teilnehmerkompetenz verpflichtet die DVFA die Teilnehmer auf Einhaltung ethischer Mindeststandards. Zur Zeit bilden die Zugehörigkeit zu einem **nationalen Berufsverband** und die **Anerkennung der Berufsgrundsätze** den einzigen sofort nachprüfbaren **Ausweis professioneller Mindeststandards.**
- Angesichts volatiler Märkte ist der **kontinuierliche und faire Dialog** mit den professionellen Investorenvertretern vor Ort wichtiger denn je, da auch heute Managementqualität nur mit zeitlicher Verzögerung in Zahlen erkennbar ist.
- Für eine unmittelbare und authentische Unternehmenskommunikation auf Managementebene sind die **vom Verband arrangierten Analystenkonferenzen** bestens geeignet. Diese Konferenzen haben allgemein **vom Markt akzeptierte Standards** gesetzt und werden für das sich präsentierende Unternehmen zunehmend als Qualitätsausweis gewertet.
- Von Januar 1996 bis September 1997 fanden 284 Analystenkonferenzen mit einer Gesamtteilnehmerzahl von ca. 12.000 Kapitalmarktexperten aus dem In- und Ausland statt. Die Emittenten können die in den zahlreichen Veranstaltungen gesammelte Erfahrung und das Know-How des Verbandes nutzen.[2]
- Die **EDV-Konfiguration der DVFA-Geschäftsstelle** erlaubt eine optimale Marktdurchdringung durch schnelle und zielgruppengenaue Informationen, z. B. durch elektronisch versandte Fax-Infos. Zur Zeit werden 1.500 Adressaten im In- und Ausland erreicht, darunter die 16 Generalsekretariate weiterer europäischer Analystenverbände. Die Informationen werden direkt auf DVFA-eigene Seiten der Informationssysteme REUTERS und Bloomberg sowie im Internet eingespeist.
- Die kurzfristige Versendung von Informationen oder Einladungen zu aktuell anberaumten Gesprächen mit den Kapitalmarktexperten – etwa im Zusammenhang mit Meldungen nach § 15 WpHG – ist aufgrund der technischen Ausstattung problemlos.

---

1 Siehe dazu im Anhang dieses Kapitels *Standesrichtlinien der DVFA*, Seite 105 ff.

2 Weitere Aktivitäten des Berufsverbandes sind im Anhang dieses Kapitels auf Seite 103 angeführt.

2.2 Durchführung einer DVFA-Analystenkonferenz

2.2.1 Aufgabenbereiche

DVFA

Der Berufsverband
- lädt über seinen Verteiler nationale und internationale Professionals zur Teilnahme an der Konferenz ein
- veröffentlicht das Konferenz***datum*** nach kapitalmarktrechtlichem Standard und informiert die Fachpresse
- sammelt die Anmeldungen zur Konferenz
- überprüft die Verpflichtung der angemeldeten Berufsangehörigen, soweit diese dem WpHG unterliegen, zur Einhaltung von professionellen Mindeststandards
- erstellt die Anmeldeliste und übermittelt diese mit aktuellstem Adressenmaterial frühzeitig dem Emittenten
- stellt das Adressenmaterial wie gewünscht, z. B. auf Diskette, in Form von Adreßetiketten etc., zur Verfügung
- versendet auf Wunsch Informationsmaterial des Emittenten vor/nach der Konferenz oder zu anderen Zeitpunkten
- aktualisiert für den Emittenten die im Rahmen einer Konferenz erstellte Adreßdatei auf EDV-Basis

Emittent

Das Unternehmen stellt die Organisation und den Inhalt der Konferenz sicher, insbes.
- unternehmensinterne Abstimmung mit den eigenen Presseterminen und -veröffentlichungen
- Präsenz der Unternehmensvertreter auf Vorstandsebene
- Informationsmaterial
- Befolgung der kapitalmarktrechtlichen Vorschriften durch die Unternehmensvertreter, insbes. der Insiderregeln i.S.d. Wertpapierhandelsgesetzes
- Einlaß-/Sicherheitskontrolle
- Räumlichkeiten/Catering
- Technik

2.2.2 Terminierung und Einladung

2.2.2.1 Bis 6 Monate vor der Konferenz

Zur Zeit wird üblicherweise 8 bis 6 Monate vor der Konferenz – empfehlenswert wären 12 Monate – folgendes sichergestellt:

DVFA übernimmt:

- Überprüfung mit bereits **blockierten Terminen** für Unternehmen, die derselben oder verwandten Branchen angehören. Terminüberschneidungen mit Konferenzen **branchenfremder** Unternehmen sind grundsätzlich möglich.
- Blockieren des zwischen dem Emittenten und der DVFA-Geschäftsstelle abgestimmten Termins im **DVFA-internen Kalender**, d. h. Konferenztermin wird noch nicht veröffentlicht!
  - Während dieses Zeitraums sind Verlegung und Absage des reservierten Konferenztermins noch möglich, im Hinblick auf die Planungssicherheit der übrigen Kapitalmarktakteure jedoch möglichst zu vermeiden.

Emittent übernimmt:
Ersten Kontakt mit der DVFA-Geschäftsstelle zwecks Terminabstimmung und Blockierung des Konferenzdatums – grundsätzlich im Einklang mit den Terminen der geplanten Unternehmensveröffentlichungen.

Empfehlung:

- **Datum:** Bedingt durch Veröffentlichung der Jahresabschlüsse im 1. Kalenderhalbjahr besteht eine hohe Kumulation, daher gegebenenfalls **2. Kalenderhalbjahr** präferieren.
- **Ort:** Für die Professionals per öffentlichen Verkehrsmitteln oder Fuß erreichbarer Ort:
  Frankfurt (Hotel/Börse), da hier 40% der DVFA-Mitglieder ansässig und optimale Verkehrsanbindung an weitere internationale Finanzplätze.
- **Uhrzeit: Ab 10:30 Uhr**
  Anreise nicht am Veranstaltungsort ansässiger Berufsangehöriger stets berücksichtigen und einen Zeitpuffer für Flug- und Zugverspätungen einplanen.
  Bis (Beginn) 16:00 Uhr sind Veranstaltungen üblich.
- **Einhaltung des unternehmensinternen Ablaufplans zur Konferenzvorbereitung**
  - Frühzeitige Information über kapitalmarktrelevante Termine; z. B. ab Dezember oder am Beginn des Jahres Bekanntgabe der Veröffentlichungstermine der 12-/6-/9-Monats-Zahlen; Bilanzpresse-, Analystenkonferenz; Hauptversammlung etc.

2.2.2.2 6 Wochen vor der Konferenz

6 Wochen - jedoch spätestens 4 Wochen - vor der Konferenz hat zu erfolgen:

DVFA:
- Lädt aufgrund der schriftlichen Bestätigung des Termins die in der DVFA zusammengeschlossenen Professionals per FAX oder per Brief oder auf Wunsch mit separatem Schreiben ein.
- Stellt gem. WpHG die Bereichsöffentlichkeit hinsichtlich des **Konferenzdatums** her, indem sie den Namen des Unternehmens und das Datum der Konferenz auf DVFA-eigene Seiten der elektronischen Informationssysteme REUTERS und Bloomberg sowie im Internet eingibt.
- Lädt zusätzlich Professionals aus dem In- und Ausland, die nicht in der DVFA vertreten sind, auf Wunsch des Emittenten ein.
  Da sämtliche in Deutschland ansässige Investmenthäuser in der DVFA vertreten sind, erübrigen sich diese Zusatzeinladungen zumeist. Berufsangehörige, die nicht einem nationalen oder internationalen Berufsverband angeschlossen sind sowie dem Geltungsbereich des WpHG unterliegen und an einer DVFA-Konferenz teilnehmen möchten, müssen die professionellen Mindeststandards in Form der **DVFA-Standesrichtlinien vor Teilnahme anerkennen**.
- Sammelt die Anmeldungen der eingeladenen Professionals zur Konferenz, überprüft die Verpflichtung der angemeldeten Berufsangehörigen, soweit diese dem WpHG unterliegen, zur Einhaltung von professionellen Mindeststandards.
- Erstellt die Anmeldeliste und übermittelt diese mit aktuellstem Adressenmaterial frühzeitig dem Emittenten; stellt das Adressenmaterial wie gewünscht, z. B. auf Diskette, in Form von Adreßetiketten etc., zur Verfügung.
- Versendet auf Wunsch Informationsmaterial des Emittenten vor/nach der Konferenz oder zu anderen Zeitpunkten an die Professionals.

Emittent:
- Bestätigt schriftlich den Termin mit den folgenden Kerndaten:
  - Ansprechpartner für die DVFA
  - Datum, Ort und Uhrzeit
  - Detaillierte Angaben zum Veranstaltungsort
  - Name, Vorname; Titel und Ressort der Vorstandsmitglieder, die das Unternehmen präsentieren

- Themenschwerpunkte der Konferenz, insbes. die zu besprechenden Abschlußzahlen
- Die Zeitpunkte der Veröffentlichung von evtl. **kurserheblichen** Informationen sind **unbedingt** anzugeben.
- Konferenzsprache: i. d. R. Deutsch
  - Möchten Professionals teilnehmen, die nicht der deutschen Sprache mächtig sind (zumeist nur eine geringe Minderheit), wird eine Simultanübersetzung empfohlen.
- DVFA-Professionals sind konferenzsicher in Englisch.
  - Informationsmaterial (Handouts) kann grundsätzlich in Englisch ausgehändigt werden.
  - DVFA-Konferenzen in englischer Sprache für internationale Emittenten sind völlig unproblematisch.
- **Einhaltung des unternehmensinternen Ablaufplans zur Konferenzvorbereitung**
- Es ist **unbedingt sicherzustellen**, daß hinsichtlich der **kurserheblichen Unternehmensinformationen** (Ad hoc-Tatsachen gem. § 15 WpHG oder Insiderinformationen gem. § 13 WpHG) **vor Konferenzbeginn Bereichsöffentlichkeit** gem. WpHG hergestellt wurde.
- Die entsprechenden Ticker-/Ad hoc-Mitteilungen sind den Konferenzunterlagen beizufügen.

2.2.3 Konferenzablauf (Tag der Konferenz)

DVFA:
Die DVFA ist während der Konferenz durch ein offiziell benanntes Senior-Mitglied oder die Geschäftsleitung vertreten.

Die offizielle DVFA-Vertretung steht vor Ort für Fragen zur Verfügung und übernimmt auf Wunsch die Moderation der Diskussion. Damit kann eine Zwei-Fronten-Veranstaltung vermieden und eine straffe Diskussionsleitung gewährleistet werden.

Emittent:
Einlaß- und Sicherheitskontrolle
Der Emittent organisiert die **Einlaß- und Sicherheitskontrolle** zur Überprüfung der teilnehmenden Personen anhand der DVFA-Anmeldeliste. Empfohlen werden **Namensschilder**. Nicht angemeldete Personen müssen sich legitimieren, bzw. der offizielle DVFA-Vertreter ist zu informieren. Unbekannte Personen zur Konferenz zuzulassen, ist mit einem nicht zu unterschätzenden Sicherheitsrisiko verbunden.

Zeitplan

- Positiv ist es, mit einem **aktuellen Video** (max. 10 Min.) zu beginnen, das den Teilnehmern eine breitere Perspektive über Unternehmensstrategie/-image etc. ermöglicht.
- Empfohlen wird eine **Gesamtvortragszeit** von max. 30–45 Min., um eine optimale Aufmerksamkeit der Zuhörer zu gewährleisten.
- Im Vordergrund steht die **Diskussion** zwischen dem Management und den Kapitalmarktprofis; hierfür sind 60–90 Min. einzuplanen.

Grundsätzlich sind vor Beginn der Analystenkonferenz die kurserheblichen Informationen nach den Vorschriften des WpHG zu veröffentlichen!!

Vortrag

Eine fundierte, freie Rede des Managements über **Strategien, Maßnahmen** und **Ziele** wirkt überzeugender als das Vorlesen einer großen Menge von Zahlen-Details und anderer Einzelinformationen. Im Vordergrund für die teilnehmenden Professionals steht die Interpretation der aktuell ausgewiesenen Unternehmenszahlen und deren strategische Einordnung.

Die Analystenkonferenz dient nicht dazu, die Einzelheiten des bereits – beispielsweise im Geschäftsbericht – dokumentierten, abgelaufenen Geschäftsjahres im Detail zu erläutern; dies gilt insbesondere, wenn das neue Geschäftsjahr bereits weit fortgeschritten ist.

Zu empfehlen ist, die Konferenz mit der Bekanntgabe von neuen Unternehmensinformationen zu verbinden, z. B. Veröffentlichung von Quartals- oder Jahresabschlußzahlen, Eintritt in neue Märkte, Akquisitionen oder Herstellung von neuen Produkten.

Der ca. 30–45 Min. Vortrag von einem oder mehreren Vorstandsmitgliedern sollte **folgende Schwerpunkte** aufweisen:

- Finanzrückblick
  - Gründe für die Entwicklung der Jahres-/Zwischenergebnisse
  - Kapitalmarktmaßnahmen/-strategien
- Aktuelle Wettbewerbssituation
  - Ranking in der Branche: Heimatmarkt, Europa, USA, Asien, global
  - Charakteristische Merkmale der Branche
  - Positionierung des Unternehmens gegenüber Mitwettbewerbern
- Aktuelle Unternehmenssituation
  - Bericht über Entwicklungen in den Segmenten bzw. einzelner Produkte

  - Geographische Segmentierung von Umsatz und Ertrag
  - Abhängigkeit von volkswirtschaftlichen Faktoren
  - Währungssituation
  - Steuersituation
  - Aktionärsstruktur
- Ziele und Ausblick
  - Wachstumsraten, Produkte mit den größten Wachstumsraten
  - angestrebte/erwartete Umsatzrenditen
  - F & E-Aufwendungen
  - Situation und Aussichten (1) der Branche und (2) des gesamtwirtschaftlichen Umfeldes
  - Managementpolitik, insbes. mittel- und langfristige Pläne zur Steigerung des Unternehmenswertes
  - Akquisitionspläne
  - Budgetierung und Aufwendungen, Finanzbedarf, Rückzahlung
  - Dividendenentwicklung
- Attraktivität des Unternehmens als Kapitalanlage

Visualisierung durch Charts
- Umsatz- und Ertragskennzahlen
  - Umsatzentwicklung/Umsatz nach Segmenten bzw. geographisch
  - Exportquote/Exportregionen, geographische Segmentierung
  - Ergebnis der gewöhnlichen Geschäftstätigkeit
  - Aufwandskomponenten
  - Cash Flow nach DVFA/SG
  - Ergebnis je Aktie DVFA/SG (Überleitung vom Jahresüberschuß)
  - Dividendenentwicklung
- Sonstige Kennzahlen
  - Investitionen, Abschreibungen
  - Bilanzrelationen
  - Eigenkapitalquote
  - Aktienkursentwicklung

Schriftliches Informationsmaterial
- Zur Optimierung der Konferenz grundsätzlich zum Beginn der Veranstaltung komplett aushändigen, zumeist bestehend aus:
  - Tickermeldungen und Ad hoc-Mitteilungen
  - Hand-out/Chartheft der in der Konferenz präsentierten Folien/Charts; diese sollten insbes. bei quantitativen Informationen deckungsgleich mit den projizierten Zahlen sein; somit werden Lese- und Hörfehler und zeitintensives Nachfragen bzw. Korrigieren vermieden.

- Zwischenberichte, insbes. zum letzten Quartal
- aktueller Geschäftsbericht
- Redemanuskript
- Fact Book, inbes.: Unternehmenspolitik/-strategien; besondere (Weltmarkt-)Wettbewerbssituation; **IR-Daten**, inbes. Aktionärsstruktur und z. B. Übersicht über Datenbanken und real-time Informationssysteme, von denen Unternehmensdaten aktuell bezogen werden können; Abriß über die Historie
- jüngste Presseberichte
- Imagebroschüren

• Das Informationsmaterial kann auch in englischer Sprache erstellt werden.
• Ist das Geschäftsjahr weit fortgeschritten, kann älteres Material, z. B. der Geschäftsbericht, auf einem separaten Tisch am Eingang zum Konferenzraum plaziert werden, so daß nur bei tatsächlichem Bedarf darauf Zugriff genommen wird.

Räumlichkeiten

• Gut sichtbare **Ausschilderung** (außer-/innerhalb Gebäude) zum schnellen Auffinden.
• Es sollten **Arbeitsflächen/Tische** vorhanden sein, auf denen die Professionals die ausgehändigten Unterlagen ausbreiten und bearbeiten können.
• **Visualisiertes Informationsmaterial** sollte von allen Plätzen gut sichtbar sein.
• Die **Raumbeleuchtung** für die projizierten Informationen derart abdunkeln, daß das gleichzeitige Arbeiten der Professionals mit den Unterlagen nicht erschwert und gar verhindert wird.
• **Mikrophone** für die Teilnehmer des Podiums und des Plenums (notwendig ab 40 Teilnehmern) für eine vitale Diskussion in ausreichender Zahl zur Verfügung stellen.

Bewirtung/Geschenke

Empfohlen wird, im Anschluß an die Konferenz noch einen leichten **Imbiß** anzubieten. Dabei sollte das Management noch für (Einzel-)Gespräche zur Verfügung stehen.

Bitte beim Imbiß auf das Angebot von alkoholischen Getränken verzichten. Rauchen ist während der Konferenz möglichst nicht zu gestatten. **Kleine Geschenke** für die Teilnehmer sollten einen Wert von max. DM 20,– nicht übersteigen.

2.2.4 Nachbereitung

DVFA:

- **Komplettiert** die vom Emittenten aufgrund der Sicherheitskontrolle erstellte **Teilnehmerliste** mit aktuellstem Datenmaterial.
- Steht dem Emittenten jederzeit mit den **Verbandsdienstleistungen** zur Verfügung, insbes. im Hinblick auf
  - kurzfristig einzuberufende Konferenzen mit den wichtigsten professionellen Multiplikatoren, z.B. im Zusammenhang mit Ad hoc-Meldungen etwa bei Akquisitionen,
  - selektive IR-Maßnahmen.

Emittent:

- **Übersendet** die aufgrund der Sicherheitskontrolle erstellte Teilnehmerliste an die DVFA und erhält das **aktuellste Datenmaterial** in der gewünschten Formatierung.
  Empfohlen wird der **Aufbau einer IR-Adreßdatei** aufgrund dieses Datenmaterials
  - zum Versand sämtlicher zukünftiger Unternehmenspublikationen auch an die Wertpapieranalysten,
  - für selektive IR-Maßnahmen, z.B. Organisation von Round-Table- oder One-on-One-Meetings.
- Stimmt ca. 12–8 Monate vor der nächsten DVFA-Analystenkonferenz den Termin mit der DVFA-Geschäftsstelle ab.
- Erstellt einen vollständigen Kalender mit **kapitalmarktrelevanten Terminen** und veröffentlicht diesen frühzeitig.

2.3 Rechtliche Aspekte unter Berücksichtigung der Insiderregelung gem. WpHG

DVFA-Analystenkonferenzen sind Veranstaltungen für das **Fachpublikum**. An den Analystenkonferenzen können nur Berufsangehörige in ihrer Funktion als

- professionelle Vertreter der Investoren/des Anlegerpublikums oder
- professionelle Investoren

teilnehmen.
Zur Sicherstellung der Teilnehmerkompetenz setzt der Berufsverband die Einhaltung professioneller Mindeststandards[1] voraus.

1 Siehe dazu im Anhang dieses Kapitels *Standesrichtlinien der DVFA*, Seite 105.

Soweit die Professionals dem WpHG unterliegen, müssen sie daher schriftlich anerkannt haben und befolgen:

- DVFA-Standesrichtlinien *oder*
- entsprechende internationale Codes of Conduct/Ethics.

Diese Maßnahme wird weder von Verbandspolitik noch von DVFA-Eigeninteresse gesteuert. Als Interessenvertretung der Berufsangehörigen ist die DVFA vielmehr verpflichtet,

- die professionelle Tätigkeit durch einen in einem vernetzten globalen Kapitalmarkt leicht identifizierbaren Nachweis der Sachkunde und Befolgung der berufsethischen Grundsätze international wettbewerbsfähig zu gestalten und
- das in Deutschland für die Professionals im internationalen Vergleich deutlich höhere Risiko, bei der normalen Berufsausübung gegen Insiderbestimmungen zu verstoßen, zu reduzieren. Da die deutschen Rechnungslegungs- und Publizitätsvorschriften nicht gleichzeitig mit der Insiderregelung nach internationalen Standards ausgerichtet wurden, ist die Befolgung des DVFA-Code of Conduct für sämtliche Marktakteure, die dem WpHG unterliegen, zur Überlebensfrage geworden.

Im Interesse der Emittenten, die professionelle Mindeststandards erwarten dürfen, sowie der berufsständisch organisierten Professionals sind die folgenden Punkte stets zu beachten:

- Einzig die schriftliche Anerkennung der DVFA-Berufsgrundsätze bildet zur Zeit den **sofort nachprüfbaren Ausweis dieses professionellen Mindeststandards.**
  Ein solcher mit der Zugehörigkeit zu einem Berufsverband verbundener persönlicher Qualifikationsausweis ist bei vergleichbaren Berufsgruppen, etwa Wirtschaftsprüfern und Anwälten, selbstverständlich bzw. Voraussetzung zur Ausübung des Berufs.
- Die Befolgung professioneller Mindeststandards **sichert die Wettbewerbsfähigkeit** der Berufsangehörigen in einem globalen Kapitalmarkt.
  Bereits heute werden bei internationalen Plazierungen deutscher Emittenten teilweise nur noch Teilnehmer zu Analystenkonferenzen zugelassen, die auf die einschlägigen wertpapierrechtlichen Bestimmungen der USA, insbes. Research Guidelines, verpflichtet wurden. Den DVFA-Standesrichtlinien liegt der US-amerikanische und von der SEC anerkannte Code of Ethics der AIMR zugrunde. DVFA-Standesrichtlinien entsprechen internationalen Standards.
- Da die behördlichen Stellen in Deutschland auf ihrer Meinung

beharren, professionelle Anlegervertreter seien als Primärinsider im Sinne des § 13 WpHG einzustufen, ist die Befolgung der DVFA-Standesrichtlinien für die deutschen Marktakteure von existentieller Bedeutung.
Mit ihrer Rechtsauffassung ignorieren die Behörden die für die Informationseffizienz eines funktionsfähigen Kapitalmarktes unverzichtbare ordnungspolitische Funktion der Wertpapieranalysten. Sie sind die **wichtigsten** Informationsintermediäre **im Kapitalmarkt**.

- Es ist abzusehen, daß der deutsche Gesetzgeber in den kommenden Jahrzehnten **keine konsistente Kapitalmarktregelung** schaffen wird.
  Die Diskrepanz zwischen den restriktiven **gläubigerorientierten** nationalen Berichtspflichten für Emittenten und einem **anlegerorientierten** Insidergesetz potenziert das Risiko der Professionals, bei der normalen Berufsausübung Insiderverletzungen zu begehen.
  Ob beispielsweise die Weitergabe der Insiderinformationen vorsätzlich oder fahrlässig erfolgte, kann erst in langwierigen Verfahren durch die Strafverfolgungsbehörden geklärt werden. Der Sachverhalt wird dadurch erschwert, daß es mit Ausnahme des in Kapitel IV dargestellten, aus der Praxis der Finanzanalyse vom Arbeitskreis IV der DVFA-Kommission »Effiziente Kommunikation« entwickelten Ansatzes bisher keine praktikable Definition von Insiderinformationen für den Kernbereich der Kapitalmarktkommunikation der Emittenten gibt.
- Mitarbeiter eines Wertpapierhauses oder einer Bank unterliegen nicht bereits aufgrund gesetzlicher Vorschriften der Pflicht, die Berufsgrundsätze der DVFA einzuhalten. Die DVFA-Standesrichtlinien füllen die gesetzlichen Generalklauseln mit speziell auf den Tätigkeitsbereich der Berufsangehörigen zugeschnittenen Wohlverhaltensregeln aus. In dieser konkreten Form gibt es keine gesetzlichen Vorschriften.

Die Teilnahme

- einer nicht den berufsständischen Organisationen angeschlossenen Person oder/bzw.
- einer in Vertretung eines DVFA-Mitgliedes fungierenden Person

ist grundsätzlich eine **Ausnahmeregelung**.

- **Für in Vertretung von Mitgliedern oder Dritten an DVFA-Analystenkonferenzen teilnehmende Personen liegen der DVFA keine überprüfbaren Daten im Sinne des professionellen Standards vor.**

- **Bereits aus Sicherheitsgründen ist die Identifikation aller Teilnehmer notwendig!**

Die DVFA fordert daher von diesen Personen an:
- Angaben über die persönliche professionelle Qualifikation *sowie*
- eine schriftliche Bestätigung der Anerkennung der DVFA-Standesrichtlinien.

Das Formular muß im Regelfall von einem DVFA-Mitglied gegengezeichnet werden. Ohne diese Unterschrift wird die Anmeldung nicht berücksichtigt.

3 Unterjährige Berichterstattung: Sonstige Formen der regelmäßigen Kommunikation

3.1 Weitere Möglichkeiten der unterjährigen Unternehmenspräsentation

- **Aktionärszeitschriften oder -briefe, Quartals- und Halbjahresberichte**, die die Aktionäre über Banken beziehen können oder auch persönlich kostenlos angefordert werden können, sowie **Finanzanzeigen** und **Presseinformationen** gewährleisten, daß Aktionäre und sonstige interessierte Kreise auch während des Jahres zeitnah mit Informationen versorgt werden. Dabei sollten die Aktionärsbriefe und die Presseinfos nicht nur regelmäßig, sondern auch nach Aktualität und Anlaß herausgegeben werden.
- **Aktionärsmessen**
  Zu den Unternehmenspräsentationen für Privatanleger gehören nationale und internationale Aktionärsmessen.
- **Round-Table-Gespräche**
  Eine Aktiengesellschaft veranstaltet meist auch regelmäßig »Round-Table-Gespräche«, zu denen nur führende Wertpapieranalysten und/oder führende institutionelle Anleger eingeladen werden.
  Allgemein sollten Präsentationen und Round-Table-Gespräche möglichst unter ein Leit- oder Generalthema gestellt werden, das entsprechend der jeweiligen Zielgruppe variiert werden kann. Der Vortrag wird dabei durch visualisierte Highlights begleitet. Bei der zeitlichen Planung sollte darauf geachtet werden, daß der abschließenden Diskussion mehr Zeit eingeräumt wird als dem eigentlichen Vortrag. Im Vordergrund der Präsentation steht neben der Erläuterung von Bilanzkennzahlen als einer mehr vergangenheitsorientierten Information die Vermittlung zukunftsgerichteter Perspektiven. Produktvorführungen, Filme sowie Exponate in Funktion sind wesentlicher Bestandteil einer derartigen Veranstaltung. Da der Preis der Aktie vor allem die jeweilige durchschnittliche Erwartung zukünftiger Gewinne widerspiegelt, interessieren den Anleger in erster Linie neue Entwicklungen, Produkte und Märkte des Unternehmens. Gelingt es, Ideen und Strategien überzeugend zu vermitteln, so führt dies zu einer höheren Identifikation mit der Unternehmung und einer Stärkung des Vertrauens in das Management.

- **Einzelgespräche**
  Einzelgespräche mit Investoren und Wertpapieranalysten finden je nach Vereinbarung statt.
- **Präsentationen zusammen mit anderen Unternehmen oder Banken**
  Um Zugang zu neuen potentiellen Anlegern zu bekommen, können Präsentationen zusammen mit anderen Unternehmen oder Banken sehr vorteilhaft sein. Ebenso kann in Gebieten, in denen der Bekanntheitsgrad des Unternehmens noch sehr niedrig ist, durch Veranstaltungen mit bereits etablierten Firmen auf sich aufmerksam gemacht werden. Es ist jedoch darauf zu achten, daß die veranstaltenden Unternehmen nicht die gleiche Anlegerstruktur haben und es nicht zu einem Kampf um die Investoren kommt. Die Unternehmen sollten sich vielmehr ergänzen (z.B. ein Industrieunternehmen mit einem Handelsunternehmen).
- **Betriebsbesichtigungen nach Vereinbarung**
- **Road-Shows**
  Durch diverse Veranstaltungen »vor Ort« kann eine Präsenz an wichtigen Finanzplätzen angestrebt werden.
- **Fact Book – Unternehmenshandbuch**
  Das sog. »Fact Book« liefert primär für den professionellen Teil der Financial Community ein wichtiges Nachschlagewerk, das den Zielpersonen als schriftliche Zusatzinformation im Rahmen von Veranstaltungen persönlich übergeben oder zugesandt werden kann. (Vgl. dazu auch *Analystenkonferenz – schriftliches Informationsmaterial* in Abschnitt 2.2.3 dieses Kapitels)
- **Hotline**
  Eine »Hotline«, d.h. das Telefon oder die EDV (z.B. BTX, Internet), wird als Informationsinstrument für Anleger genutzt, so daß die Anleger jederzeit Informationen von einem qualifizierten Team abfragen können. Auch hier gilt das Prinzip: »Auf jede Frage eine präzise Antwort«. Dabei sollte es keine Rolle spielen, wie viele Aktien der Fragesteller hält, ob er aus dem Ausland oder dem Inland anruft.

3.2 Investor Relations für Privatanleger – ein unterschätztes Potential

Bisher: Konzentration auf professionelle Kapitalmarktteilnehmer

In der Kommunikation mit Kapitalmarktteilnehmern dominiert **die Konzentration auf die professionellen Marktteilnehmer**. Zumeist wird dabei unterstellt, auf diesem Weg könnten die Informationsbedürfnisse der privaten Anleger umfassend mit abgedeckt werden. Gleichwohl wird das breite Publikum von Emittenten bei Einzelmaßnahmen wie z. B. Kapitalmarkttransaktionen auch direkt angesprochen. Dies kann dazu führen, daß sowohl Chancen für die dauerhafte Erschließung von privatem Anlagekapital nicht genutzt als auch vermeidbare kommunikative Risiken eingegangen werden. Das seit dem Börsengang der Deutschen Telekom **gestiegene Interesse privater Investoren am Aktiensparen** legt daher nahe, diesem **bisher zu wenig beachteten Kapitalmarktsegment** höhere Aufmerksamkeit zu widmen.

Zunehmend bedeutend: private Investoren

3.2.1 Ziele der Investor Relations für private Anleger

Grundsätzlich verfolgen Investor Relations für Privatanleger die **gleichen Ziele** wie die Kommunikation mit den professionellen Marktteilnehmern. Insoweit kann auf die Ausführungen an anderer Stelle verwiesen werden.

Privatanleger als Konsument

Privatanleger begegnen den Emittenten aber auch in weiteren Funktionen, so beispielsweise als **Kunden**. Der entscheidende Unterschied liegt dabei in der **Zahl der angesprochenen Personen**. Anders als bei den klassischen Investor Relations geht es nicht um ein zahlenmäßig eng begrenztes Publikum. In Abhängigkeit von der Produktpalette kann es daher interessant sein, eine Imagekopplung zur Aktie herzustellen. Ein verbreitetes und bei Aktionären beliebtes Beispiel für Einzelmaßnahmen ist im Anschluß an Hauptversammlungen die Betriebsbesichtigung einer Brauerei. In die gleiche Kategorie fallen **Produktpräsentationen** anläßlich von Aktionärsmessen, etc. Noch kaum genutzt wurden dagegen auf Dauer angelegte Einrichtungen wie z. B. **Aktionärsclubs.** Ungeachtet der Tücken des Rabattgesetzes besteht zumindest für die fortlaufende Information der interessierten Anleger über die Produktpalette eines Unternehmens kein Hinderungsgrund. Unter Investor Relations-Gesichtspunkten sollte dabei aber in jedem Fall der **Informationsaspekt vor dem Produktmarketing** rangieren. Das plakative »Aufdrängen« von Produkten oder Dienstleistungen wird die potentiellen Anleger im Zweifel eher verärgern und verträgt sich auch nicht mit der Idee einer effizienten Kommunikation mit dem Kapitalmarkt.

Imagekopplung Produktpalette – Aktie

Informationsaspekt hervorheben

Ein weiteres legitimes Anliegen der Investor Relations für Privatanleger ist die **Gewinnung von Investoren im lokalen Umfeld der Betriebsstandorte**. Einerseits dürften aufgrund häufig **bestehender privater Verbindungen** zum Unternehmen »vor Ort« subjektiv höhere Informationsbedürfnisse vorliegen. Aus Emittentensicht können andererseits diese Anleger eine wichtige Lobbygruppe bilden. Das Image der Aktie bei privaten Investoren kann schließlich auf zahlreiche kapitalmarktferne Bereiche ausstrahlen, so z. B. das Ansehen eines Unternehmens als Arbeitgeber.

Investoren am Betriebsstandort

Im Ergebnis folgt aus diesen Überlegungen, daß die Inhalte von Investor Relations für private Anleger aufgrund der Komplexität der Auswirkungen besondere strategische Vorüberlegungen erfordern und insbesondere einer engen Verzahnung mit der allgemeinen Öffentlichkeitsarbeit bedürfen.

Strategisches Vorgehen

3.2.2 Techniken der Investor Relations für private Anleger

Investor Relations für private Anleger richten sich an ein in der Regel **zahlenmäßig umfangreiches** und nur in **Ausnahmefällen persönlich bekanntes Publikum**. Die in Frage kommenden Instrumente und Techniken unterscheiden sich daher deutlich von den sonst bei der Kommunikation mit dem Kapitalmarkt gebräuchlichen Vorgehensweisen.

3.2.2.1 Definition der technischen Anforderungen und Ressourcen

Die rechtzeitige **Bereitstellung ausreichender Ressourcen** einschließlich **hinreichender Flexibilität** bei der Umsetzung ist für den Erfolg von Investor Relations für Privatanleger von entscheidender Bedeutung. Dabei ist sowohl auf die aktuell anstehenden Maßnahmen als auch die Berücksichtigung künftiger Aufwendungen im Rahmen der Planung zu achten. Der Grundsatz, wonach erst **Kontinuität in der Kommunikation zur gewünschten Vertrauensbildung** beim Investor führt, erhält damit besondere Bedeutung, denn die einzusetzenden Ressourcen dürften die vergleichbaren Anforderungen im Rahmen der klassischen Investor Relations regelmäßig deutlich übersteigen.

3.2.2.2 Instrumente

Printmedien

Kontaktaufnahme über Finanzpresse und Tageszeitungen

Anzeigen in Printmedien eignen sich vor allem zur **Weckung eines ersten Interesses** und um auf Kontaktadressen bzw. Informationsangebote aufmerksam zu machen. Daneben bieten sie sich zur **Vermittlung einfacher Inhalte** in konzentrierter Form bei zeitlich begrenzten Aktionen an. Neben der Finanzpresse sollten dabei vor allem Tageszeitungen nicht außer acht gelassen werden.

Radio und TV

Allgemeine Imageunterstützung

Radio- und TV-Spots können sowohl für die **allgemeine Imageunterstützung** als auch **zur Information über andere Kommunikationsangebote** eingesetzt werden. Für den Transport von Inhalten sind sie dagegen aufgrund der Komplexität der Materie weniger geeignet.

Unterschätzt in ihrer Bedeutung werden die von mehreren Sendern angebotenen unterstützenden Kommunikationsangebote wie **Teletext-Seiten** und **Internet-Chat-Lines**. Die Teilnehmer an diesen Aktionen zeigen ein hohes Interesse an den Inhalten. Hier besteht ein für Emittenten **interessantes Potential**, das bei überschaubarem Aufwand erschlossen werden kann.

Internet und Online-Dienste

Umfangreiche Informationen

Das Internet und die Online-Dienste erfreuen sich gerade bei jüngeren Zielgruppen einer hohen Beliebtheit. Es liegt daher nahe, Informationsangebote für Privatanleger aufzunehmen. Neben **zusammenfassenden Übersichten und Erläuterungen** können an dieser Stelle ebenso **anspruchsvollere Texte** wie etwa die Satzung und der vollständige Geschäftsbericht berücksichtigt werden. Dadurch werden zugleich Informationsbedürfnisse der professionellen Kapitalmarktteilnehmer kostengünstig abgedeckt.

Callcenter

Unter einem Callcenter soll an dieser Stelle eine für das breite Publikum zu festgelegten Zeiträumen **telefonisch erreichbare Einrichtung** verstanden werden. Dabei kann es sich auch um eine virtuelle Einheit handeln, d.h. unter der gleichen Rufnummer können nach zuvor festgelegten Vorgaben unterschiedliche Standorte erreicht werden.

Ziel eines Callcenters für Investor Relations ist die Bündelung von hohen Anrufaufkommen zur Optimierung des Einsatzes personeller Ressourcen bei Wahrung möglichst weitgehender inhaltlicher Identität der den Interessenten gegebenen Auskünfte.

Hohe fachliche Anforderungen

Unter kommunikativen Gesichtspunkten bestehen relativ hohe **qualitative Anforderungen an Inhalt und Technik**, deren Realisierung einen größeren zeitlichen Vorlauf benötigt. Für die zum Einsatz gelangenden Kräfte bestehen nicht nur Vorgaben zur **fachlichen Qualifikation**. Gefordert sind darüber hinaus **Freundlichkeit im Umgang mit Kunden**, Streßresistenz und Flexibilität bei den Arbeitszeiten. Gegenüber den im Produktvertrieb eingesetzten Callcentern liegt daher die Meßlatte deutlich höher, da verstärkt argumentative Fähigkeiten und umfangreichere inhaltliche Anforderungen bestehen. Hinzu kommt ein fortlaufender **Weiterbildungsbedarf**.

Kommunikationsfähigkeit

Das **Erreichbarkeitsniveau**, also der Anteil der Anrufer, der beim ersten Anrufversuch bereits auf eine Person trifft, sollte hoch veranschlagt werden, da andernfalls negative Reaktionen der Interessenten zu erwarten sind. Es empfiehlt sich außerdem, Audiotex-Kapazitäten als Backup vorzuhalten. Die systematische Auswertung der Fragen erleichtert die zielgruppengerechte Umsetzung zusätzlicher kommunikativer Maßnahmen.

Systematische Auswertung erhaltener Fragen

Direktmail

Zu den von Emittenten besonders unterschätzten Techniken zählen Direktmail-Aktionen. Sie ermöglichen die **gezielte Ansprache** von nach zuvor festgelegten Kriterien ausgewählten Haushalten und bilden besonders in der Startphase eine effiziente Methode zum zügigen Aufbau eines Teilnehmerkreises. Voraussetzung ist allerdings eine Profilierung der Zieladressen auf Basis einer mikrogeographischen Analyse. Die unspezifische Übernahme von am Markt käuflich erwerbbaren Adreßbeständen ist dagegen problematisch, da diese nicht anhand von IR-Kriterien vorbereitet wurden und entsprechend geringere Responseergebnisse generieren dürften. Es gilt daher vorrangig, an den **eigenen Anforderungen ausgerichtete Kriterien** zu entwickeln und auf dieser Basis einen eigenen Adreßbestand selektieren zu lassen.

Selektierter Adreßbestand

In den Schreiben sollte dem Empfänger die **Bedeutung des Anliegens für den Absender** klar erkennbar sein. Dazu gehört ebenso die **Benennung von Ansprechpartnern** oder -institutionen im Unternehmen wie auch die sorgfältige Auswahl der **unterzeichnenden Personen**. Da die Schreiben sich an bestehende und/oder künftige Aktionäre des Unternehmens richten, wird oft die Unterschrift von Vorstandsmitgliedern erforderlich sein. Häufig ist es sinnvoll, dem Schreiben ein Reaktionsmittel wie z. B. vorbereitete Antwortpostkarten beizufügen.

Mindestbestandteile

Es versteht sich von selbst, daß die einschlägigen **datenschutzrechtlichen Bestimmungen** einzuhalten sind. Bei größeren Aktionen sollte daher der zuständige Datenschutzbeauftragte frühzeitig eingebunden werden.

Sekretariatstechniken

Beantwortung von Anfragen

Erfolgreiche Investor Relations für Privatanleger provozieren Anfragen des Publikums, auf die **möglichst zügig** reagiert werden muß. Relativ leicht läßt sich dies bei der Übersendung von Broschüren und Geschäftsberichten realisieren. Detailfragen lassen sich **häufig direkt am Telefon** beantworten. Dennoch verbleibt in der Regel ein umfangreicher Bestand an Anforderungen, auf die nur in Form von **schriftlichen Reaktionen per Brief oder Fax** eingegangen werden kann. Dabei handelt es sich regelmäßig um Anliegen, deren korrekte inhaltliche Beantwortung am Telefon nicht unmittelbar möglich ist oder die zur Optimierung des Ressourceneinsatzes in brieflicher Form bearbeitet werden sollten. Unterstützend kann dafür auf einen qualifizierten Sekretariatsservice zurückgegriffen werden. **Vorab vorbereitete Textbausteine** können dort in größerer Stückzahl zu personalisierten Schreiben zusammengestellt und versandt werden. Dies trägt wesentlich zur Entlastung der eigenen personellen Ressourcen bei.

Sonstiges

Ergänzend zu den zuvor aufgeführten Instrumenten können im Einzelfall noch **weitere Angebote** sinnvoll sein, so z.B. Fax-Polling. Allerdings geben diese nur dann Sinn, wenn das **Publikum** über den Service **unterrichtet** ist. Beachtet werden sollte aber, daß unter kommunikativen Gesichtspunkten die Penetration der Hauptkommunikationskanäle im Vordergrund stehen muß.

3.2.3 Inhalte der Investor Relations für Privatanleger

Grundsätzlich ist davon auszugehen, daß Privatanleger weder über den gleichen **Stand an Vorkenntnissen und Erfahrungen** wie professionelle Kapitalmarktteilnehmer verfügen noch in gleichem Umfang **einzelnen Nachrichten Aufmerksamkeit widmen** können. Ferner verfügen sie in der Regel nicht über einen direkten Zugang zu Agenturdiensten etc. und haben damit einen **zeitlichen Informationsnachteil.** Diese Aspekte sind daher in der Kommunikation besonders zu berücksichtigen.

Systematische Auswertung von in der Vergangenheit gestellten Fragen

Bei der Auswahl der Inhalte gilt es, möglichst nah an den **Interessen der Zielgruppen** zu liegen. Die **systematische Auswertung von in der Vergangenheit gestellten Fragen** gibt hierfür eine wichtige Hilfestellung. Die Sprache sollte möglichst einfach und verständlich gehalten werden, denn nicht erklärte **Fachausdrücke** provozieren vermeidbare Rückfragen. Es bietet sich daher an, **ergänzend erläuternde Broschüren** zu erstellen, die eine **Orientierungshilfe** beim Umgang mit der Aktie geben. Dies kann z.B. bei

Gelegenheit von Geschäfts- und Zwischenberichten geschehen. Zu beachten ist, daß die Broschüren regelmäßig erst nach der Kommentierung der Ergebnisse durch die Presse beim Empfänger eintreffen werden, die Lektüre aber dennoch einen Mehrwert für den Leser ermöglichen muß.

3.2.4 Erfahrungen mit Investor Relations für Privatanleger

Seit dem Börsengang der Deutschen Telekom liegen erste Erfahrungen mit Investor Relations für Privatanleger im Inland vor. Die Größenordnung der **Aktienplazierung** und die **angestrebte breite Aktionärsbasis** haben einen umfassenden Einsatz aller in Frage kommenden Techniken und Instrumente erfordert. Mit rund 3,1 Mio. Teilnehmern im Aktien-Informations-Forum und über 500.000 Anmeldungen zur Nachfolgeeinrichtung, dem Forum T-Aktie, konnte ein umfassender Überblick über die Reaktionen der Zielgruppen gewonnen werden, aus dem sich eine Reihe von generellen Erkenntnissen ableiten lassen.

Börsengang der Deutschen Telekom

Grundsätzlich ist festzuhalten, daß sowohl potentielle Privatanleger als auch Interessenten, die bereits in Aktien investiert sind, positiv auf Kommunikationsanstrengungen von Emittenten reagieren. Rund die Hälfte der Teilnehmer am Aktien Informations-Forum besaß z. B. zuvor keine Aktien. Unter den Zeichnern der T-Aktie befanden sich rund ein Drittel Neuaktionäre.

Altaktionäre wie potentielle Neuaktionäre reagieren positiv auf IR

Mit über 500.000 Teilnehmern beim Forum T-Aktie, die sich durchwegs neu anmelden mußten, wurden die Erwartungen übertroffen. Zu diesem Erfolg haben nicht nur die Beiträge der beteiligten externen Partner beigetragen. Die Intensität und die Inhalte der Kommunikation konnten aufgrund einer **kontinuierlichen Auswertung der an die Callcenter gerichteten Fragen** fortlaufend an die Informationsbedürfnisse der Interessenten angepaßt werden. Die darin zum Ausdruck kommende Nähe zum Investor bildet eine wesentliche Voraussetzung für den Erfolg.

Informationsbedürfnisse der Interessenten

Unter den Teilnehmern dominieren in unerwartet starkem Ausmaß **männliche Interessenten**. Die **Wirtschaftskraft der Haushalte** hat in der regionalen Herkunft einen klaren Niederschlag gefunden. Je höher das verfügbare Einkommen pro Einwohner ausfällt, desto stärker kommt auch das Interesse an der Aktienanlage in der Form der Mitgliedschaft zum Ausdruck.

Bei den Anmeldungen zum Aktien Informations-Forum dominierte die **Antwortpostkarte**, während Meldungen über die die Emission begleitenden Bankpartner und telefonische Registrierungen etwa gleichauf an zweiter Stelle lagen.

Gänzlich anders verhält es sich dagegen bei Informationswünschen. Weit über 90% der Fragen wurden **telefonisch** an die Telekom gerichtet. Die Einrichtung einer für den Anrufenden **kostenfreien Nummer** hat sich dabei zeitweilig als nicht unproblematisch erwiesen, denn der Anteil der »Scherzanrufe« hat vorübergehend die 50-%-Marke deutlich überschritten. Durch entsprechend konzipierte vorgeschaltete Bandansagen ließ sich dieser Anteil später reduzieren.

3.2.5 Zusammenfassende Wertung

Emittenten nehmen hinsichtlich der Inhalte der direkten Kommunikation mit privaten Anlegern eine besondere Verantwortung auf sich, denn die Maßnahmen erreichen das Publikum **ohne den Filter der professionellen Kapitalmarktteilnehmer**. Die Erfahrungen aus dem Börsengang der Deutschen Telekom zeigen, daß klar strukturierte und langfristig angelegte kommunikative Maßnahmen einen sinnvollen Weg zur Erschließung des privaten Anlegerpublikums für eine Aktie bilden. Ein effizienter Einsatz setzt in Anbetracht der Kosten aber vermutlich für viele Emittenten die Kombination mit weiteren Unternehmenszielen voraus.

3.3 Kommunikation mit der Financial Community am Beispiel der SAP AG

Ein Praxisbericht vom 31. Januar 1997 – Veröffentlichung der vorläufigen Geschäftszahlen 1996.

Zeitnahe, kontinuierliche und umfassende Kommunikation

Die zeitnahe und kontinuierliche Kommunikation mit dem Finanzmarkt ist für die SAP AG seit dem Börsengang 1988 von zentraler Bedeutung. Mit dem enormen Wachstum des Unternehmens, das sich nicht zuletzt auch in der rasant gestiegenen Börsenbewertung und in der Aufnahme der SAP-Vorzugsaktie in den Deutschen Aktienindex (DAX) widerspiegelt, haben die umfassende Information und der offene Dialog mit der Financial Community zunehmend an Gewicht gewonnen. Schon rund ein Jahr im voraus teilt das Unternehmen den Wertpapieranalysten und Investoren mit, wann die SAP Quartalsergebnisse veröffentlichen wird. Nicht anders war der Termin 31. Januar 1997 frühzeitig bekannt, an dem das Unternehmen die **vorläufigen Ergebnisse des Geschäftsjahres 1996** veröffentlichte. Vor dem Hintergrund des in der Softwarebranche besonders wichtigen 4. Quartals wurde das vorläufige Ergebnis am 31. Januar mit großer Spannung erwartet.

Aufgrund der erhöhten Aufmerksamkeit – auch wegen eines vorangegangenen enttäuschenden Ergebnisses – hat sich die SAP schon frühzeitig auf eine »Ad hoc-Mitteilung« nach § 15 Wertpapierhandelsgesetz zur Veröffentlichung des vorläufigen Ergebnisses vorbereitet. Unmittelbar vor Publikation des Ergebnisses hat sich die SAP in einer letzten Abstimmungssitzung für eine Veröffentlichung nach § 15 entschieden. Die SAP nutzt dazu den Dienst der Deutschen Gesellschaft für Ad hoc-Publizität mbH (DGAP), die für eine schnelle elektronische Verbreitung der Nachricht sorgt. Parallel zur **elektronischen Verbreitung** der Nachricht noch vor Öffnung des Ibis-Börsenhandels ging die **Pressemeldung** sowohl in deutsch als auch in englisch an die Medien, Investoren und Wertpapieranalysten **über Fax-Dienste und das Internet** heraus.

Sofort wurde die Nachricht in den Börsenkurs eingearbeitet. Zur Eröffnung der Präsenzbörse gewann die Vorzugsaktie am 31. Januar mehr als zehn Prozent. Das vorläufige Jahresergebnis hat die Börse zweifellos **positiv überrascht**. Die Börsenreaktion fiel auch deshalb so signifikant aus, weil der Finanzmarkt nur einen Tag vor Veröffentlichung des Jahresergebnisses durch negative Analystenkommentare und Herabstufungen verunsichert worden war.

Telefonkonferenzen für Analysten und Investoren

Speziell für Wertpapieranalysten und Investoren organisiert die SAP nach Veröffentlichung der Quartalsergebnisse **Telefonkonferenzen**. Um die wichtigsten Interessenten weltweit erreichen zu können, findet die Telefonkonferenz in der Regel in den **späten Nachmittagsstunden mitteleuropäischer Zeit** statt. Auch dieser Termin steht frühzeitig fest. Die Zeit zwischen Veröffentlichung und Telefonkonferenz gibt den Teilnehmern ausreichend Gelegenheit, sich auf die **Diskussion mit SAP-Vorstandsmitgliedern und -Führungskräften** vorzubereiten. Mittlerweile spricht die SAP in ihren Telefonkonferenzen, die die Investor Relations-Agentur Taylor Rafferty aus New York und London organisiert, regelmäßig mit mehr als 250 Teilnehmern. An der Konferenz nehmen Sell-Side- und Buy-Side-Analysten sowie Portfolio-Manager und andere Investoren teil. Die Dauer der Konferenzen wird durch die Abweichung der tatsächlich erzielten Finanzergebnisse von den Erwartungen des Finanzmarktes mitbestimmt. In der Regel aber lassen sich alle Fragen in **längstens eineinhalb Stunden** abhandeln.

Interviews und Gespräche mit Vorstandsmitgliedern

Die Zeit zwischen Presseveröffentlichung und Telefonkonferenz nutzt die für die Investor Relations-Arbeit verantwortliche Abteilung Unternehmenskommunikation, um alle Fragen zu beantworten. Von Fall zu Fall werden auch Vorstandsmitglieder in die Darstellung und Erläuterung der Finanzergebnisse eingebunden. So beantworten **oftmals Vorstandsmitglieder** die Fragen von seiten der Wirtschaftsnachrichtenagenturen. Deren prompte Meldungen geben dem Finanzmarkt detaillierte und zugleich autorisierte Zusatzinformationen. Sowohl die Telefonkonferenz als auch die Interviews und Gespräche im Laufe des Tages **beugen möglichen Fehlinterpretationen der »reinen« Meldung vor**. Diese beiden Instrumente sind zugleich hervorragend dazu geeignet, mögliche Enttäuschungen zu korrigieren oder überschäumende Euphorie zu dämpfen.

Immenser Zeitdruck und Abstimmungsprozeß

Was sich so einfach in der Schilderung anhört, ist das Ergebnis einer intensiven Vorbereitung unter immensem Zeitdruck. So müssen vor Veröffentlichung der Zahlen im Wortlaut **deckungsgleiche Pressemeldungen** in deutsch und englisch vorliegen, die zugleich auf die Besonderheiten in den jeweiligen Sprachräumen Rücksicht nehmen sollen. Alle **nach außen tretenden SAP-Mitarbeiter** (inklusive Vorstände) müssen sich im Vorfeld **auf eine einheitliche Sprachregelung einigen und diese vor allem durchhalten**. Inkonsistenzen stiften Verwirrung, die insbesondere am Finanzmarkt zu einem gehörigen Glaubwürdigkeitsverlust führen können. Dies setzt in den wenigen Stunden vor Veröffentlichung der Pressemeldung einen gewaltigen Abstimmungsprozeß voraus. Hier zeichnen sich die bei der SAP typischen flachen Hierarchien und »kurzen Dienstwege« aus, die das Zusammenspiel zwischen Vorstand, den Abteilungen Unternehmenskommunikation, Controlling, Recht, Übersetzung und der IR-Agentur vereinfachen. Zusätzlich zum Abstimmungsprozeß wird im Vorfeld auch noch ein **Katalog möglicher Fragen für die Telefonkonferenz und für die Journalistenanfragen** erarbeitet. Bei dem minutiös geplanten Ablauf der Veröffentlichung muß sich die Unternehmenskommunikation schließlich noch ein Höchstmaß an Flexibilität bewahren, um auf alle Eventualitäten reagieren zu können.

Immer wieder neue Detail- und Interpretationsfragen

Mit Abschluß der Telefonkonferenz ist die Kommunikation mit dem Finanzmarkt aber bei weitem noch nicht beendet. In der **Aufarbeitung des gelieferten Zahlenwerks durch Wertpapieranalysten und Investoren** ergeben sich in den Tagen und Wochen danach immer wieder neue Detail- und Interpretationsfragen. Hierzu wird sich vor allem der **altbewährten Kommunikationsmittel Telefon und Fax** bedient. Für die SAP als besonders innovationsfreudiges Unternehmen ist es aber geradezu eine Selbstver-

Telefon und Fax, E-Mail, Internet, CD-ROMs, Video-konferenzen

ständlichkeit, in der Kommunikation moderne Hilfsmittel wie **E-Mail** und vor allem das Internet zu nutzen. Die SAP hat dazu ausgehend von ihrer **Internet-Homepage** (www.sap.com) eigens sogenannte Investor Relations Info-Center etabliert. Hier finden die Interessierten die neuesten **Finanznachrichten**, und zwar schon wenige Minuten, nachdem die entsprechenden Meldungen konventionell verbreitet werden. Außerdem werden ständig wiederkehrende Fragen aktuell in einem **Fragen-und-Antworten-Katalog** beantwortet. In weiteren Info-Centers wird über die Wachstumsstrategie des Unternehmens aus der Sicht eines Investors aufgeklärt. Zu den Standards von Investor Relations-Seiten im Web zählen aktuelle Links zu den entsprechenden **Aktien-Charts**, Hinweise zu den **kommenden Finanzterminen**, leicht abrufbare **Finanz- und Aktienkennzahlen** sowie der **detaillierte Geschäftsbericht**. Nicht zuletzt findet sich ein Hinweis auf die **Kontaktpersonen im Investor Relations-Bereich**, so daß sich ein kontinuierlicher Dialog zwischen dem Unternehmen und der Financial Community über das Netz der Netze entspannen kann. Darüber hinaus nutzt die SAP für die Finanzkommunikation **CD-ROMs**, die insbesondere Informationen über die SAP-Produkte bieten. Produktinformationen stehen auch im Mittelpunkt der regelmäßigen Investorenbesuche, bei denen oftmals auch das SAP-Management über die Marktsituation und den Wettbewerb Rede und Antwort steht. Um Zeit und Reisekosten zu sparen, nutzen Investoren häufig die Möglichkeit von Videokonferenzen.

4 Bei Analystenbesuchen regelmäßig gestellte Fragen

4.1 Grundsätzliche Fragen

In diesem Abschnitt sind in einer sehr ausführlichen Form Fragen aufgelistet, wie sie von Wertpapieranalysten anläßlich von Analystenbesuchen bzw. Analystenkonferenzen sehr häufig an die Unternehmensleitung gestellt werden. Dieser umfangreiche Fragenkatalog sollte Hilfestellung sein für Unternehmen, die sich auf solche Ereignisse vorbereiten. Gleichzeitig soll dieser Katalog den Wertpapieranalysten die tägliche Arbeit erleichtern.

Eine Begründung für die Zweckmäßigkeit der angeführten Fragen wird hier nicht beigefügt. Sie ergibt sich aus den vorstehenden Ausführungen und würde die Übersichtlichkeit der Auflistung stören.

4.1.1 Zur allgemeinen Situation

1. Könnten Sie die Geschichte des Unternehmens kurz darstellen?
2. Könnten Sie den Wirtschaftszweig, in dem Ihr Unternehmen tätig ist, näher beschreiben?
3. Verläuft das Geschäft in der Branche zyklisch? Wenn ja, wie lange dauert ein Zyklus?
4. Würden Sie die Marktform in dieser Branche als Monopol, Oligopol oder als offenen Markt bezeichnen?
5. Gibt es in diesem Wirtschaftszweig große Konkurrenten?
6. Laufen bei Ihnen derzeit irgendwelche Litigationsprozesse?
7. Welche legislativen Haupteinflüsse gibt es für das Unternehmen? Werden Veränderungen erwartet?
8. Bestehen langfristige und umsatzbeeinflussende Verträge?

4.1.2 Zum Markt

Umsatz

1. Welches Umsatzwachstum erwartet das Unternehmen für das laufende und das nächste Jahr?
2. Welches Umsatzwachstum wird bei vergleichbaren Voraussetzungen erwartet?
3. Welche Einflußfaktoren sind für diese Prognose maßgeblich?
4. Wie verteilt sich der jetzige Umsatz auf die verschiedenen Sparten?

5. Wie verteilt sich der Gruppenumsatz auf die Produktpalette?
6. Wie verteilt sich der Gruppenumsatz auf die verschiedenen örtlichen Tätigkeitsbereiche, wieviel Prozent entfallen auf Exportumsätze?
7. Wieviel Prozent des Gesamtumsatzes werden in Europa, in Nordamerika und in Asien erwirtschaftet?
8. Ist das letztjährige Umsatzwachstum branchendurchschnittlich, -überdurchschnittlich oder -unterdurchschnittlich?
9. Wie könnte das Nachfrageprofil für die nächsten zwei Jahre aussehen?
10. Wie werden sich die Produktpreise in zwei bis drei Jahren vermutlich entwickeln und warum?
    Wie vergleicht sich diese Erwartung mit Preisen der Vergangenheit?
11. Welche der Sparten wächst gegenwärtig prozentual am schnellsten und warum?
12. Welche der Sparten wächst gegenwärtig prozentual am langsamsten und warum?
13. Ist die umsatzstärkste Sparte auch die ertragreichste? Wenn nicht, welche ist die ertragreichste Sparte?
14. Welche Auftragseingänge erwartet die Unternehmung insgesamt und in den einzelnen Sparten?
15. Wie schätzt die Unternehmung ihre Auftragslage insgesamt und in den einzelnen Sparten ein?

Markt

1. Wie groß (in DM) ist der heimische Markt?
2. Gemessen in Prozent, wächst, schrumpft oder stagniert der deutsche Markt gegenwärtig?
3. Wie groß (in DM) ist der Weltmarkt?
4. Gemessen in Prozent, wächst, schrumpft oder stagniert der internationale Markt gegenwärtig?

Verkauf und Distribution

1. Werden die Produkte bzw. Dienstleistungen über Großhändler oder Einzelhändler oder direkt an Endverbraucher verkauft?
2. Wieviel Prozent betragen die »cost of sales« bzw. Produktionskosten?
3. Werden die Verkaufsmitarbeiter mit fixen Gehältern oder durch Provision/Courtage entlohnt?
4. Wieviel Prozent Ihres Gesamtumsatzes werden für Werbung ausgegeben?
5. Ist das jetzige Distributionsnetz flächendeckend in Deutschland? Wenn nicht, gibt es Pläne, das Distributionsnetz auszubauen?

6. Ist das jetzige Distributionsnetz im internationalen Markt flächendeckend? Wenn nicht, gibt es Pläne, das Distributionsnetz auszubauen?

Wettbewerb

1. Wie groß ist der Marktanteil am inländischen Markt? An welcher Stelle ist das Unternehmen insgesamt und in den einzelnen Sparten plaziert?
2. Wie groß ist der Marktanteil am internationalen Markt? An welcher Stelle ist das Unternehmen insgesamt und in den einzelnen Sparten plaziert?
3. Wie hoch ist die Wachstumsrate am heimischen Markt?
4. Wie hoch ist die Wachstumsrate am internationalen Markt?
5. Welche inländischen Firmen betrachtet die Unternehmung als ihre Hauptkonkurrenten?
6. Welche internationalen Firmen betrachtet die Unternehmung als ihre Hauptkonkurrenten?
7. Ist der inländische Markt durch viel oder wenig Konkurrenz gekennzeichnet?
8. Ist der internationale Markt durch viel oder wenig Konkurrenz gekennzeichnet?
9. Handelt die Konkurrenz »cut throat« oder »live-and-let-live«?
10. Sind die Konkurrenzunternehmen gut oder schwach finanziert?
11. Haben die eigenen Produkte oder Dienstleistungen Vorteile gegenüber jenen der Konkurrenz? Wenn ja, welche?
12. Gibt es in diesem Wirtschaftszweig für neue Marktteilnehmer hohe Eintrittsbarrieren?
13. Dringen neue Wettbewerber in diesen Wirtschaftszweig? Soll das als gefährlich eingestuft werden?
14. Wie wichtig sind für das Unternehmen Produktmarken, Handelsmarken oder Patente?

Wachstum/Kontraktion

1. Sind Expansionen bzw. Schrumpfungen geplant? Welche Standorte oder Produktlinien sind betroffen?
2. Kapitalaufwendungen bzw. Kapitalersparnisse, Finanzierungsmethoden?
3. Wie groß ist der geplante Prozentsatz neuer bzw. alter Kapazität gemessen an:
   - Quadratmeter, Kubikmeter
   - Umsatzvolumen in DM oder an anderen Einheiten?
4. Welche Amortisierungsmethode wird für neue bzw. alte Produktionsanlagen angewendet?

5. Sind derzeit Akquisitionen bzw. Verkäufe geplant? Wie hoch werden die damit verbundenen Kosten bzw. Erträge geschätzt?
6. Wie hoch sind die Umsatzerwartungen pro in die neue Anlage investierter DM?

4.1.3 Zu den Produkten

Patente

1. Hat das Unternehmen neue Herstellungsverfahren entwickelt oder besitzt es wichtige Patente, Nutzungsrechte, Konzessionen, Lizenzen oder gewerbliche Schutzrechte? Wann laufen diese aus?
2. Welche Auswirkungen auf Umsatz, Gewinne und Margen sind zu erwarten, wenn diese Rechte auslaufen?

Produkte/Dienstleistungen

1. Läuft die Produktion im 1-, 2- oder 3-Schichtbetrieb oder ununterbrochen?
2. Werden den Mitarbeitern die Überstunden ausgezahlt?
3. Wie viele Produktionsstätten gehören zum Unternehmen und wie viele davon liegen in Deutschland?
4. Sind die Produktionsanlagen modern oder veraltet?
5. Wie viele Mitarbeiter sind in Deutschland, wie viele im Ausland beschäftigt?
6. Ist das Unternehmen ein Betrieb mit hohen oder niedrigen Herstellungskosten?
7. Welche Maßnahmen wurden eingeführt, um Umsatzrentabilität, Produktivität und Herstellungsmethoden zu verbessern? Was plant das Unternehmen für die nächsten zwei bis drei Jahre?
8. Herrscht ein großes Maß an vertikaler Integration (bzw. Fertigungstiefe) in der Produktion?
9. Plant das Unternehmen Kostenreduzierungsmaßnahmen? Wenn ja, welche? In welcher Höhe (DM) erhofft sich das Unternehmen dadurch Einsparungen pro Jahr?

Rohmaterialien

1. Welche Rohmaterialien benötigt das Unternehmen hauptsächlich? Von wo bezieht es diese?
2. Hat das Unternehmen hauptsächlich inländische oder ausländische Zulieferer?
3. Wie entwickelten sich die Rohmaterialpreise in der Vergangenheit, und welche Preise werden in der Zukunft erwartet?

4. Wie oft werden die Produktpreise erhöht/gesenkt? Wann plant das Unternehmen die nächste Anhebung/Senkung? Wie hoch wird sie ausfallen?

Forschung & Entwicklung (F & E)

1. Gemessen am Umsatz und in Prozent, auf welchem Niveau stehen derzeit die jährlichen Forschungs- und Entwicklungsausgaben? Wird dieses Niveau beibehalten?
2. Wieviel Prozent des Umsatzes werden gegenwärtig von neuen Produkten erzeugt? Neue Produkte sind jene, die durch F & E in den letzten fünf Jahren entwickelt worden sind.
3. Wieviel Prozent der Mitarbeiter sind Hochschul- bzw. Universitätsabsolventen?
4. Hat das Unternehmen neue Produkte in der »Pipeline«? Wie sind ihre Aussichten? Wann kommen sie auf den Markt? Wie groß wird der Umsatz- und Gewinnbeitrag sein, gemessen am Gesamtumsatz und -gewinn?

4.1.4 Zur Liquidität

Finanzen

1. Kann man das Unternehmen als kapitalintensiv beschreiben?
2. Wann fand die letzte Kapitalerhöhung statt? Wie groß war sie?
3. Sind weitere Kapitalveränderungen in den nächsten zwei Jahren geplant?
4. Wie hoch sind derzeit die Bankverbindlichkeiten? Wieviel Prozent davon sind kurz- bzw. langfristig?
5. Plant das Unternehmen gegenwärtig die Bankverbindlichkeiten zu erhöhen oder zu reduzieren?
6. Wie ist derzeit das Verhältnis zwischen »working capital« und jetzigen und erwarteten Umsätzen im Vergleich zu Umsätzen der Vergangenheit?

G & V

1. Welches Umsatzwachstum erwartet das Unternehmen in den nächsten zwei bis drei Jahren?
   Welche Faktoren werden dieses Wachstum wesentlich beeinflussen?
2. Wie hoch waren die höchste und die niedrigste Umsatzrentabilität (d. h. profit margin) bisher? Welche Faktoren beeinflußten diese Resultate wesentlich? Welches Ziel hat sich das Unternehmen für die nächsten zwei bis drei Jahre gesteckt? Welche Faktoren werden diesmal die wichtigsten sein?

3. Wie werden sich die Materialkosten als Prozentsatz der Gesamtleistung in den nächsten drei Jahren entwickeln und warum?
4. Wie werden sich die Personalkosten als Prozentsatz der Gesamtleistung in den nächsten drei Jahren entwickeln und warum?
5. Welche Abschreibungsmethode wird im Unternehmen angewandt?
6. Wie werden sich die Abschreibungskosten als Prozentsatz der Gesamtleistung in den nächsten drei Jahren entwickeln und warum?
7. Was beeinflußt die sonstigen betrieblichen Aufwendungen am meisten und warum?
8. Was beeinflußt die sonstigen betrieblichen Erträge am meisten und warum?
9. Welche Erwartungen hat das Unternehmen für die sonstigen betrieblichen Erträge in den nächsten zwei bis drei Jahren und warum?
10. Wird sich die bisherige Steuerquote in den nächsten zwei bis drei Jahren maßgeblich verändern und warum?
11. Wie hoch war der größte Jahresüberschuß, den die Firma je erreicht hat, und wann war das? Was war der Hauptfaktor dieses Resultats?
12. Erwartet das Unternehmen dieses Niveau wieder und wann?
13. Wie hoch war der niedrigste Jahresüberschuß, den die Firma je erreicht hat, und wann war das? Was war der Hauptfaktor dieses Resultats?
14. Wie verteilt sich prozentual das Ergebnis der gewöhnlichen Geschäftstätigkeit auf Ihre verschiedenen operativen Sparten?
15. Wie hoch wird der DVFA/SG-Adjustierungsfaktor in den nächsten zwei bis drei Jahren eingeschätzt?

Cash Flow

1. Hat das Unternehmen in der Vergangenheit die Investitionen und die Dividende ausschließlich vom Cash Flow finanzieren können? Wenn nicht, warum?
2. Welches Investitionswachstum plant das Unternehmen für die nächsten zwei bis drei Jahre? Wie wird das Kapital verwendet?
3. Was war das höchste Niveau, das der Cash Flow des Unternehmens je erreicht hat? Wann war das?
4. Erwarten Sie dieses Niveau wieder und wann?
5. Was war das tiefste Niveau, das der Cash Flow des Unternehmens je erreicht hat? Wann war das? Was war der Hauptfaktor dieses Resultats?

Bilanz

1. Wie hoch ist die Eigenkapitalquote? Werden Veränderungen in den nächsten zwei bis drei Jahren erwartet, warum und wodurch?
2. Wie hoch ist der jetzige Buchwert (bzw. Net Asset Value) des Unternehmens in DM? Wie unterscheidet er sich vom historischen Niveau?
3. Was ist in der Position Vorrat/Warenlager enthalten, und wie wird sich die jetzige Situation in den nächsten zwei bis drei Jahren verändern?
4. Wie hoch war der prozentuelle Anteil der Vorräte an der Bilanzsumme in der Vergangenheit? Welcher Anteil wird für die Zukunft erwartet?
5. Wie hoch sind die bisher höchste und die bisher niedrigste **Kapitalrendite** (ROI), wann erreichte das Unternehmen diese Werte, welche Faktoren beeinflußten die höchste und niedrigste Rendite?
   Was ist das Ziel für die nächsten zwei bis drei Jahre, was werden die Hauptfaktoren sein?
6. Wie hoch sind die bisher höchste und die bisher niedrigste **Eigenkapitalrendite** (ROE), wann erreichte das Unternehmen diese Werte, welche Faktoren beeinflußten die höchste und niedrigste Rendite?
   Was ist das Ziel für die nächsten zwei bis drei Jahre, was werden die Hauptfaktoren sein?
7. Wie hoch sind der bisher höchste und der bisher niedrigste **Ertrag aus investiertem Kapital** (ROCE), wann erreichte das Unternehmen diese Werte, welche Faktoren beeinflußten die höchste und niedrigste Rendite?
   Was ist das Ziel für die nächsten zwei bis drei Jahre, was werden die Hauptfaktoren sein?

4.1.5 Zu Ertragsaussichten

Dividendenpolitik und -aussichten

1. Welche Dividendenpolitik verfolgt das Unternehmen?
2. Wie hoch liegt die historische Dividende als Prozentsatz des Gewinns? Wird sich diese Relation in der Zukunft bemerkenswert verändern?
3. Wie hoch liegt die historische Dividende als Prozentsatz des Cash Flows? Wird sich diese Relation in der Zukunft bemerkenswert verändern?

4. Wie sind die Aussichten für eine höhere Dividende für die Aktionäre?
5. Plant das Unternehmen die Ausgabe von Gratisaktien?

Gewinne

1. Wie entwickelte sich das Ergebnis nach DVFA/SG in den letzten fünf Jahren?
2. Auf welches jährliche Gewinnwachstum (in Prozent) zielt die Unternehmensstrategie?
3. Auf welchen Trend in der Materialkostenquote zielt die Unternehmensstrategie?
4. Auf welchem erwarteten Trend in der Personalkostenquote beruht die Unternehmensstrategie?
5. Wie schwer oder einfach ist es, die Produktpreise anzuheben?
6. Welchen Einfluß spielen dispositionsbedingte, außerordentliche und aperiodische Erträge bzw. Aufwendungen?

4.1.6 Zu Unternehmensführung/Mitarbeitern

Management

1. Wie lange sind die Vorstandsmitglieder schon im Unternehmen tätig? In welchen Unternehmen waren sie früher tätig?
2. Wie lange sind durchschnittlich die Mitarbeiter des Middle Managements schon für das Unternehmen tätig?
3. Welches Durchschnittsalter hat der Vorstand?
4. Wird das Unternehmen besonders stark vom Vorstandsvorsitzenden geführt oder herrscht ein Mehrstimmensystem?
5. Wie erfolgt die Rekrutierung des Managementpersonals?
6. Kann die Führung/Leitung des Unternehmens als zentral oder dezentral beschrieben werden?

Employee Relations/Gewerkschaften

1. Wie war das Verhältnis zwischen Mitarbeitern und Gewerkschaften in der Vergangenheit? Wann gab es den letzten Streik, wie lange dauerte dieser?
2. Wieviel Prozent der Mitarbeiter sind Gewerkschaftsmitglieder?
3. Welche Politik verfolgt das Management gegenüber Gewerkschaften und Mitarbeitern?
4. Welche Sozialleistungen gibt es im Unternehmen? Wie hoch ist der Aufwand pro Jahr dafür insgesamt und pro Mitarbeiter?
5. Wie viele Mitarbeiter kündigen pro Jahr freiwillig?

4.2 Erwünschte Angaben zur Bilanz

In der nachstehenden Auflistung sind die wichtigsten Informationen nochmals kurz zusammengestellt. Detaillierte Begründungen zu diesen benötigten Informationen ergeben sich aus Kapitel I, Punkt 5: Rechnungslegung als Informationsbasis.

4.2.1 AKTIVA

Anlagevermögen

- *Immaterielle Vermögensgegenstände*
  Hier sollte die jeweilige Nutzungsdauer der Vermögensgegenstände genannt werden, auf der die planmäßigen Abschreibungen basieren. Die Vermögensgegenstände sind dabei sinnvoll zu unterteilen. Die Unterteilung sollte über die gesetzliche Gliederung hinausgehen.
  Der Zeitraum der Abschreibungsdauer der Firmenwerte und kapitalisierten Ingangsetzungskosten soll angegeben werden. Bei Großakquisitionen sollte die genaue Jahreszahl genannt werden.
- *Sachanlagen*
- *Finanzanlagen*
  Wesentliche Abgänge von Gegenständen des Anlagevermögens in das Umlaufvermögen sollen mit ihrem Betrag getrennt aufgeführt werden, wenn diese Gegenstände nicht dem eigentlichen Geschäftszweck dienen (z. B. Grundstücke bei Nicht-Immobiliengesellschaften). Im darauffolgenden Jahr soll der erlöste Betrag des endgültigen Abgangs genannt werden. Bei Bewertungsänderungen soll der ausmachende Betrag genannt werden.
  Für die Kapitalflußrechnung soll der Gesamtbetrag aller Investitionen (d. h. für Sach- und Finanzanlagen) in einem Betrag genannt werden. Wenn dies aus Vertragsgründen nicht möglich ist, da der Verkäufer eines Unternehmens Stillschweigen über den Kaufpreis verlangt, genügt auch der Nettobetrag der Investitionen, d. h. die Gesamtinvestitionen abzüglich der Gesamterlöse aus Anlagenabgängen.

Umlaufvermögen

- *Roh-, Hilfs- und Betriebsstoffe*
  Die Differenz zwischen Buch- und Marktwert soll ausgewiesen werden.
- *Unfertige Erzeugnisse*
  Bei Bewertungsänderungen soll der ausmachende Betrag ge-

nannt werden. Bei Großprojekten sollte während der Herstellungsphase der Betrag der Kosten genannt werden, der nicht aktiviert worden ist.

- *Fertige Erzeugnisse*
  Bei Großprojekten sollte während der Herstellungsphase der Betrag der Kosten genannt werden, der nicht aktiviert worden ist. Bei der Abrechnung dieser Großprojekte sollte der Zusatzertrag aus dieser Abrechnung genannt werden.
- *Zum Verkauf bestimmte Immobilien*
  Hier verweisen wir auf die in Kürze erfolgende Veröffentlichung des DVFA-Arbeitskreises »Immobilienaktienbewertung«.
- *Forderungen aus Lieferungen und Leistungen*
  Bei den Auslandsforderungen soll die Struktur und die Absicherungsart angegeben werden. Des weiteren ist das Schema der Wertberichtigung anzugeben (z. B. pauschal oder ausschließlich individuell).
- *Forderungen gegen verbundene Unternehmen und Beteiligungen*
  Größere Beträge sollen mit Namen getrennt ausgewiesen werden.
- *Sonstige Vermögensgegenstände*
  Zum Verkauf bestimmte Anlagegegenstände sollen getrennt ausgewiesen werden.
- *Wertpapiere*
  Der Marktwert per Bilanzstichtag soll genannt werden.
- *Flüssige Mittel*

Rechnungsabgrenzungsposten

4.2.2 PASSIVA

Eigenkapital

Die Veränderung der Kapital- und Gewinnrücklagen und die Veränderung der Anteile Dritter soll nachvollziehbar sein.

Die Gesamtsumme der bisher verrechneten Firmenwerte soll genannt werden.

Rückstellungen

- *Pensionsrückstellungen*
  Es sollte eine Tabelle beigefügt werden, aus der die Cash-Bewegungen des letzten Jahres zu ersehen sind. Zusätzliche Angaben nach IAS sind wünschenswert.
- *Steuerrückstellungen*
- *Sonstige Rückstellungen*
  Die versteuerten Rückstellungen sollen getrennt angegeben wer-

den. Größere Beträge sollen getrennt mit Angabe der voraussichtlichen Fälligkeit aufgezeigt werden.

Verbindlichkeiten

- *Anleihen und Verbindlichkeiten gegenüber Banken*
  Bei Anleihen und Bankverbindlichkeiten sollen Auslaufmonat mit vereinbartem Nominalzinssatz, bei den anderen Verbindlichkeiten (z. B. Kontokorrentkredite) der Durchschnittszinssatz des vergangenen Jahres angegeben werden.
- *Verbindlichkeiten aus Lieferungen und Leistungen*
- *Wechselverbindlichkeiten*
- *Verbindlichkeiten gegenüber verbundenen Unternehmen und Beteiligungen*
- *Sonstige Verbindlichkeiten*
  Größere Beträge sollen erläutert werden.

Rechnungsabgrenzungsposten

Bei Finanzierungsgesellschaften soll der abgegrenzte Betrag und der hieraus entstandene Gewinn getrennt ausgewiesen werden.

5 Literatur

DVFA-Informationsmaterial: DVFA-Analystenkonferenz (1997).
Link, R. (1994): Die Hauptversammlung im Rahmen des Aktienmarketing und der Investor Relations, in: Die Aktiengesellschaft, Jg. 39, S. 364–369.

Anhang zu Kapitel II
DVFA: Weitere Aktivitäten und Standesrichtlinien

1 Weitere DVFA-Aktivitäten

Weitere Aktivitäten des Berufsverbandes

- **Internationale Investorenkennziffer »Ergebnis nach DVFA/SG«**

Die Frage, ob das DVFA-Ergebnis in Zukunft noch seine Berechtigung haben wird, läßt sich eindeutig bejahen.

Die Ermittlung des DVFA-Ergebnisses dient **Vergleichs- und Prognosezwecken**. Diese **investorenorientierte Aufgabe** wird keineswegs durch die Anwendung internationaler Rechnungslegungsvorschriften quasi »automatisch« erfüllt.

Vielmehr werden die Ergebnisse in den nach internationalen Vorschriften und Empfehlungen erstellten Abschlüssen (US-GAAP bzw. IAS) ebenfalls von besonderen individuellen Sachverhalten geprägt, die es zu bereinigen gilt. Zum anderen bieten auch die internationalen Rechnungslegungsvorschriften zahlreiche Wahlrechte, die von den Unternehmen dispositiv genutzt werden. Letzteres gilt vor allem für die International Accounting Standards (IAS) in ihrer derzeitigen Gestaltung.

Somit werden eine verstärkte Anwendung unterschiedlicher Rechnungslegungsvorschriften sowie das Ausschöpfen dispositiver Bewertungsspielräume durch die einzelnen Unternehmen oder typische Einmaleffekte die Vergleichbarkeit von Unternehmensabschlüssen zukünftig noch deutlicher erschweren oder sogar verhindern.

Das Bedürfnis der Anleger nach einer die verschiedenen Bilanzierungsbesonderheiten bereinigenden Vergleichsgröße – wie dem DVFA-Ergebnis – wird somit in Zukunft forciert.

- **Institutionalisierung des »Geprüften Ergebnisses nach DVFA«**

Für die konkrete Ergebnisermittlung und -prüfung benennt die DVFA im Einklang mit dem neuen Wertpapierhandelsgesetz/Insiderregelung auf Anfrage **DVFA-Kapitalmarktexperten, die für Unternehmen ein Ergebnis nach DVFA/SG und die Überleitung vom Jahresüberschuß zum DVFA/SG-Ergebnis ermitteln bzw. prüfen**. Dieses Ergebnis und die Überleitung dürfen von dem Unternehmen als »Geprüftes DVFA-Ergebnis« veröffentlicht werden. Es wird auch auf den offiziellen DVFA-Seiten der realtime-Systeme Reuters und Bloomberg von der DVFA eingegeben.

Die von der DVFA benannten Sachverständigen sind insbesondere mit den neuen gesetzlichen Insiderregelungen vertraut und verfügen über die zur Ermittlung des Ergebnisses **erforderliche Sachkunde und praktische Erfahrung**. Die **Gebühren der Sachverständigen** lehnen sich an die Gebührensätze der Wirtschaftsprüfer an. Bei nicht geprüften Ergebnissen werden die Wertpapieranalysten auch weiterhin die von den Unternehmen veröffentlichten Ergebnisse pro Aktie (nach DVFA/SG) anhand öffentlicher Informationen auf Übereinstimmung mit den Empfehlungen von DVFA/SG untersuchen. In den Fällen nicht geprüfter Ergebnisse, in denen sich signifikante Abweichungen von den durch die Unternehmen publizierten Ergebnisgrößen ergeben, wird die von der Methodenkommission ermittelte Ziffer den Unternehmen mitgeteilt und nach den kapitalmarktrechtlichen Vorschriften zur Handhabung kurserheblicher Informationen veröffentlicht.

Die DVFA-Methodenkommission steht den Unternehmen für Grundsatzfragen in der Methodik zur Verfügung.

2 Standesrichtlinien der DVFA

2.1 Grundsätze ordnungsmäßiger Analyse und Anlageberatung

Der Berufsstand der Finanzanalysten[1], Portfoliomanager und Anlageberater - im folgenden »Berufsangehörige« - legt die für diesen Berufszweig geltenden Berufsgrundsätze fest.[2] Der Berufsstand gibt sich diese Berufsgrundsätze aus eigener Veranlassung. Diese »Richtlinie zur Berufsausübung« formuliert die ethischen, rechtlichen und berufsständischen Anforderungen an die Berufsausübung. Diese Richtlinie dient auch der Kommentierung und Wegweisung für alle Berufsangehörigen, die gesetzlichen Anforderungen zu erfüllen, die insb. im 2. und 3. Finanzmarktförderungsgesetz enthalten sind. Denn der Gesetzgeber arbeitet mit **Generalklauseln**, die erst später durch Gerichtsurteile und durch das Verwaltungshandeln des Bundesaufsichtsamtes für den Wertpapierhandel konkretisiert werden. Diese Generalklauseln sollen hier ausgefüllt werden.

Dies vorausgeschickt, bekennt sich der Berufsstand zu folgenden Grundsätzen:

a) Diese Berufsgrundsätze gelten für alle Berufsangehörigen in Wertpapierhandelsunternehmen i.S. des WpHG, also für Analysten, Anlageberater und Portfoliomanager. Analysten sind vor allem »Finanzanalysten«, sie werden auch Investmentanalysten, Wertpapieranalysten o. ä. genannt. Dies sind Personen, die aufgrund allgemein verfügbarer Informationen und spezieller Vorkenntnisse eine Beurteilung und Bewertung von Wertpapieren von Unternehmen und deren Derivaten - auch von Volkswirtschaften, Kapitalmärkten und Branchen - in der Form von zumeist schriftlichen Analysen vornehmen. Die Ergebnisse der Arbeit der Analysten dienen privaten und institutionellen Anlegern und den Kundenberatern, Vermögensverwaltern sowie Portfoliomanagern in Kapitalanlagegesellschaften im In- und Ausland als Grundlage für Anlageentscheidungen. - Anlageberater sind Personen, die Dritten professionelle Entscheidungshilfen für Kauf und Verkauf von Kapitalanlagen geben unter dem Gesichtspunkt der Mischung und Streuung von Vermögen unter Beachtung der persönlichen Verhältnisse des Anlegers. - Portfoliomanager sind Personen, die Anlagemittel insbes. Wert-

1 Im folgenden verkürzt Analysten genannt.
2 Verabschiedet von der DVFA-Mitgliederversammlung am 15.05.1995.

papierportfolios von Dritten innerhalb vorgegebener Anlagerichtlinien aktiv verwalten. Die Anlageentscheidungen werden vom Portfoliomanager selbständig oder in Gremien, jedenfalls nach professionellen Grundsätzen, getroffen.

b) Der Berufsangehörige übt seinen Beruf unabhängig, integer und in ethisch einwandfreier Weise aus. Die Wahrung des Interesses des Anlegers ist für ihn Richtschnur seines Handelns.

c) Der Berufsangehörige befolgt die geltenden Gesetze, vor allem das WpHG, das BörsG, Verordnungen und Regeln, die vom Gesetzgeber, von den Behörden und den Selbstverwaltungsorganen der Börsen und des Wertpapierwesens sowie den berufsständischen Gremien, einschließlich der Deutschen Vereinigung für Finanzanalyse und Anlageberatung – i.f. DVFA – erlassen werden.

d) Der Berufsangehörige übt seinen Beruf aus unter Beachtung des jeweils neuesten Standes der Erkenntnisse aus Wissenschaft und Praxis. Professionalität, Gründlichkeit und Solidität bestimmen sein Handeln.

e) Die DVFA ist die Standesorganisation der Analysten, Portfoliomanager und Anlageberater. Jedes Mitglied fördert die Standesorganisation nach Kräften durch Mitgliedschaft und Mitwirkung in dieser Organisation und durch Befolgung dieser Grundsätze. Jedes Mitglied ist aufgerufen, das Ansehen des Berufsstandes zu fördern.

f) Mit dieser Berufsrichtlinie sollen international akzeptierte Berufsgrundsätze in Deutschland zur Anwendung gebracht werden, die Allgemeingültigkeit der in den einzelnen Ländern der Europäischen Union geltenden Berufsgrundsätze gefördert und zu deren Harmonisierung ein Beitrag geleistet werden, nämlich dadurch,

   1) daß die Berufsangehörigen gehalten sind, ihren Arbeitgeber, ihre Kunden und ihre sonstigen Ansprechpartner darüber zu unterrichten, daß sie nach den hier niedergelegten Berufsgrundsätzen arbeiten;
   2) daß sie die in anderen Ländern geltenden Gesetze, Regeln und Grundsätze von gesetzgeberischen Körperschaften, Regierungen, Wertpapierbörsen und Analystenvereinigungen beachten, soweit sie in den Märkten, in denen diese Regeln gelten, tätig sind;
   3) daß sie Research solide und objektiv betreiben und Anlageratschläge und -entscheidungen nur nach reiflicher Überlegung und ausschließlich im Kundeninteresse liegend formulieren;
   4) daß sie keinen Gebrauch machen von Insidermaterial;

5) daß sie sich für zeitgleiche Verbreitung von Informationen einsetzen;
6) daß sie realistische Vorstellungen über Kursentwicklungen äußern und niemals Garantien, weder für Renditen noch für Kursentwicklungen, geben;
7) daß sie bei ihren Äußerungen eine deutliche Differenzierung vornehmen zwischen Fakten und Meinungen;
8) daß sie kein »Frontrunning« betreiben;
9) daß sie nicht unautorisiert Arbeitsergebnisse von Dritten als eigene Leistung weitergeben (Plagiatsverbot).

g) Diese Richtlinie und das aufgrund dieser Richtlinie von der DVFA alsbald zu erarbeitende Verhaltenshandbuch dient dem Ziel der zügigen Anpassung an veränderte Marktgewohnheiten und Praktiken, auf die der Gesetzgeber nur langsamer reagieren kann.
h) Der Vorstand der DVFA schafft die vereinsrechtlich erforderlichen Voraussetzungen, um Sanktionen bei Verstößen gegen diese Berufsgrundsätze zu erlassen, nämlich Abmahnung/Ausschluß aus der DVFA/Aberkennung des Titels *Investmentanalyst/ DVFA*.

2.2 Allgemeine Berufspflichten

Der Berufsangehörige übt den Beruf unabhängig, eigenverantwortlich, gewissenhaft, verschwiegen und vornehmlich an der Interessenlage des Anlegers/Kunden oder eines anderen Auftraggebers orientiert aus. Die einzelnen Berufspflichten lauten:

a) Unabhängigkeit
Analysten sind in der Regel Angestellte einer am Kapitalmarkt teilnehmenden Institution. Sie sollen ihre Tätigkeit unabhängig im Interesse der Kunden ausführen. Es kann also ein Spannungsfeld entstehen. Für die Regelung dieses Spannungsverhältnisses soll im Prinzip gelten, daß der Berufsangehörige im Kernbereich seiner Tätigkeit – insbesondere bei Kauf- oder Verkaufsempfehlungen sowie entsprechenden Entscheidungen – von konkreten, sachlich nicht begründeten und meinungsbildenden Weisungen seines Arbeitgebers freigestellt ist, im einzelnen unten 2.4 a).
b) Interessenkollision
Die Tätigkeit der Berufsangehörigen ist zumeist bestimmend für das Kundenverhalten bei der Anlage in Wertpapieren und Derivaten. Die Berufsangehörigen brauchen daher das Ver-

trauen der Anleger und Kunden in die Integrität ihrer Empfehlungen und Leistungen. Die Einhaltung der Vorschriften über die Vermeidung von Interessenkonflikten (§ 31 Abs. 1 Nr. 2; § 32 Abs. 1 Nr. 1 und Nr. 2 WpHG) wird deshalb zu den Berufspflichten gezählt.

c) Eigenverantwortlichkeit
Diese Verhaltensregeln sind als berufsständische Pflichten von jedem Berufsangehörigen eigenverantwortlich wahrzunehmen.

d) Eigengeschäfte
Die Berufsangehörigen dürfen von Wertpapiergeschäften für eigene Rechnung grundsätzlich nicht ausgeschlossen werden. Bei Eigengeschäften sind die Berufsangehörigen und deren Angehörige an das Verbot der Nutzung von Insiderinformationen gebunden; sie dürfen erst auf eigenen Namen handeln, wenn Öffentlichkeit hergestellt wurde.

e) Berufsbezeichnung und Ausbildung
Die Berufsbezeichnungen lauten Finanzanalyst, Portfoliomanager oder Anlageberater, vgl. oben 2.1 a) – Die Absolventen des DVFA-Ausbildungsprogramms sind berechtigt, den Titel *Investmentanalyst/DVFA* zu führen.

f) Einhaltung rechtlicher Verpflichtungen
Der Berufsangehörige macht sich mit den Gesetzen und Regeln, die für diese Berufe gelten, vertraut. Vornehmlich beachtet er das **Verbot**, nichtöffentliche Informationen, deren Bekanntwerden die Kursentwicklung wesentlich beeinflussen kann, für Eigenhandel und für Anlageratschläge zu verwenden.

g) Grundsätze für kleine Wertpapierdienstleistungsunternehmen
Die in 2.1 a) bis f) dieser Richtlinie festgelegten Grundsätze sind auch von Berufsangehörigen sinngemäß und größenspezifisch reduziert umzusetzen, die in kleineren Wertpapierdienstleistungsunternehmen tätig sind, und auch dann, wenn der Wertpapierdienstleister allein arbeitet.

2.3 Spezielle Berufspflichten im Umgang mit Informationen und Analysen

a) Informationsbeschaffung, insbes. DVFA-Unternehmensgespräche
Der Analyst ist verpflichtet, aktuelle und qualitativ hochwertige Informationen zu erlangen, die richtig, vollständig und sorgfältig ermittelt sein müssen und bei denen nichts bewußt verschwiegen wurde. Alle ihm offen stehenden Informationsquellen hat der Analyst zu nutzen.

Der Analyst beschafft sich seine Informationen aus allgemein zugänglichen Quellen, z. B. aus den Geschäftsberichten, aus Aktionärsbriefen, Branchenberichten, Berichten aus der Finanzwelt und den Medien. Daneben besteht häufig direkter persönlicher oder telefonischer Kontakt zum Unternehmen, unter anderem durch die Teilnahme an DVFA-Veranstaltungen.
Mit diesem direkten Kontakt zum Unternehmen versucht der Analyst, Erläuterungen über komplexe Zusammenhänge zu erlangen, die zusammen mit den veröffentlichten Informationen eine kompetente Einschätzung des Wertpapiers ermöglichen.
Die Berufsangehörigen sind verpflichtet, dem Gesprächspartner des angesprochenen Unternehmens die Zielsetzung des Kontaktes offenzulegen, nämlich das Erarbeiten von Analysen und Anlageempfehlungen.
Der Analyst darf bei diesen Kontakten darauf vertrauen, daß ihm vom Unternehmen keine insiderrelevanten Tatbestände mitgeteilt werden.[1] Für die Herstellung der Öffentlichkeit ist weder der Analyst noch die DVFA zuständig; ausgehend von dem Grundverständnis, daß die Analysten in ihrer Berufsausübung nicht zu Primärinsidern werden.
Es entspricht dem Berufsverständnis der Analysten, die Ergebnisse der Unternehmensgespräche in Analysen einzubringen; an die Berufsangehörigen wird appelliert, die Presse, Nachrichtenagenturen oder Börseninformationsdienste nicht über wörtliche Aussagen und persönliche Stellungnahmen der Gesprächspartner bei diesen Unternehmensgesprächen unautorisiert zu informieren.

b) Standards für die Erstellung von Analysen
Gewissenhaftigkeit, Sachkenntnis und Sorgfalt sind die Grundpfeiler der Analysearbeit. Diese allgemeinen Erfordernisse leiten sich aus der EG-Wertpapierdienstleistungs-Richtlinie und aus beruflichem Grundverständnis ab. Für die Erstellung von Analysen gilt der Grundsatz der Objektivität, Eindeutigkeit und Klarheit:
Das DVFA-Mitglied trägt für seine Arbeit die persönliche Verantwortung.
Die fertiggestellte Analyse über einen Wert, über eine Branche und/oder einen Markt, aufgrund öffentlich bekannter Tatsachen erstellt, ist nach der Legaldefinition des § 13 Abs. 2 WpHG keine Insidertatsache, selbst wenn die Veröffentlichung der

1 Diese Auslegung steht im Gegensatz zur Auffassung des Bundesaufsichtsamtes für den Wertpapierhandel, das die Analysten grundsätzlich als Primärinsider im Sinne des § 13 WpHG einstuft.

Analyse den Kurs der untersuchten Gesellschaft wesentlich beeinflussen kann. Mithin kann das Wertpapierdienstleistungsunternehmen, das die Analyse erstellte, die Analyse nutzen und entsprechend der Empfehlung den Wert kaufen oder verkaufen, und zwar zu jedem Zeitpunkt. Dies gilt auch, wenn die Analyse einzelnen Kunden zugestellt wird. Ob bei weiter Streuung der Analysen in der Kundschaft auch die Öffentlichkeit hiervon in Kenntnis gesetzt werden soll, ist eine Markt- und Standingfrage des einzelnen Wertpapierdienstleistungsunternehmens.

Der Informationsstand des Analysten soll einer regelmäßigen Aktualisierung unterliegen, um Veränderungen der Datenlage, die einer Empfehlung zugrunde gelegen haben, rechtzeitig zu erkennen. Diese Aktualisierung sollte bei Veränderungen des Datenkranzes vom Unternehmen ausgehen. – Der Analyst soll »quiet periods«, die vom Unternehmen vorgegeben werden, respektieren.

c) Unzulässige Geschäftspraktiken

Den Berufsangehörigen sind vornehmlich folgende Geschäfte und Verhaltensweisen verboten:

(1) Frontrunning
(2) Handeln aufgrund von Insiderinformationen
(3) das Veröffentlichen von Anlageempfehlungen aus Eigeninteresse

d) Standards für den Umgang mit Analysen und Anlageempfehlungen

Die Verhaltenspflichten im Umgang mit Analysen haben drei Bezugspunkte, nämlich:

(1) das eigene Wertpapierdienstleistungsunternehmen, also das Verhältnis zum Arbeitgeber
(2) den Kunden
(3) die Öffentlichkeit

Zu (1): Für die Kundschaft und/oder die Öffentlichkeit bestimmte Analysen unterliegen keiner Kontrolle durch andere (nicht wertpapierorientierte) Abteilungen des eigenen Hauses.

Zu (2): Für die allgemeine Kundschaft angefertigte Analysen sind möglichst gleichzeitig zu verbreiten, damit nicht einzelne Kunden Sondervorteile aus einer Vorabinformation genießen.

Zu (3): Für die Öffentlichkeit bestimmte Analysen werden über Verbreitungsmedien bekanntgemacht.

2.4 Pflichten gegenüber dem Arbeitgeber

a) Auftragserfüllung
Wie in jedem Dienstverhältnis ist der Arbeitgeber weisungsberechtigt und der Berufsangehörige zur Auftragserfüllung verpflichtet. Da der Arbeitgeber vom Berufsangehörigen indessen eine geistige Leistung verlangt, die in einem komplexen Sachgefüge und einem komplizierten moralischen Kontext steht, ist der Arbeitgeber aufgerufen, seine Anweisungen an den Berufsangehörigen so zu formulieren, daß dieser seine Arbeit unter Wahrung der Gesichtspunkte: Richtigkeit, Willkürfreiheit, Unabhängigkeit, Vollständigkeit, Stetigkeit und Vorsicht bei der Erstellung von Analysen, bei der Erteilung von Anlagerat und bei Anlageentscheidungen ausüben kann. Von Gesetzes wegen ist der Arbeitgeber gehalten, von dem Berufsangehörigen die Wahrung des Anlegerinteresses zu verlangen.

b) Verschwiegenheit
Der Arbeitgeber ist dazu aufgerufen, die dem Berufsangehörigen obliegende Verschwiegenheit zu fördern und hierfür angemessene organisatorische Vorkehrungen zu treffen.

c) Haftungsbeschränkung
Die Berufsangehörigen sind Arbeitnehmer in einem gefahrgeneigten Arbeitsbereich. Deshalb tritt der Arbeitgeber für den Berufsangehörigen in Haftungsfällen im gesetzlichen Rahmen ein.

d) Information von Arbeitgebern
Die Berufsangehörigen sind verpflichtet, ihren Arbeitgeber über besondere Vorkommnisse bezüglich der Insiderproblematik in ihrem Arbeitsbereich unverzüglich zu informieren.

2.5 Verhalten gegenüber dem Berufsstand (repräsentiert durch die DVFA)

a) Allgemeine Pflichten
Die Berufsangehörigen sollten sich berufsständisch organisieren, wozu in der Regel die Mitgliedschaft in der DVFA gehört.

b) DVFA-Unternehmensgespräche
Eine besondere Aktivität der DVFA besteht darin, Unternehmensgespräche zu organisieren. Die hierbei vermittelten Erkenntnisse sind nach allgemeinem Insiderrecht zu behandeln, wie oben unter 2.3 a) dargestellt. Die DVFA und den einzelnen Berufsangehörigen, der an dem DVFA-Unternehmensgespräch teilnimmt, trifft keine Verpflichtung zur Herstellung der Öf-

fentlichkeit, dies obliegt alleine dem Unternehmen, oben 2.3 b) und d). Für Unternehmensgespräche, die ohne Mitwirkung der DVFA geführt werden, gilt sinngemäß dasselbe.

c) Anzeigepflichten
Werden einem Berufsangehörigen Verfehlungen gegen das WpHG bekannt, unterliegt er keiner Anzeigepflicht.

d) Auskunftspflichten
Sollte das Bundesaufsichtsamt für den Wertpapierhandel auf Berufsangehörige zugehen und sie über insiderrelevante Tatbestände befragen, unterliegen sie den Auskunftspflichten, die sich aus dem WpHG ergeben und wie sie jeden Rechtsunterworfenen treffen. Weitergehenden Rechtspflichten unterliegen die Berufsangehörigen nicht.

e) Sorgfaltspflichten gegenüber dem Kunden, insbesondere Verbot von Kursentwicklungszusagen
Die für die Erstellung von Analysen und Anlageempfehlungen geltenden Standards sind nicht nur eine Rechtspflicht gegenüber den Kunden, wie oben in 2.3 d) dargestellt, sondern auch eine Rechtspflicht gegenüber dem Berufsstand schlechthin.

f) Kollegialität
Das Verhältnis der Berufsangehörigen untereinander ist vom Geist der Kollegialität beherrscht. So sollen Anlageempfehlungen des Wettbewerbers nicht diskreditiert oder verächtlich gemacht werden, während sachlich begründete abweichende Einschätzungen statthaft sind.

g) Auftragsschutz
Es dürfen nicht durch schädigende Äußerungen über einen Wettbewerber Kunden angeworben und damit der Berufsstand in Mißkredit gebracht werden.

Kapitel III
Fallbezogene Kommunikation

1 Der rechtliche Rahmen des WpHG

1.1 Definition und Erläuterungen der Ad hoc-Publizität gemäß § 15 WpHG

1.1.1 Definition der Ad hoc-Publizität gem. § 15 WpHG

Nachfolgend wird auf die Definition und weitere Erläuterungen der Ad hoc-Publizität gemäß § 15 WpHG eingegangen, insbesondere im Verhältnis zur Regelpublizität und zu anderen rechtlichen Bestimmungen.

Pflicht des Emittenten

Nach § 15 Abs. 1 Satz 1 WpHG unterliegt jeder Emittent von Wertpapieren, die zum **amtlichen Handel** oder zum **geregelten Markt** an einer inländischen Börse zugelassen sind, einer sogenannten Ad hoc-Publizitätspflicht. Anders als in den Insiderbestimmungen werden die im Freiverkehr gehandelten Wertpapiere von der Ad hoc-Publizitätspflicht nicht erfaßt.

Neben die Gruppe der gesetzlich geforderten regelmäßigen Unternehmensveröffentlichungen (Jahresabschlüsse und Zwischenberichte) tritt die seit dem 1. Januar 1995 kodifizierte Ad hoc-Publizität, nach der

Tatsachen im Tätigkeitsbereich des Emittenten

> **jede neue Tatsache, die im Tätigkeitsbereich des Emittenten eingetreten und nicht öffentlich bekannt ist, unverzüglich zu veröffentlichen ist,**

Erhebliches Kurswirkungspotential

> sofern sie wegen der Auswirkungen auf die **Vermögens- und Finanzlage oder auf den allgemeinen Geschäftsverlauf** des Emittenten geeignet ist, den **Börsenpreis der zugelassenen Wertpapiere erheblich zu beeinflussen,** oder im Fall zugelassener Schuldverschreibungen die Fähigkeit des Emittenten, seiner Verpflichtung nachzukommen, beeinträchtigen kann.

Veröffentlichungspflicht

Die Veröffentlichung ist in mindestens einem **überregionalen Börsenpflichtblatt** (§ 15 Abs. 3 Nr. 1) oder über ein **elektronisch betriebenes Informationsverbreitungssystem** (§ 15 Abs. 3 Nr. 2), das bei Kreditinstituten, Versicherungsunternehmen oder anderen Unternehmen, die ihren Sitz im Inland haben und an einer inländischen Börse zur Teilnahme am Handel zugelassen sind, weit

Hinweisbekanntmachung

verbreitet ist, in **deutscher Sprache** vorzunehmen. Im **Bundesanzeiger** ist nach § 15 Abs. 3 Satz 3 WpHG unverzüglich ein Hinweis auf die Veröffentlichung bekanntzumachen.

Mitteilungspflicht

Vor der Veröffentlichung hat der Emittent die zu veröffentlichende Tatsache der Geschäftsführung der Börsen, an denen die Wertpapiere zum Handel zugelassen sind, und dem **Bundesaufsichtsamt für den Wertpapierhandel** mitzuteilen. Diese Mitteilungspflicht regelt der Gesetzgeber in § 15 Abs. 2 WpHG.[1]

Nur die elektronischen Informationsverbreitungssysteme bringen, soweit sie Full-Service-Angebote sind, die beiden Rechtspflichten des Emittenten – Mitteilungs- bzw. Veröffentlichungspflicht – zusammen und verdichten sie zu einem einheitlichen Angebot.

Keine §-15-WpHG-Tatsachen

In der Gesetzesbegründung wird klargestellt, daß **Werturteile** (Meinungsäußerungen, Rechtsauffassungen, Auffassungen persönlicher Art) und **andere subjektive Wertungen**, die bloße Meinungen ausdrücken, keine Tatsachen in Sinne von § 15 WpHG sind. Eine Meinungsäußerung gewinnt allerdings dann Tatsachencharakter, wenn sie mit der Mitteilung von Fakten einhergeht bzw. wenn der Gehalt der Äußerung objektiv geklärt und als etwas Geschehenes oder Vorhandenes bewiesen werden kann.

Bei unternehmensinternen **Entwicklungs-, Planungs- und Entscheidungsprozessen** handelt es sich um zu veröffentlichende Tatsachen erst, wenn sie Auswirkungen auf die Vermögens- und Finanzlage (und Ertragslage) oder den Geschäftsverlauf des Emittenten haben. Näheres siehe in Kapitel IV, Kurserheblichkeit.

Solange die Konsequenzen solcher Prozesse oder Ereignisse nicht feststehen, weil deren Wirksamkeit noch durch andere Umstände aufgehoben werden kann, handelt es sich nicht um Tatsachen im Sinne des § 15 WpHG.

Bei mehrstufigen Entscheidungsprozessen – beispielsweise bei Zustimmungsvorbehalten des Aufsichtsrates – kann die publizitätspflichtige Tatsache erst mit der **endgültigen Entscheidung** entstehen, da sie erst dann rechtsverbindlich wird. Materiell ist die kurserhebliche Tatsache häufig bereits mit der (rechtlich noch nicht verbindlichen) Entscheidungsempfehlung des vorgelagerten Gremiums, z. B. des Vorstandes, gegeben. Regelmäßig sollten daher bereits Empfehlungen des Vorstandes an den Aufsichtsrat publiziert werden.

Der Gesetzgeber hat den von 1987 bis 1994 geltenden § 44 a BörsG durch den § 15 WpHG deutlich verschärft. Ohne rechtliche

1 Details siehe Punkt 1.2 dieses Kapitels.

Sanktionen fand § 44 a BörsG praktisch keine Beachtung. Dagegen können **Verstöße** von Unternehmen gegen die nun geforderte Publizitätspflicht mit Bußgeldern bis zu DM 3 Millionen (§ 39 Abs. 3 WpHG) geahndet werden.

Bußgeld bis 3 Mio DM

Zudem wird die Einhaltung der Ad hoc-Publizitätspflicht direkt vom Bundesaufsichtsamt für den Wertpapierhandel überwacht. Zur Wahrnehmung seiner Überwachungspflicht kann das Aufsichtsamt vom Unternehmen **Auskünfte und die Vorlage von Unterlagen** verlangen. Ferner ist das Unternehmen verpflichtet, den Bediensteten des Aufsichtsamtes während der **üblichen Arbeitszeit Zutritt zu seinem Grundstück und den Geschäftsräumen** zu gestatten.

Überwachung durch das BAWe

Die mit dem § 15 WpHG verfolgte Absicht ist eindeutig, allen Kapitalgebern und potentiellen Investoren durch **gleichwertige Information** über neue Entwicklungen zu ermöglichen, ihre (eventuellen) Engagements zu überprüfen und ihnen faire Entscheidungsbedingungen zu bieten. Die schon bisher geforderte »regelmäßige Information« der Kapitalgeber – insbesondere durch den Jahresabschluß – wird hierdurch nicht berührt.

Der Emittent soll seine **existenten und potentiellen Kapitalgeber** durch die rasche Information über aktuelle Ereignisse in Kenntnis setzen und ihnen damit eine zeitnahe Überprüfung ihrer Engagements erlauben. Die umfassende und zeitnahe Kommunikation soll allen Anlegern somit eine **verbesserte Risikoeinschätzung** erlauben. Die nun verlangte schnellere Information der Anleger soll zudem das Risiko verringern, daß einige Anleger gegenüber denjenigen, die sich Informationsvorsprünge verschaffen können, benachteiligt sind.

Intention: Verbesserung der Funktionsfähigkeit der Wertpapiermärkte

Diese Auffassung, Anleger rechtzeitig über mögliche Veränderungen hinsichtlich der Risikobewertung für ihr eingesetztes Kapital zu informieren, stammt aus dem angelsächsischen Kapitalmarktrecht, insbesondere den **disclosure standards**. Diese sind der deutschen Rechtssystematik unbekannt. Es gab bislang kein vergleichbares Kapitalmarktrecht. Im Gegensatz zu der in der langjährigen angelsächsischen Praxis gewachsenen Vertrautheit im Umgang mit dem Grundsatz der **full and fair disclosure** von Informationen über Unternehmensentwicklungen fehlt diese Praxis in Deutschland. Reichsgerichts- oder BGH-Entscheidungen, die die wesentlichen Orientierungsmaßstäbe liefern, sagen hierzu nichts aus. Bedenkt man des weiteren die auch für Juristen geltende alte Erfahrung, daß es leichter ist zu lernen als umzulernen, so werden die Schwierigkeiten im Umgang mit diesen neuen Konzeptionen erkennbar.

1.1.2 Rechnungslegung und Ad hoc-Publizitätspflichten

1.1.2.1 Gläubigerschutz contra Anlegerschutz

Ad hoc-Publizität schützt Investor

Der **grundlegende Unterschied** zwischen der aktienrechtlichen und handelsrechtlichen Rechtspflicht und der Ad hoc-Publizität liegt in dem **Normadressaten**. Die deutsche Rechnungslegung einschließlich Lagebericht ist auf den Gläubigerschutz ausgerichtet. Das Kriterium der Kursrelevanz spielt keine Rolle. Die Kapitalmarktorientierung ist auch der deutschen Rechnungslegung wesensfremd.

Deutsche Rechnungslegung schützt Gläubiger

Oberstes Kriterium für die Einordnung als der Ad hoc-Publizität unterliegende Tatsache ist die »erhebliche Kursrelevanz«. Hierzu findet sich im Schrifttum zur deutschen Rechnungslegung praktisch nichts Verwertbares. Die Gefahr ist sehr groß, daß die Experten der deutschen Rechnungslegung in einem verständlichen Kompetenzanspruch auch die Beurteilung ad hoc-publizitätspflichtiger Tatsachen nach ihren traditionellen Kriterien des Gläubigerschutzes vornehmen. Der Rückgriff auf das Schrifttum zur deutschen Rechnungslegung ist auch deshalb problematisch, weil man automatisch in die eingeübten Argumentationswege des Gläubigerschutzes zurückfällt.

1.1.2.2 Abgrenzung dieser Rechtsbereiche

Konzeptionelle Abstimmung mit Rechnungslegungsrecht fehlt

Das deutsche Insiderrecht bleibt von der Kapitalmarktferne der einschlägigen gesellschafts- oder aktienrechtlichen Vorschriften nicht unberührt. Dieser Einfluß kann auch durch die Vorschrift eines § 15 WpHG nicht nachhaltig eliminiert werden. Es zeigt sich insbesondere bei den Bemühungen, den unbestimmten Rechtsbegriff »neue Tatsachen« zu konkretisieren, daß die neuen Maßgaben auch die konzeptionelle Abstimmung mit vorhandenem Recht vermissen lassen.

Für die Praxis ist ein Nebeneinander der beiden Rechtsbereiche »**aktienrechtliche Publizitätspflichten**« (§ 325 HGB: Offenlegung des Jahresabschlusses; § 328 HGB: Form und Inhalt der Unterlagen bei der Offenlegung, Veröffentlichung und Vervielfältigung) und »Mitteilungspflicht nach § 15 WpHG« in der Weise vorstellbar, daß

- das Rechnungslegungsrecht (§§ 238–339 HGB) den Bericht über die **rechenbare Vergangenheit** verlangt und
- die Publizitätspflicht nach § 15 WpHG darauf abstellt, mögliche größere **Abweichungen von den Planungen und Markterwartungen** des Unternehmens unmittelbar offenlegen zu müssen.

Die Berichterstattung im Rahmen des Rechnungslegungsrechtes erfolgt im wesentlichen mit dem Jahresabschluß (mit Bilanz, Gewinn- und Verlustrechnung sowie Anhang) über das vergangene Geschäftsjahr. Zur Informationspflicht auf der Hauptversammlung gem. § 131 AktG siehe weiter unten.

1.1.2.3 Lagebericht und Ad hoc-Mitteilung

Der Lagebericht ist nicht Teil des Jahresabschlusses, aber doch nach den gleichen Grundsätzen der Richtigkeit, der Klarheit, der Vollständigkeit aufzustellen wie der Jahresabschluß selbst. Im Lagebericht ist nach § 289 Abs. 2 Nr. 1 HGB auch einzugehen auf **»Vorgänge von besonderer Bedeutung, die nach dem Schluß des Geschäftsjahres eingetreten sind«**. Diese Vorschrift ist ähnlich der über die **»neuen Tatsachen«, die nicht öffentlich bekannt** sind, nach § 15 Abs. 1 Satz 1 WpHG. Allerdings sind in dem Lagebericht auch solche neuen Tatsachen darzustellen, die schon bekannt sind. Auf Bekanntheit oder Unbekanntheit stellt § 289 HGB nicht ab, während § 15 WpHG dies tut.

Lagebericht darf keine §-15-Tatsachen enthalten

Wie ist nun bei der Abfassung eines Lageberichtes zu verfahren, wenn hierbei soeben eingetretene, noch nicht bekannte Tatsachen mit Kurserheblichkeit publiziert werden? Der Gesetzeswortlaut sieht vor, daß

- erst nach § 15 WpHG gemeldet werden muß;
- dann darf der Lagebericht publiziert werden.

Auch die praktische Anwendung dürfte so ablaufen, weil der Lagebericht bis zu seiner Veröffentlichung üblicherweise einige Wochen Zeit benötigt – er muß schließlich von den Wirtschaftsprüfern (§ 316 HGB) und dem Aufsichtsrat genehmigt und dann noch gedruckt werden.

Mithin sind also neue Tatsachen, die nach **§ 289 Abs. 2 Nr. 1 HGB** im Lagebericht gemeldet werden, zuvor in dem Ad hoc-Meldeverfahren zu publizieren, sofern diese Tatsachen kurserheblich sind. Über diese Eigenschaft sagt das Schrifttum zu im Lagebericht zu meldende Tatsachen nichts aus. Näheres siehe in Kapitel IV, Kurserheblichkeit.

Dies gilt insbesondere für die Angaben nach **§ 289 Abs. 2 Nr. 2 HGB.** Hier sind Angaben zur voraussichtlichen Entwicklung der Kapitalgesellschaft geregelt. Damit handelt es sich grundsätzlich um Prognosen und Wertungen, also nicht um Tatsachen, also um keine Angaben nach § 15 WpHG.

Entsprechend sind auch die nach **§ 289 Abs. 2 Nr. 3 HGB** (Forschung und Entwicklung) berichteten Tatsachen für eine Veröffentlichung nach § 15 WpHG relevant, wenn sie durch die Auswirkungen auf die Vermögens- und Finanzlage und Ertragslage oder den allgemeinen Geschäftsverlauf geeignet sind, den Kursverlauf erheblich zu beeinflussen.

1.1.3 Zwischenberichterstattung und Ad hoc-Publizitätspflichten

Der Emittent zugelassener Aktien ist nach § 44 b BörsG verpflichtet, innerhalb des Geschäftsjahres regelmäßig mindestens einen Zwischenbericht zu veröffentlichen, der anhand von Zahlenangaben und Erläuterungen ein den tatsächlichen Verhältnissen entsprechendes Bild der Finanzlage und des allgemeinen Geschäftsgangs des Emittenten im Berichtszeitraum vermittelt. Der Zwischenbericht ist innerhalb von zwei Monaten nach Ende des Berichtszeitraums entweder durch Abdruck in mindestens einem überregionalen Börsenpflichtblatt oder im Bundesanzeiger oder als Druckschrift zu veröffentlichen (§ 61 Börs-ZulV).

Zwischenbericht ersetzt Ad hoc-Publizität nicht

Mißverständnisse können zwischen den Maßgaben der Zwischenberichterstattung nach § 44 b BörsG und §§ 53–63 Börs-ZulV und der Mitteilungspflicht nach § 15 WpHG auftreten, da die **Zwischenberichterstattung sehr aktuell erfolgen** und im Prinzip Aufgaben der Mitteilungspflicht nach § 15 WpHG erfüllen kann: Der Zwischenbericht wird üblicherweise schnell erstellt, benötigt keine Prüfung durch die Wirtschaftsprüfer (§ 54 Abs. 3 Börs-ZulV) und kann in seinem Textteil auch über sehr aktuelle Entwicklungen berichten. Solche aktuellen Nachrichten würden den Aktionär unmittelbar erreichen, also Direktinformation betreiben. Der Gesetzeswortlaut sieht diesen Fall zwar nicht explizit vor, das Gesetz monopolisiert andererseits die Information der Aktionäre aber auch nicht auf dem Weg des § 15 Abs. 2 und 3 WpHG.

Wenn ein Zwischenbericht eine neue Tatsache unverzüglich an die Presse und an den Aktionär bringt, ist dies keine neue Tatsache mehr, die nicht öffentlich bekannt wäre, also auch nicht mehr mitteilungsbedürftig. Es muß sichergestellt sein, daß alle Segmente der Bereichsöffentlichkeit gleichzeitig informiert werden. Die Versendung der Geschäfts- und Zwischenberichte an das Amt und die Börsen sind daneben selbstverständlich. Andererseits ist klar, daß der Zwischenbericht nicht die unverzügliche Ad hoc-Publizität ersetzt. **Herausgehobene Einzelereignisse mit Kursrelevanz sind in jedem Fall gemäß § 15 WpHG meldepflichtig.**

1.1.4 Auskunftsrecht des Aktionärs und Ad hoc-Publizitätspflichten

1.1.4.1 Information der Hauptversammlung

Das neue deutsche Insiderrecht ist eine Umsetzung der EG-Richtlinie zum Insiderrecht, also Europarecht.

Aus diesem Werdegang des Gesetzes wird verständlich, daß eine explizite Koordination weder mit dem **Hauptversammlungsrecht** (§ 118 ff. AktG), dem **Auskunftsrecht** (§ 131 AktG) noch mit dem Rechnungslegungsrecht stattgefunden hat. Von Bedeutung ist der Rechtssatz, daß **speziellere Gesetze den allgemeinen Gesetzen vorgehen**. Insiderrecht geht mithin dem Hauptversammlungsrecht und dem Auskunftsrecht vor.

Die Hauptversammlung ist das traditionelle Kommunikationsforum zwischen Aktiengesellschaft und ihren Aktionären, den Anteilseignern der AG. In der Hauptversammlung ist es selbstverständlich zulässig, bisher nicht öffentlich bekannte, **nicht kursrelevante Tatsachen**, die seit Abfassung des Lageberichtes entstanden sind, mitzuteilen.

Weitergehend muß es auch zulässig sein, Mitteilungen über kursrelevante Tatsachen nach § 15 Abs. 1 WpHG in der Hauptversammlung zu machen, solange die Rechtspflichten von § 15 Abs. 2 und 3 WpHG erfüllt werden.

Herstellen der Bereichsöffentlichkeit spätestens gleichzeitig

Dies führt zu dem Ergebnis, daß eventuelle kurserhebliche Tatsachen **parallel** zur **Information der Hauptversammlung** gemäß § 15 Abs. 2 WpHG auch der Bereichsöffentlichkeit **mitgeteilt** werden müssen. Diese gleichzeitige Veröffentlichung der kurserheblichen Tatsachen macht den Besuch der Hauptversammlung nicht obsolet. Von großem Interesse sind nach wie vor die dort gegebenen, sogenannten »**weichen Informationen**« wie etwa Erläuterungen zu Strategiekonzepten oder zur Langfristplanung. Sie zählen zwar nicht zu den kurserheblichen Tatsachen, sind aber für die Beurteilung des Unternehmens von Bedeutung.

Relativierung der Bedeutung

Die Hauptversammlung wird in ihrer Einmaligkeit als Informationsforum zwischen Aktionären und Verwaltung jedoch durch die aktuellen Kapitalmarktentwicklungen, denen die gesetzliche Forderung nach Herstellung der Bereichsöffentlichkeit Rechnung trägt, relativiert:

- Das **jährliche Unterrichtungsintervall** ist in den heutigen, sich schnell verändernden Unternehmensentwicklungen nicht mehr angemessen.
- Die tradierte deutsche gesellschaftsrechtliche Vorstellung von einer **Rechenschaftspflicht der Verwaltung gegenüber den Ak-**

tionären ist im Sinn der Kapitalmarktorientierung in eine Informationspflicht der relevanten Bereichsöffentlichkeit eindeutig erweitert. Die relevante Bereichsöffentlichkeit besteht nicht nur aus den tatsächlichen Aktionären, sondern auch aus anderen Anlegern, die an dem Kauf der Wertpapiere des betreffenden Unternehmens oder der Institution interessiert sind.

1.1.4.2 Auskunftsrecht nach § 131 Aktiengesetz und § 15 WpHG

Auskunft in Hauptversammlung stellt Bereichsöffentlichkeit nicht her

Seit Gültigkeit des WpHG ist zu beachten, daß bisher nicht öffentlich bekannte, kurserhebliche Tatsachen **unverzüglich der Bereichsöffentlichkeit** mitzuteilen sind. Die Beantwortung von Fragen durch den Vorstand in der Hauptversammlung stellt nicht die vom Gesetz verlangte Öffentlichkeit her.

Auskunftsverweigerung unzulässig

Es bleibt weiter festzustellen, daß das bisherige Auskunftsrecht der Aktionäre gemäß § 131 AktG vom WpHG nicht berührt wird. Insoweit bedarf es auch keiner Abstimmung zwischen den Vorschriften des WpHG und des Aktienrechts. Das Auskunftsrecht nach § 131 AktG ist auf die sachgemäße Beurteilung des Gegenstandes der Tagesordnung eingegrenzt, was als Grenzziehung weitreichend auszulegen ist. Aber ein **Vergangenheitsbezug ist dem Auskunftsrecht** nach § 131 AktG eigen, was als Grenzziehung zwischen den beiden Publikationspflichten durchaus geeignet ist.

Mithin ist eine Auskunftsverweigerung mit Hinweis auf § 15 WpHG unzulässig. Ein Vorstand darf kein nach § 131 Abs. 1 AktG berechtigtes Auskunftsverlangen ablehnen mit der Begründung, daß in die Beantwortung neue Tatsachen mit einfließen würden und deshalb der Aktionär warten möchte, bis die Börsen und das Bundesaufsichtsamt unterrichtet würden, und hernach möchte er nach § 15 Abs. 3 S. 3 WpHG aus dem Bundesanzeiger entnehmen, wo die Beantwortung seiner Frage zu finden sei.

Konflikte zwischen § 15 WpHG und § 131 AktG können nicht auftreten, da ein gesetzestreu handelnder Vorstand stets alle kurserheblichen Tatsachen unverzüglich der Bereichsöffentlichkeit mitteilt.

Nachmeldung mit Strafmaßrelevanz

Geschieht ein »**Unglücksfall**«, daß zum Beispiel in eine Auskunft nach § 131 AktG eine noch nicht bekannte Tatsache einfließt, die als kurserheblich beurteilt werden kann, ist dies zwar ein Verstoß gegen eine rechtliche Verpflichtung des § 14 Abs 1 Ziff 2 WpHG. Aber eine Art »Heilung« im äußerst unjuristischen Sinne ist durch unverzüglich erfolgende Veröffentlichung zumindest mit Strafmaßrelevanz möglich. Hierfür hilft eine Tickermeldung aus der Hauptversammlung an entsprechende Informationssysteme.

Bei Meldungen gem. § 15 ist allerdings der vorgeschriebene Veröffentlichungsweg zu beachten.

1.1.5 Finanzanalytische Maßgaben von Bedeutung

Die Praxis der Finanzanalyse liefert die wesentlichen Vorgaben, die Relevanz des § 15 WpHG darzustellen und zu überprüfen. Die Finanzanalyse leitet Informationen zur Aktienbeurteilung aus der Rechnungslegung von Unternehmen ab.

Ergebnis pro Aktie

In jahrelanger Diskussion haben die Wertpapieranalysten die Methode zur realitätsgerechten Ermittlung des Ergebnisses pro Aktie von Unternehmen verschiedener Branchen ermittelt. Diese Methode ist auch auf die **Ermittlung kurserheblicher Tatsachen** gerichtet, im Kern also für die Beurteilung ad hoc-publizitätspflichtiger Vorschriften ideal geeignet.

Die Kurserheblichkeit und die Ermittlung des Ergebnisses nach DVFA/SG werden ausführlich im Kapitel IV samt Anhang erläutert.

1.2 Formaler Ablauf der Ad hoc-Publizität

1.2.1 Zeitabläufe berücksichtigen

Der zeitliche Ablauf von der Mitteilung von kursbeeinflussenden Tatsachen und deren Veröffentlichung wird in § 15 Abs. 2 und 3 WpHG ausreichend klar definiert:

»Bei Ad hoc-Tatsachen schreibt das Wertpapierhandelsgesetz vor, daß diese Tatsachen – nachdem sie der Börsengeschäftsführung und dem BAWe gemeldet wurden – über bei Kreditinstituten, Versicherungsunternehmen und sonstigen börsenzugelassenen Unternehmen weitverbreitete Informationssysteme zu veröffentlichen sind. Man bezeichnet dies auch als Herstellung der Bereichsöffentlichkeit. Eine Vorabinformation, zum Beispiel anläßlich eines Analystengesprächs, ist nicht statthaft, denn eine solche – noch so große – Konferenz stellt keine Bereichsöffentlichkeit dar. Entsprechendes gilt für Pressegespräche und -konferenzen mit Finanzjournalisten.«[1]

Nach Herstellung der Bereichsöffentlichkeit ist der Emittent frei, in jeder anderen Weise über die Information zu verfügen. Er kann sie also in Pressekonferenzen, Interviews, in persönlichen Gesprächen, Road-Shows, Analystengesprächen usw. einsetzen.

1 Dreyling (1997), S. 25.

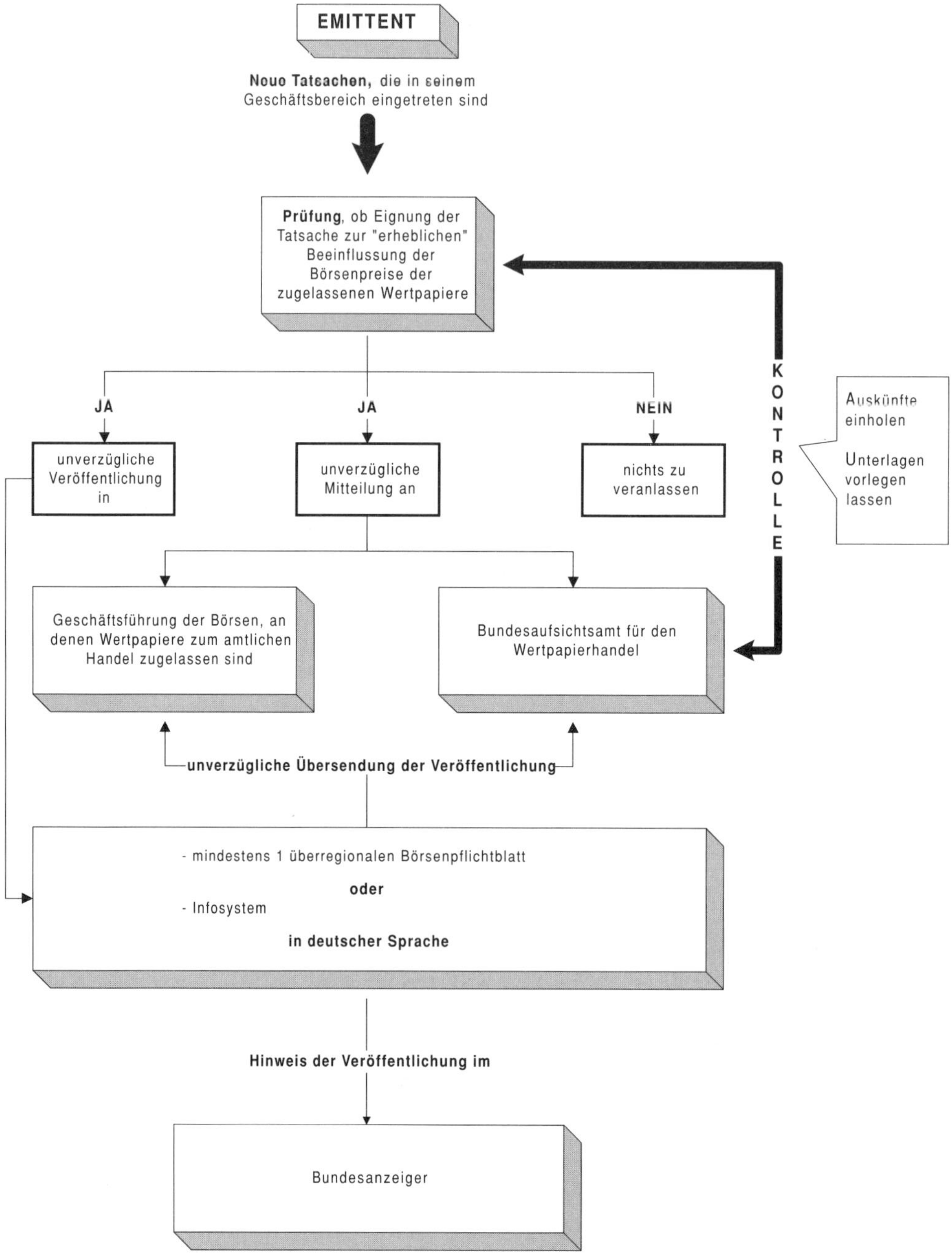

Abbildung 1: Formaler Ablauf der Ad hoc-Publizität

»Für die Veröffentlichung von sonstigen Insidertatsachen sieht das WpHG kein besonderes Verfahren vor. Grundsätzlich sind Insidertatsachen geheim zu halten, um ihre Ausnutzung durch das Tätigen von Insidergeschäften zu erschweren. Würden derartige Tatsachen Finanzjournalisten mitgeteilt, erhielten sie diese »bestimmungsgemäß«; sie würden zu Primärinsidern und unterlägen damit dem Verschwiegenheitsgebot. Das BAWe sieht allerdings die Information der Finanzjournalisten und eine Weitergabe der Nachricht durch die Presse unter dem Geschichtspunkt der im Grundgesetz verankerten Pressefreiheit als gerechtfertigt an, zumal die dann öffentliche Nachricht die beste Insiderprävention darstellt. **Um der Notwendigkeit einer schnellen und gleichmäßigen Verbreitung Rechnung zu tragen und der Gefahr zu begegnen, daß einzelne Journalisten die Information mißbräuchlich nutzen, empfiehlt das Amt die Veröffentlichung über elektronische Informationssysteme, die zeitgleich alle Redaktionen erreichen.**«[1]

1.2.1.1 Zeitspanne zwischen Mitteilung und Veröffentlichung

Zeitvorlauf

Nachdem die Börsen und das Bundesaufsichtsamt für den Wertpapierhandel die §-15er-Meldung erhalten, kann im Abstand von ca. 30 Minuten die Bereichsöffentlichkeit hergestellt werden. Zu der **Zeitspanne von 30 Minuten** ist anzumerken, daß sie ein **Ergebnis der bisherigen Diskussion** mit den Börsen ist; das Gesetz schreibt diese Frist nicht fest. Sie dient dem Ziel, den Börsen Gelegenheit zu geben, aufgrund der Bedeutung der Mitteilung den Handel eines Papiers entweder auszusetzen oder von einer Aussetzung abzusehen.

Handelsaussetzung ist Ausnahmefall in Deutschland

Auch bei den deutschen Börsen gilt die Maßgabe, daß Börsen zum Handeln da sind und nicht zur Handelsaussetzung; Aussetzungen sollten vielmehr Ausnahmefälle sein. Die US-amerikanische Handhabung, im Regelfall bei einer **Ad hoc-Meldung für 15 Minuten die Kursfeststellung auszusetzen**, ist angesichts der dort gehandelten weitaus größeren Volumina und des wesentlich breiteren Informationsflusses zu werten. In Deutschland wird bei einer Aussetzung oftmals Spektakuläres erwartet. Man kann die Börsenführung also verstehen, wenn sie der Aussetzung des Handels eines Papiers nicht gerne zustimmt. Im Regelfall kann deshalb jeder Emittent nach einer Meldung gemäß § 15 WpHG an die Börse davon ausgehen, daß nach Verstreichen von einer halben Stunde auf deren Veranlassung eine Aussetzung nicht stattfindet.

Handelsaussetzung ist Regelfall in USA

1 Dreyling (1997), S. 25.

Rückmeldung vom Aufsichtsamt

Eine Rückmeldung vom Aufsichtsamt oder von der Börse erfolgt im Falle des Unterbleibens einer Kursaussetzung nicht. Hat der Emittent einen Antrag auf Aussetzung oder Befreiung von der Aussetzung gestellt, dann wird er jedoch naturgemäß die Entscheidung des Aufsichtsamtes abwarten.

1.2.1.2 Wann gilt die Bereichsöffentlichkeit als informiert?

Bereichsöffentlichkeit durch elektronische Systeme

Der komplexe Ablauf führt in der Praxis zu dem Ergebnis, daß das Verfahren einschließlich der Herstellung der Bereichsöffentlichkeit nach § 15 Abs. 3 Satz 1 über elektronisch betriebene Informationsverbreitungssysteme erfolgen wird. Mit einer Anzeige nach § 15 Abs. 3 Nr. 1 WpHG in einem **überregionalen Börsenpflichtblatt** wird in der Praxis nicht zwangsläufig die gewünschte Öffentlichkeit hergestellt werden, selbst wenn die Forderung des Gesetzes mit einer solchen Anzeige erfüllt ist. Wird in Börsenpflichtblättern veröffentlicht, ist die **erforderliche Bereichsöffentlichkeit jedoch erst nach Erscheinen der Ausgabe** hergestellt. Bis dahin darf keine weitere Ver- oder Anwendung der Information stattfinden, was ebenfalls für die Nutzung elektronischer Medien spricht.

Etwa eine Stunde nach Eingang

In der Praxis fortschrittlicher Berichterstattung haben die elektronischen Medien nach § 15 Abs. 3 Nr. 2 WpHG also eindeutige Vorteile. Man sollte von einer **Veröffentlichung nach Einlieferung** etwa in einer Zeitspanne von bis zu **einer Stunde** ausgehen können. Dies ist jedoch keine rechtlich relevante Vermutung. In Spannungsfällen, auch bei langen Meldungen, muß der exakte Veröffentlichungszeitpunkt festgestellt werden, bevor ein Berufsangehöriger der Wertpapiersparte handeln darf.

Information für Allgemeinheit

Die **Meldepflicht beim Bundesanzeiger** hat das Ziel, die Veröffentlichung aus der Bereichsöffentlichkeit herauszuheben und der Allgemeinheit zugänglich zu machen. Hierbei handelt es sich nur um eine Hinweisbekanntmachung, mit der der Emittent auf die Originalmeldung hinweist. Auf die Veröffentlichung im Bundesanzeiger kann der Emittent naturgemäß nicht warten, wenn er weiter mit diesen Informationen arbeiten soll.

1.2.2 Nicht jede Veröffentlichung wirkt befreiend

1.2.2.1 Gesetz schreibt Ablauf vor

Dies vorausgeschickt gilt sowohl für die Mitteilungs- wie für die Veröffentlichungspflicht, daß der vom Gesetzgeber **vorgegebene Weg einzuhalten** ist und Abweichungen nicht gestattet sind.

Es gilt, daß nur später als in § 15 Abs. 3 Nr. 1 und 2 WpHG vorgeschrieben oder zeitgleich mit dieser Veröffentlichung über andere Medien die Tatsache verbreitet werden kann (§ 15 Abs. 3 Satz 2).

Hieraus folgt, daß die Nutzung einer Mitteilung neuer Tatsachen von Journalisten eines überregionalen Geschäftsblattes als Verbreitungsmedium **nicht ausreicht**, um die Rechtspflicht nach § 15 Abs. 3 zu erfüllen, auch dann nicht, wenn die kurserheblichen Informationen korrekt wiedergegeben werden.

1.2.2.2 Pressegespräch unzureichend

Mit dem Pressegespräch wird grundsätzlich die Bereichsöffentlichkeit **nicht automatisch** hergestellt. Die Mitteilungsauflagen werden jedoch bei der Publikation durch ein elektronisches Medium in jedem Fall befreiend erfüllt. Vom Ablauf der Vorgänge her ist die Mitteilungspflicht auf dem vorgeschriebenen Wege nach § 15 WpHG zu erfüllen.

Die typischen Informationsadressaten sind die aktuellen oder potentiellen Aktionäre und die Wertpapieranalysten als die wichtigsten Intermediäre der Kapitalmarktkommunikation. Sie haben ein Recht auf rechtzeitige Information, das ihrerseits durch das Verfolgen der einschlägigen Informationsmedien wahrgenommen wird. Überdies dient die Mitteilungspflicht nach § 15 WpHG der vorbeugenden Vermeidung von Insiderdelikten, was bei der Auslegung der Vorschrift zu bedenken ist.

1.2.3 Wann publizieren?

Vor 8.30 Uhr oder nach 17.00 Uhr

Kursbeeinflussende, neue Tatsachen werden in den USA fortlaufend publiziert, während für Deutschland die Deutsche Börse AG eine Veröffentlichung vor 8.30 Uhr oder nach 17.00 Uhr empfiehlt. In Deutschland sind **Aussetzungen des Handels ein außergewöhnlicher, fast dramatischer Vorgang**, während in US-Amerika die kurzfristige Handelsaussetzung eher einen normalen Routinevorgang darstellt.

Solange in Deutschland Aussetzungen des Handels eine außergewöhnliche Unterbrechung darstellen, ist die Empfehlung, publizitätspflichtige Tatsachen morgens möglichst früh oder abends möglichst spät zu veröffentlichen, also außerhalb der Handelszeiten an deutschen Börsen,[1] sachgerecht. Da in Zukunft immer mehr Unternehmen an mehreren Börsen gelistet sein werden,

1 Detaillierte Informationen zu den Handelszeiten an der FWB im Parketthandel, in IBIS und an der DTB finden sich unter Punkt 2.11 dieses Kapitels.

wird der Sektor börsenfreien Handels immer kleiner und die Veröffentlichung während der Börsenhandelszeit mit kurzzeitiger Handelsaussetzung zur Normalität gehören.

1.2.4 Abwicklung regelmäßiger Publikationen

Die Reihenfolge der Abwicklungsschritte zwischen der Erfüllung der Mitteilungspflicht und der Veröffentlichungspflicht gilt **nur für neue Tatsachen** und deswegen nicht automatisch für die Versendung von Geschäftsberichten, Zwischenberichten und Quartalsberichten. (Zu den regelmäßigen Publikationen sei auf Kapitel II: Regelmäßige Kommunikation verwiesen)

Enthalten Geschäftsberichte, Zwischenberichte und Quartalsberichte jedoch neue Tatsachen, ist das Procedere des § 15 WpHG einzuhalten. Gibt der Emittent von Geschäftsberichten und Zwischenberichten Kurzfassungen heraus, sind sie dem Amt und den Börsen zu überlassen.

1.3 Informationsmanagement

1.3.1 Formale Vorgaben beeinträchtigen Unternehmensziele

Unternehmen sollen alle Aktionäre und potentiellen Anleger, sowohl national als auch international, in gleicher Weise informieren. Die durch das Gesetz **stark formalisierte Veröffentlichungspflicht** der neuen Tatsachen bedarf regelmäßig der Erläuterung insbesondere gegenüber den Privatanlegern und auch nicht elektronisch vernetzten Investoren oder Wertpapieranalysten. Gerade deshalb sind Pressekonferenzen und DVFA-Gespräche, Einzelgespräche und Road-Shows nach wie vor erforderlich, wenn nicht noch dringender als zuvor. Die in solchen Veranstaltungen gegebenen **Informationen** über den strategischen Background sind unverzichtbar für die schnelle und sachgerechte Einordnung der ad hoc und üblicherweise ohne erläuternden Kontext publizierten Tatsachen, wenn mit den kurserheblichen Tatsachen auch Änderungen der strategischen Ausrichtung verbunden sind.

Erläuterungen notwendig

Liegen kursrelevante Tatsachen vor, müssen solche Maßnahmen jedoch ganz besonders die Erfüllung der Veröffentlichungspflicht nach § 15 Abs. 3 WpHG berücksichtigen. Sie erfolgen damit dann auch nach Möglichkeit ganz kurz nach Mitteilung und Veröffentlichung entsprechend WpHG. Die **Nutzung elektronischer Dienste** zur Erfüllung der Veröffentlichungspflicht erhöht

Zeitpunkt

den Handlungsrahmen für Unternehmen: So kann beispielsweise eine Analystenkonferenz **recht kurzfristig** nach »Vorliegen der Tatsache« durchgeführt werden. Bei global gestreutem Aktionärskreis sind auch Telefonkonferenzen sinnvoll.

1.3.2 Freistellung von der Veröffentlichungspflicht

Wettbewerbsnachteile

Ergeben sich aus der Publizierung einer neuen Tatsache Wettbewerbsnachteile, kann der Emittent nach § 15 Abs. 1 Satz 2 beim Bundesaufsichtsamt beantragen, **von der Veröffentlichungspflicht freigestellt** zu werden.

Berechtigte Interessen

Das Bundesaufsichtsamt ist verpflichtet, dem Antrag stattzugeben, **wenn »die Veröffentlichung geeignet ist, den berechtigten Interessen des Emittenten zu schaden«**. Die bloße Behauptung von Wettbewerbsnachteilen genügt als Beweis wohl nicht.

Restriktive Auslegung

Diese Formel »berechtigte Interessen« ist dem Europarecht entnommen. Ob für die Ausfüllung dieses unbestimmten Rechtsbegriffes allein **Wettbewerbsnachteile** ausreichen, läßt sich nicht allgemein positiv beantworten. Diese Bestimmung des § 15 Abs. 1 S. 2 WpHG ist wegen der Freistellungspassage bei der SEC in Washington angemerkt worden. Die Orientierung deutschen Insiderrechtes an der Akzeptanz im angelsächsischen Rechtsbereich wirkt auf die Ausnahmegenehmigung restriktiv. Das Amt wird die Gewährung von Freistellungen restriktiv handhaben.

Auch aus dem Rechnungslegungsrecht können Anhaltspunkte dafür entnommen werden, daß die bloße Wettbewerbsbenachteiligung für Ausnahmegenehmigungen nicht ausreicht: In der Debatte der 60er Jahre um die Umsatzpublizität im Rechnungslegungsrecht wurde Dispens vom Umsatzbruttoausweis gefordert und der Nettoausweis - also nach Saldierungen - für wettbewerbsneutraler gefordert.

In den USA wurde das »Confidential Treatment of Information Required by the Securities Exchange Act« mit der Begründung der Wettbewerbsschädlichkeit gefordert - ohne Erfolg. Das Gegenargument lautet, daß der Wettbewerber der **gleichen Mitteilungspflicht** unterliegt und damit Wettbewerbsneutralität bestehe.

Wettbewerb nicht börsennotierter Gesellschaften

Es wird also eine Güterabwägung entschieden. Es ist deshalb empfehlenswert, etwaige Ausnahmegesuche nach § 15 Abs. 1 S. 2 WpHG **präzise und konkret zu begründen** und vor allem darzulegen, daß der Wettbewerb auch oder sogar vornehmlich von nicht börsennotierten Gesellschaften herkommt.

1.3.3 Vorgeschriebene Wege einhalten

Eine wichtige Frage ist, ob Primärinsider außerhalb des Unternehmens die Öffentlichkeit gegen den Willen des Unternehmens herstellen können.

Das Gesetz beantwortet die Fragen in § 15 Abs. 3 Satz 2 WpHG: »Eine Veröffentlichung in anderer Weise darf nicht vor der Veröffentlichung nach Satz 1 erfolgen.« In Satz 1 ist die Veröffentlichung in einem überregionalen Börsenpflichtblatt oder über ein elektronisch betriebenes Informationsverbreitungssystem vorgeschrieben, und kein anderer Weg ist vor diesem zu beschreiten. Wenn also **ein anderer Primärinsider** zum Beispiel den **Markt** über laufende Fusionsverhandlungen **informiert**, ist dies **keine Erfüllung** der dem Emittenten obliegenden Veröffentlichungspflichten. Der Weg des § 15 Abs. 3 WpHG ist grundsätzlich einzuhalten. Auch DVFA-Unternehmensgespräche stellen keine Erfüllung der Veröffentlichungspflichten nach § 15 Abs. 3 WpHG dar, sondern sind »andere Veröffentlichungen«, die nachzeitig zu erfolgen haben.

Pflicht des Emittenten

Wenn zum Beispiel während der Fusionsverhandlung der andere potentielle Fusionspartner die Nachricht publiziert, erfüllt er damit nicht die Veröffentlichungspflicht nach § 15 Abs. 3 WpHG, jedenfalls nicht für den ersten Primärinsider. Überdies handelt er möglicherweise treuewidrig, vielleicht begeht er sogar eine unerlaubte Handlung.

Diese Sequenz des Gesetzes hat für den Privatanleger Nachteile: **Er wird später als die institutionellen Anleger unterrichtet**, die über elektronische Info-Systeme verfügen.

Die Ad hoc-Publizität wird in vielen Fällen ohne Pressekonferenz etc. erfolgen, aber für Anleger Erklärungsbedarf mit sich bringen. Aus dieser immer häufiger auftretenden Konstellation ist zu schließen, daß die inländischen Anleger künftig in gleichem Umfang wie internationale Anleger die **Investor Relations** der Gesellschaften nutzen werden.

1.3.4 Akquisitionen und ähnliche Verhandlungen

Akquisitionsvorgänge erstrecken sich häufig über einen längeren Zeitraum, und in über 80% der Fälle werden die Verhandlungen wieder abgebrochen. Hierbei tritt üblicherweise die Frage auf, ob ein »Letter of intent« und ähnliche Vereinbarungen

- vor rechtsgültiger Unterzeichnung des Kaufvertrages und
- vor Zustimmung der Aufsichtsgremien der betroffenen Unternehmen

den Auflagen der Ad hoc-Publizität folgen müssen.

Solange **Verhandlungen** über eine Fusion oder eine sonstige unternehmensrechtliche Verbindung zwischen zwei Gesellschaften laufen, ist hierüber nichts zu publizieren. Die Ad hoc-Publizität stellt auf gegebene Tatsachen, insbesondere auf **gegebene Rechtstatsachen** ab, nicht aber auf möglicherweise in Zukunft eintretende Ereignisse. Die im angelsächsischen Kapitalmarktrecht gelegentlich irritierende Komplexität der Frage, ab wann über Verhandlungen zu berichten ist, ist mit § 15 WpHG definitiv im Sinne der Rechtstatsache entschieden.

Vereinbarung

Rechtliche Verpflichtung

Bei einem »**Letter of intent**« kommt es darauf an, welchen inneren Gehalt man diesem zumißt. Enthält er eine rechtliche Verpflichtung, etwa ein Angebot für den Ankauf einer Tochtergesellschaft, ist hierüber **in jedem Fall zu berichten**, wenn Kursrelevanz unterstellt werden kann. Enthält er nur eine Absichtserklärung, in den Verhandlungen und Gesprächen fortzufahren, ist ein solcher »Letter of intent« **unverbindlich** und beinhaltet nur die schriftliche Fixierung dessen, was zwischen den Gesprächsteilnehmern ohnehin selbstverständlich ist, nämlich daß sie in Gesprächen herauszufinden versuchen, ob sie ihre gegenseitigen Interessen zum Ausgleich bringen können.

oder

nur Absichtserklärung

1.3.5 Relevanz der Marktmeinung

Prognostizierte Unternehmensentwicklung

In der Praxis tritt auch die Frage auf, ob von Wertpapieranalysten erstellte, »erheblich« zu positive oder zu negative Prognosen vom Emittenten kommentiert werden müssen, wenn die Unternehmensentwicklung einer solchen Prognose nicht oder nicht mehr folgt.

Wenn Prognosen in Wertpapieranalysen geändert werden, ist zu unterscheiden, ob es sich um **Bewertungsdifferenzen zur früheren Analyse bei gleichen Fakten** handelt **oder ob neue Fakten verarbeitet** wurden.

Bei Wertungsdifferenzen zur früheren Analyse bei gleichen Fakten geht es um keine insiderrechtliche Fragestellung, denn Insiderrecht befaßt sich nicht mit **Wertungen und persönlichen Meinungen**, sondern nur mit Fakten. Ist die neue Prognose in der Wertung anders als die frühere, ist Insiderrecht nicht tangiert.

Ob die Unternehmensentwicklung der Prognose folgt oder nicht, ist insiderrechtlich eine Wertungsdifferierung, auf die die

Rechtsordnung keinen Einfluß hat. Das Unternehmen kann andererseits auch juristisch nicht »gezwungen« werden, zu Wertungen der Wertpapieranalysten, seien sie angemessen, zu positiv oder zu negativ, Stellung zu nehmen. Gleichwohl empfiehlt es sich, schon aus Eigeninteresse der Unternehmung, allzu krassen Fehleinschätzungen von Wertpapieranalysten dadurch vorzubeugen, daß **rechtzeitig und umfassend** informiert wird, auch bezüglich des Kontextes von Einzelinformationen und Bewertungen. Wie sich umgekehrt der Wertpapieranalyst auf eine abweichende Stellungnahme des Unternehmens zu seiner (neuen) Prognose einstellt, ist eine Frage der Überzeugungskraft der jeweiligen Argumente, jedenfalls keine Rechtsfrage. Die Praxis **professioneller Investor Relations** zeigt jedoch, daß die Analysteneinschätzungen um so **realistischer** sind, je besser die Wertpapieranalysten das Unternehmen, seine Ressourcen, Absichten und Ziele verstehen. Und dies liegt dann verständlicherweise begründet in der eher **kontinuierlichen und breiten als auch tiefen Informationsabgabe** des Unternehmens.

Fehleinschätzungen vorbeugen

In Kapitel IV sind einige Beispiele aufgeführt, die die Relevanz der Marktmeinung auf den Aktienkurs zu vertiefen versuchen. Damit sollen auch weitere Anhaltspunkte gegeben werden für die mögliche »Kursrelevanz von Tatsachen«.

1.3.6 Analystenkonferenzen[1]

Die DVFA-Analystenkonferenzen sind Erfüllung von **Informationspflichten von Wertpapierdienstleistungsunternehmen gegenüber ihren Kunden**. Diese Analystenbesuche sind in einem weiteren Sinne § 31 Abs. 1 Nr. 1 und Abs. 2 Nr. 2 WpHG zuzuordnen.

Die DVFA-Analystenkonferenzen sind über den Dienst am Kunden hinausgehend auch eine **Dienstleistung gegenüber dem deutschen Kapitalmarkt** schlechthin, um diesen Markt international vergleichbar zu machen, was ja ebenfalls zentrales Anliegen des WpHG ist. Denn in allen anderen Ländern, insbesondere den angelsächsischen Ländern, sind solche Analystenbesuche üblich, weil die Wertpapieranalysten die wichtigsten professionellen Multiplikatoren am Markt sind.

Keine neuen Tatsachen

Im WpHG sind diese Analystenbesuche weder erwähnt, geschweige denn geregelt. Dies ist auch nicht erforderlich, weil prinzipiell die **Wertpapieranalysten-Fachgespräche insiderrechtlich**

1 Details zu DVFA-Analystenkonferenzen finden sich in Kapitel II, Punkt 2.

unbedenklich sind, wenn in ihnen in der Sache keine anderen Zahlen oder Sachverhalte berichtet werden als in den öffentlich bekannt gemachten Tatsachen, sondern solche allenfalls **detaillierter** betrachtet werden.

Nicht im Tätigkeitsbereich des Emittenten

Die Vorstandsmitglieder vermitteln den Wertpapieranalysten vornehmlich einen persönlichen **Eindruck von ihrer Kompetenz und Einsatzfreude**. Wenn sie allgemeine **Ausführungen über die Branche** und ihre Probleme, aber auch ihre Chancen geben, sind dies Informationen, die nicht im Tätigkeitsbereich »des Unternehmens eingetreten sind oder eintreten werden«, sondern in der Volkswirtschaft insgesamt. Auch Informationen zu den **speziellen Märkten**, in denen der Emittent tätig ist, gehören hierher und sind keine neuen Tatsachen.

Detaillierte Informationen

Im betriebswirtschaftlichen Feld erwarten die Wertpapieranalysten qualitative Informationen, »soft information«, die regelmäßig nicht neu, aber breiter sind als das, was in der Presse steht, und die keinen unmittelbaren und direkten zeitlichen Einfluß auf die Kursbildung haben und damit keine Insiderinformationen sind. Solche Informationen sind beispielsweise:

- Erläuterung und Diskussion des bisher Erreichten
- Aufzeigen und Erläuterung von Zielabweichungen
- Darlegung und Diskussion von Strategien; insbesondere Investitions-, Diversifikations- und Kernbereichsstrategien
- Diskussion der Stellung des Unternehmens im gegenwärtigen und zukünftigen wirtschaftlichen (Wettbewerbs-)Umfeld
- sozial-, umweltpolitische Ausrichtung
- Unternehmenskultur.

Sekundärinsider

Erst **wenn diese Bereiche verlassen** werden und der Emittent neue quantitative Tatsachen den Wertpapieranalysten bekanntgibt, die auf die Vermögenslage, die Finanzlage, die Ertragslage oder den allgemeinen Geschäftsverlauf erheblich einwirken, müssen die Maßgaben des Insiderrechts gelten. Insoweit unterscheiden sich die DVFA-Besuche der Wertpapieranalysten in nichts von allen anderen Berührungen des Vorstandes eines Emittenten mit der Öffentlichkeit oder mit einzelnen Dritten. Erst unter den vorgenannten Umständen werden aus Sicht der DVFA die Wertpapieranalysten zu Sekundärinsidern im Sinne von § 14 Abs. 2 WpHG.[1] Sie dürfen dann weder direkt noch indirekt Handelsgeschäfte in diesem Wertpapier vornehmen oder veranlassen.

1 Diese Auffassung steht der des BAWe entgegen (s. DVFA-Standesrichtlinien S. 109, Fn. 1).

Um diese Konsequenz auszuschalten, veranlaßt die DVFA die Emittenten vor dem Analystenbesuch, daß neue kurserhebliche Tatsachen, die mitgeteilt werden sollen, **zuvor** den vom Gesetz vorgeschriebenen Weg in die Öffentlichkeit nehmen. Die Wertpapieranalysten erhalten somit während ihres Besuches Kenntnis von einer beim Amt und bei der Börse, möglicherweise auch schon bei den elektronischen Systemen befindlichen Nachricht, also einer öffentlich bekannten Tatsache. Deshalb ist ebenfalls die Geschäftsführung der DVFA bei jedem Analystengespräch anwesend, um rechtliche Probleme, die trotz der sorgfältigen Vorbereitung auftreten können, jederzeit gesetzeskonform zu bewältigen. (Siehe dazu auch Kapitel II: Regelmäßige Kommunikation).

1.4 Verhältnis § 15 WpHG zu Meldepflichten aufgrund einer Börsennotierung im Ausland

1.4.1 Implikationen der US-amerikanischen Regelung auf die Auslegung von § 15 WpHG[1]

Das US-amerikanische Wertpapierrecht kennt als Voraussetzung einer Ad hoc-Publizitätspflicht nicht den Begriff »... **wegen der Auswirkung auf die Vermögens- und Finanzlage oder auf den allgemeinen Geschäftsverlauf des Emittenten** ...« Deshalb kann insoweit nicht auf das US-amerikanische Recht zurückgegriffen werden, um Anhaltspunkte für eine Konkretisierung des § 15 Abs. 1 WpHG zu finden. Allerdings werden Ereignisse, die als ***material*** gelten, regelmäßig auch Auswirkungen auf die Vermögens- und Finanzlage oder auf den allgemeinen Geschäftsverlauf des Emittenten haben. Dies zeigt sich daran, daß die Ereignisse, die nach dem Leitfaden der Deutsche Börse AG über die Ad hoc-Publizitätspflicht derartige Auswirkungen haben können, zum großen Teil mit denjenigen übereinstimmen, die die einzelnen US-amerikanischen Börsenrichtlinien regelmäßig als publizitätspflichtig ansehen.

Demgegenüber ist das Tatbestandsmerkmal »**Eignung einer Tatsache zur erheblichen Kursbeeinflussung**«, an dessen Vorliegen die Publizitätspflicht nach § 15 Abs. 1 WpHG ebenfalls geknüpft ist, mit dem US-amerikanischen ***Materiality-Grundsatz*** vergleichbar. Beide Konzepte enthalten keinen abschließenden Einzelfallkatalog, sondern basieren auf unbestimmten Rechtsbegriffen, deren Konkretisierung mangels (ausreichender) normativer Be-

1 Darstellung folgt Gruson/Wiegmann (1995), S. 180f.

stimmungen dem Richterrecht obliegt. Sowohl das Kursbeeinflussungspotential einer Tatsache als auch ihre Wesentlichkeit nach US-amerikanischem *disclosure standard* bemessen sich hiernach nach objektivem Maßstab. Ferner setzt die Feststellung, ob eine Information die Kriterien hierfür erfüllt, in beiden Fällen eine Berücksichtigung aller konkret vorliegenden und absehbaren Umstände des jeweiligen Einzelfalls voraus, ohne daß eine genaue und quantitative Grenzziehung zwischen kursbeeinflussenden und nicht kursbeeinflussenden bzw. wesentlichen und nicht wesentlichen Tatsachen möglich wäre.

Wichtiger ist jedoch, daß eine nach US-amerikanischem disclosure standard »wesentliche« Tatsache - eine Tatsache, die ein **vernünftiger Investor im Rahmen seiner Investmententscheidung** für erheblich erachtet hätte - regelmäßig auch geeignet ist, im Falle ihrer Bekanntgabe erhebliche Kursänderungen nach sich zu ziehen. Dementsprechend wurden nachträgliche Kursschwankungen von US-amerikanischen Gerichten in älteren Entscheidungen regelmäßig als Indiz für die Wesentlichkeit einer Tatsache angesehen.

Darüber hinaus berücksichtigen vernünftige Investoren insbesondere solche Unternehmensinformationen (= »wesentliche« Tatsachen), die aus ihrer Sicht für die Zukunft eine erhebliche Änderung des Marktpreises der Wertpapiere dieses Unternehmens erwarten lassen, d. h. die zur erheblichen Kursbeeinflussung geeignet sind. Prognostiziert nämlich ein Investor aufgrund der ihm zur Verfügung stehenden Informationen einen Preisanstieg der Wertpapiere eines Unternehmens, so wird er eher an dem Kauf solcher Papiere interessiert sein und umgekehrt an einem Verkauf von Wertpapieren, wenn die ihm offengelegten Informationen, die die Basis seiner Prognose bilden, eher Umsatz- und Gewinnrückgänge des Unternehmens und damit Kusverlust nahelegen.

Beinhaltet demzufolge die Festlegung, ob eine konkrete Tatsache »wesentlich« (*material*) ist oder zur erheblichen Kursbeeinflussung geeignet ist, prinzipiell die gleiche Analyse, so lassen sich anhand der beschriebenen praktischen Handhabung des US-amerikanischen Materiality-Grundsatzes auch Anhaltspunkte dafür ableiten, welche Art von Unternehmensereignissen unter welchen Voraussetzungen das wichtigste Tatbestandsmerkmal des § 15 Abs. 1 WpHG erfüllen können.

Die US-amerikanische Ad hoc-Publizitätspflicht bietet infolge der aufgezeigten Parallelität zur deutschen Regelung Richtlinien für deren praktische Anwendung. Insbesondere dürften sich für Unternehmen wertvolle Hinweise zur Erfüllung der gesetzlichen Ad hoc-Publizitätspflicht aus der umfangreichen und **detaillier-**

ten Rechtsprechung zur Wesentlichkeit von Übernahmeverhandlungen und geplanten Umstrukturierungen ergeben, da damit zu rechnen ist, daß diese Gesichtspunkte auch im Rahmen des § 15 WpHG eine wesentliche Rolle spielen.

Eine wichtige Bedeutung im Rahmen der Ad hoc-Publizitätspflicht des § 15 WpHG dürfte ebenfalls die Pflicht zur Offenlegung von erheblichen illegalen bzw. unredlichen Unternehmensaktivitäten haben, so daß auch insoweit auf den Materiality-Grundsatz des US-amerikanischen Rechts zurückgegriffen werden kann. Schließlich erfordert die (mit-)angestrebte Verbesserung der Transparenz des deutschen Wertpapiermarktes eine Interpretation des § 15 WpHG, die auch eine Pflicht zur **Aktualisierung und/oder Korrektur** von früher veröffentlichten Informationen beinhaltet.

Der Umfang und der Anwendungsbereich des § 15 WpHG sind mit denen der einzelnen **US-amerikanischen Börsenrichtlinien** vergleichbar. Dagegen bestehen erhebliche Unterschiede zwischen der deutschen Regelung und der beschränkten Ad hoc-Publizitätspflicht nach dem US-Recht. Einerseits unterliegen nicht alle der in dem Formblatt *Form 8-K* (sog. *current report*) genannten Sachverhalte der Publizitätspflicht des § 15 Abs. 1 WpHG, da dieses Formblatt auch Unternehmensereignisse als publizitätspflichtig erachtet, die sich nicht (unmittelbar) auf die Vermögens- und Finanzlage oder auf den allgemeinen Geschäftsverlauf eines Unternehmens auswirken.

So faßt der **Leitfaden der Deutsche Börse AG**, der einen – nicht abschließenden – Katalog von Ereignissen mit derartigen Auswirkungen enthält, einen Wechsel des Wirtschaftsprüfers nicht explizit als eine publizitätspflichtige Tatsache auf. Ferner enthält der Leitfaden im Gegensatz zum Formblatt Form 8-K einen **Wechsel des Geschäftsjahres** des Unternehmens nicht als ein berichtspflichtiges Ereignis. Die US-amerikanische Regelung läßt sich damit erklären, daß die Ad hoc-Publizitätspflicht als Ergänzung zu den im Vordergrund stehenden periodischen Berichterstattungspflichten angesehen wird, auf die sich ein Wechsel des Geschäftsjahres auswirkt, indem sich die Abschlußstichtage für die Offenlegung der Jahres- und Quartalsabschlüsse ändern.

Des weiteren stellt nach deutschem Recht eine **Veränderung in der Unternehmenskontrolle** zwar ein insiderrelevantes, anscheinend aber kein publizitätspflichtiges Ereignis dar. Andererseits ist der im Formblatt Form 8-K genannte Katalog publizitätspflichtiger Tatsachen im Hinblick auf die Vielzahl von Unternehmensereignissen, die Auswirkungen auf die Vermögens- und Finanzlage oder auf den allgemeinen Geschäftsverlauf eines Unternehmens haben und zur erheblichen Kursbeeinflussung geeignet sind, zu eng. Während § 15 WpHG lediglich Unternehmen erfaßt, deren Wertpapiere zum Handel an einer inländischen Börse zugelassen sind, gelten die periodischen und die Ad hoc-Publizitätspflichten des SEA auch für den freihändigen Verkauf von Wertpapieren, sofern diese gemäß § 12 SEA oder § 5 SA registrierungspflichtig sind. Als Ergebnis kann demzufolge insoweit festgehalten werden, daß das US-amerikanische Regelungssystem eine größere Anzahl von Unternehmen als § 15 WpHG erfaßt.

1.4.2 Fallbezogene Kommunikation in Großbritannien

1.4.2.1 Gesetzliche Rahmenbedingungen

Behandlung kursrelevanter Informationen in Großbritannien
Die britischen Vorschriften zur Behandlung kursrelevanter Informationen durch das Unternehmen entsprechen ihrem Wesen nach weitestgehend den im § 15 des WpHG zur Ad hoc-Publizität formulierten deutschen Vorschriften. Unterschiede bestehen allerdings in Details der Abwicklung.

Informationspflicht in Großbritannien
Sind in einem Unternehmen kursrelevante (»price sensitive«) Informationen entstanden, so muß die Londoner Börse über ihr **Company Announcements Office** unverzüglich informiert werden, bevor die Nachricht an individuelle Adressaten (einzelne Medien, Wertpapieranalysten, Aktionäre) weitergegeben wird.

Die Forderung nach unverzüglicher Bekanntmachung neuer kursrelevanter Tatsachen entspricht der Regelung in Deutschland.

Außerhalb der Börsenzeiten und am Wochenende müssen Ankündigungen vor oder zeitgleich mit der Information der Medien dem Company Announcements Office zugestellt werden.

Das Company Announcements Office leitet die kursrelevanten Informationen, die ihm von den Unternehmen zugegangen sind, über einen eigenen Dienst, den **Regulatory News Service** (RNS) der Londoner Börse, zu Selbstkosten in vollem Umfang im Namen des Unternehmens an die RNS-Teilnehmer weiter. RNS-Teilnehmer sind Reuters, ExTel, Bloomberg, Commercial Company News Service (CCNS).

Diese Dienste stehen untereinander in **direktem Wettbewerb** bei der Weiterleitung der Meldungen an die Öffentlichkeit.

Die Aufgaben des RNS umfassen Entgegennahme, Validierung und Veröffentlichung der von den Unternehmen gemäß den einschlägigen Vorschriften (Continuing Obligations of Listing, USM general undertaking) gemeldeten kursrelevanten Tatsachen. Insbesondere ist der RNS dafür zuständig, daß möglicherweise kurssensible Informationen über das RNS-Teilnehmer-Netz schnell an den Markt weitergeleitet werden. Das meldende Unternehmen selbst kann darüber hinaus zeitgleich mit der Information des RNS oder später zusätzlich weitere Newswires und Print-Medien informieren.

Eine der wichtigsten Leistungen des RNS ist der computergestützt arbeitende **Announcement Validation Service** (AVS), der im Zuge der Validierung der erhaltenen Bekanntmachungen deren Authentizität bestätigt. Nach erfolgter Validierung wird die Bekanntmachung verarbeitet und anschließend simultan allen RNS-Teilnehmern übermittelt.

Die Listing Rules der Londoner Börse sehen darüber hinaus vor, daß jede Meldung neben dem Company Announcements Office auch wenigstens zwei überregionalen Zeitungen und zwei Nachrichtenagenturen zugestellt wird. Weitere Veröffentlichungsverpflichtungen bestehen nicht.

Arbeitsweise des RNS

Der RNS arbeitet in Echtzeit und benötigt für die Bearbeitung einer auf elektronischem Wege erhaltenen Meldung maximal 10 Minuten, für die Bearbeitung von Meldungen, die als Hard Copy eingegangen sind, maximal 25 Minuten.

Um Übertragungsfehler zu vermeiden, wird empfohlen, Meldungen dem RNS nicht per Telefax zuzustellen. Besteht jedoch keine andere Kommunikationsmöglichkeit, so werden auch Telefax-Informationen akzeptiert. Weitere Informationen über den RNS-Dienst können unter der Nummer ++44 171 588 6058 erfragt werden.

Die wichtigsten Unterschiede zur Ad hoc-Publizität in Deutschland

Die Unterschiede zwischen der Regelung in Großbritannien und in Deutschland sind im wesentlichen auf folgende Punkte beschränkt:

- Die Meldung kursrelevanter Tatsachen muß nur an eine Stelle – das **Company Announcements Office** der Londoner Börse – erfolgen. Zusätzlich muß das Unternehmen aufgrund der Listing Rules wenigstens zwei überregionale Tageszeitungen und zwei Nachrichtenagenturen informieren. Da eine mögliche Reaktion des Company Announcements Office nicht abgewartet zu werden braucht, ist es dem Unternehmen freigestellt, unmittelbar nach Information des Company Announcements Office sowie der erwähnten zwei überregionalen Tageszeitungen und zwei

Nachrichtenagenturen die Meldung an beliebige weitere Medien und andere Adressaten zu streuen.

- Bei unerwarteten Entwicklungen oder Ereignissen, etwa bei einem plötzlichen, erheblichen Verlust aufgrund aktueller Wechselkursentwicklungen, bei denen normalerweise eine unverzügliche Meldung erforderlich wäre, kann in Großbritannien eine kurze Verzögerung akzeptiert werden, wenn diese erforderlich ist, um die Situation zu klären. Die Entscheidung hierfür liegt beim Unternehmen. Demgegenüber müßte in Deutschland die Zustimmung zur späteren Veröffentlichung beantragt werden.
- Werden in Großbritannien kursrelevante Informationen versehentlich an einzelne Gesprächspartner weitergegeben, ohne daß zuvor das Company Announcements Office unterrichtet worden ist, so muß wie in Deutschland unverzüglich eine entsprechende Nachmeldung erfolgen.
- In Großbritannien werden für Mitglieder des Board ›**Close Periods**‹ vor der offiziellen Meldung einer kursrelevanten Tatsache an das Company Announcements Office festgesetzt. Während dieser Close Periods dürfen Board-Mitglieder Wertpapiere ihrer Gesellschaft weder erwerben noch abgeben.
- Im Gegensatz zu Deutschland wird in Großbritannien bewußt auf die Faustregel einer prozentualen – zum Beispiel fünfprozentigen – Kursänderung als Kriterium für Kursrelevanz verzichtet, da die Vielzahl unterschiedlichster Faktoren sich nicht auf einen »gemeinsamen Nenner« reduzieren läßt (Broschüre der Londoner Börse ›Guidance on the dissemination of price sensitive information‹).
- Besteht die Möglichkeit, daß Wertpapieranalysten oder Journalisten bei ihren Recherchen im Laufe der Zeit genügend Informationen zusammengetragen haben, um eine im großen und ganzen richtige Firmenanalyse beziehungsweise Pressemeldung verfassen zu können, so soll das betreffende Unternehmen durch Herausgabe einer eigenen Meldung sicherstellen, daß die jeweiligen Informationen in richtiger Form auf breiter Basis verfügbar sind.
- Beabsichtigt ein Unternehmen, vertrauliche kursrelevante, noch nicht bekanntgemachte Informationen etwa an Großaktionäre oder Verhandlungspartner weiterzugeben, so werden die Adressaten mit ihrer Zustimmung zu Insidern erklärt, was bedeutet, daß ihnen Transaktionen in Titeln des Unternehmens so lange verwehrt sind, bis die betreffenden Informationen gemäß dem vorgeschriebenen Prozedere veröffentlicht sind.

Die britischen Behörden verfahren wie folgt, um Fälle von Insiderhandel aufzuklären:
Dabei besteht das erklärte Ziel dieser Aktivitäten darin, Investoren vor den Auswirkungen von Handelsaktivitäten zu schützen, die aufgrund von nicht veröffentlichten kurssensitiven Informationen erfolgt sind. Die Börse wird immer dann intervenieren, wenn die aktuelle Entwicklung einer Aktie plötzlich bestimmte, auf der Basis normaler Kursvolatilität festgelegte Kriterien nicht mehr erfüllt.

Im Zuge der Untersuchung der Frage, ob der Kursanstieg einer Aktie auf durch Lecks »durchgesickerten« kurssensiblen Unternehmensinformationen beruht, kann die Börse eine »**Alert**«-Mitteilung mit der Warnung an den Markt herausgeben, daß die betreffende Aktie derzeit aktiv untersucht wird. Alternativ besteht auch die Möglichkeit, dem Handel mit diesem Titel den Status »**indicative**« zu geben: Dies führt dazu, daß die Verpflichtung der Market Maker aufgehoben wird, feste Preise und Mengen anzugeben, zu denen sie eine Transaktion abzuschließen bereit sind. Die dritte Alternative besteht darin, den Handel mit der betreffenden Aktie zu unterbrechen (**halt**), woraus sich gegebenenfalls eine Aussetzung (**suspending**) der Börsennotierung ergeben könnte.

Diese heute praktizierte Vorgehensweise ist allerdings keineswegs perfekt und weist eine Vielzahl von Mängeln auf: So wird sie zumindest in der Anlaufphase keineswegs mehr Fälle von Insiderhandel aufdecken, von denen viele nicht einmal einen Kurssprung auslösen. Statt dessen wird eine wesentlich größere Gruppe von Aktienkäufen erfaßt, die einfach aufgrund unsubstantiierter Gerüchte zustande gekommen sind.

Von diesen Maßnahmen gehen möglicherweise auch eigenständige Risiken für den Markt aus, da die Börse selbst ebenfalls kurssensible Informationen – zum Beispiel die Meldung, daß ein Titel untersucht wird (»under investigation«) – an den Markt herausgeben wird. Außerdem wird vergleichsweise leichtfertig das Prinzip aufgegeben, daß der Handel nur in Extremfällen unterbrochen werden sollte: Auch dieses Prinzip trägt maßgeblich zum Schutz der Anleger bei.

Zahlreiche Börsenbeobachter vertreten den Standpunkt, der bessere Weg zum Schutz der Anleger bestünde darin, alle Marktteilnehmer davon zu überzeugen, daß Insiderhandel erkannt und bestraft wird. Dies würde sicherlich auch voraussetzen, daß der Prozentsatz erfolgreich abgeschlossener Verfahren gegen Insider ansteigt. In diesem Zusammenhang sollten, so die Meinung von Börsenbeobachtern, die Behörden sich fragen, ob die an strafrechtliche Beweisführungen gestellten Anforderungen für Fälle von Insiderhandel vielleicht zu hoch sind und somit mit geringeren Ansprüchen an die Beweisführung verfolgt werden könnte, wie dies in den USA der Fall ist.

1.4.2.2 Praktische Rahmenbedingungen

Konkrete Fallbeispiele der Behandlung kursrelevanter Informationen durch das Unternehmen

Die Analyse eines Insider-Beispiels zeigt, worauf die Behörden achten und den Schwerpunkt ihrer Untersuchungen legen:

Insiderhandel (Beispiel)

Die Auswertung eines Berichts über die möglicherweise erfolgte Verletzung von Insider-Regeln durch den Schweizerischen Bankverein zeigt die Schwerpunkte bei der Untersuchung in vermuteten Fällen von Insider-Regeln:

Im Vorfeld des von Trafalgar House vorgelegten Angebotes über 1,2 Milliarden Pfund Sterling zur Übernahme von Northern Electric könnte der Schweizerische Bankverein im Zusammenhang mit dem Erwerb von Elektrizitätsaktien möglicherweise Insiderhandels-Regeln verletzt haben. Der Schweizer Bank, die Trafalgar House beraten hat, wird im wesentlichen vorgeworfen, daß ihre Market Maker beim Aufbau einer achtprozentigen Aktienbeteiligung an Yorkshire Electricity und einer dreiprozentigen Beteiligung an Northern unfairen Gebrauch von ihrem privilegierten Informationsstatus gemacht haben.

Diese Beteiligung wurde noch beträchtlich erhöht, nachdem die Schweizer Bank vor Unterbreitung des Übernahmeangebotes »controversial contracts« über Derivative mit Trafalgar abgeschlossen hatte. Aufgrund dieser Kontrakte, die den SBV bei einem Kursanstieg der Aktien mehrerer Elektrizitätsgesellschaften zur Zahlung verpflichten, hat Trafalgar seit Bekanntgabe des Übernahmeangebotes einem Gewinn von acht Millionen Pfund erzielt.

Es gibt keine Hinweise, daß die Market Maker von dem geplanten Angebot zur Übernahme einer Elektrizitätsgesellschaft Kenntnis hatten. Die vorläufigen Untersuchungen der SFA haben jedoch ergeben, daß mit dem Weiterleiten der Kontrakte an deren Market Maker die Abteilung Corporate Finance indirekt an den privilegierten Informationen teilhatte. Institutionelle Investoren sind verärgert darüber, daß der SBV die erworbenen Beteiligungen deswegen nicht bekanntgegeben hatte, weil sie für Market-Making-Zwecke gehalten wurden. Denn Market Maker sind von der sonst geltenden Vorschrift ausgenommen, daß alle Beteiligungen über drei Prozent an börsennotierten Gesellschaften offengelegt werden müssen. Die über Derivate abgeschlossenen Kontrakte wurden von der Londoner Börse und dem Takeover Panel überprüft und als unbedenklich eingestuft, bevor das Übernahmeangebot unterbreitet wurde. Beide Aufsichtsbehörden haben wiederholt betont, daß keine ihrer Vorschriften verletzt worden ist.

2 Praktischer Teil zur Umsetzung des § 15 WpHG

2.1 Vorbemerkung

Die nachfolgenden Ausführungen zeigen schematisch ohne Erläuterung die bei einer Ad hoc-Mitteilung zu befolgenden Schritte. Die Begründungen finden sich auf den vorhergehenden Seiten.

Die weiterhin denkbare Möglichkeit der Erfüllung der Ad hoc-Publizität durch eine Anzeige in einem überregionalen Börsenpflichtblatt kann die schnelle Information der Professionals über elektronische Medien nicht ersetzen. Zweckmäßig dürfte gegebenenfalls die Publikation in beiden Medien sein.

2.2 Welche Pflichten müssen nach § 15 WpHG erfüllt werden?

Interner Verfahrensablauf bei ad hoc-publizitätspflichtigen Insiderinformationen

1. Schritt:	Meldung an Evidenzstelle/Compliance/Watch List/Stop List

2. Schritt:	**Prüfung, ob kursrelevante Tatsache** eingetreten ist • Insiderrelevanz (§ 13 Abs. 1 WpHG) und • Publizitätspflicht (§ 15 Abs. 1 WpHG) mit Prüfung des voraussichtlichen Eintrittszeitpunkts (rechtlich und faktisch) der Publizitätspflicht und der geeigneten Terminierung der Veröffentlichung

Wenn ja:

3. Schritt:	Evtl. Befreiungsantrag (§ 15 Abs. 1 Satz 2 WpHG) an BAWe

4. Schritt:	Vorbereitung des Pressetextes

5. Schritt:	**Vorgeschaltete Mitteilung** der kursrelevanten Tatsache »kurz und knapp« unverzüglich an: • **Geschäftsführung der Börsen** (Heimatbörse und Frankfurt) möglichst außerhalb (wegen eventueller Kursaussetzung) folgender Geschäftszeiten:

Parketthandel:	10:30 Uhr - 13:30 Uhr
IBIS:	08:30 Uhr - 17:00 Uhr
DTB:	08:00 Uhr - 19:00 Uhr[1]
Frankfurt:	Fax: 069-2101 3691 (vorher tel. ankündigen) Tel.: 069-2101 3690
Heimatbörse:	....

- **Bundesaufsichtsamt für den Wertpapierhandel**

Frankfurt: Fax: 069-9595 2200 (Herr Troesch)

evtl. Abstimmung mit BAWe wegen Textzusammenfassung (§ 15 Abs. 3)

jeweils mit der Mitteilung der Art der beabsichtigten Veröffentlichung sowie deren Zeitpunkt (ca. 20-30 Min. nach 5. Schritt)

6. Schritt: **Veröffentlichung** (§ 15 Abs. 3)
- in mind. einem überregionalen Börsenpflichtblatt oder
- über ein elektronisch betriebenes Informationsverbreitungssystem

(ca. 20-30 Min. nach 5. Schritt)

7. Schritt: **Hinweis auf die Veröffentlichung** gem. § 15 Abs. 3 Satz 3 im BUNDESANZEIGER per Fax (Herr Ullmann) Tel.: *0221-2029232*
Fax: *0221-2029273*

8. Schritt: **Übersendung** der vom Pflichtblatt oder elektronischen Medium **erhaltenen Belege der Veröffentlichung** gem. § 15 Abs. 4 per Fax an:
- Geschäftsführung der Börsen (Heimatbörse und Frankfurt)
- Bundesaufsichtsamt für den Wertpapierhandel

1 Je nach Kontraktart sind die Handelszeiten verschieden. Detaillierte Informationen zu den Handelszeiten an der DTB finden sich unter Punkt 2.11 dieses Kapitels.

9. Schritt:	Veröffentlichung »in anderer Weise« (§ 15 Abs. 3 Satz 2), z.B. Hauptversammlung, Pressekonferenzen, Hintergrundgespräche

10. Schritt:	Streichung von Watch List/Restricted List

2.3 Welche Prinzipien sind im Rahmen des § 15 WpHG zu beachten?

- Die **Information** muß
  wahr, d.h. vollständig und
  widerspruchsfrei = konsistent sein.
  Der Charakter der Information als Schätzung oder
  Prognose muß deutlich hervortreten.
- Bei **Gerüchten** ist auf Anfragen wahrheitsgemäß oder mit »no comment« zu antworten.
- **Unzutreffende Gerüchte**, die kursrelevant sein können, sind auch ohne Anfrage zu korrigieren.
- Die Veröffentlichung kursrelevanter Tatsachen muß **ohne schuldhaftes Zögern** erfolgen.

2.4 Organisationsgrundsätze

2.4.1 Die Pflicht

Der Gesetzgeber schreibt mit § 15 WpHG lediglich vor, daß nur die kursrelevante Tatsache, und zwar in **deutscher Sprache**, veröffentlicht werden muß. Darüber hinaus gibt es keine weiteren gesetzlichen Vorschriften über die formale und inhaltliche Gestaltung der Ad hoc-Mitteilung. Es ist jedoch zu berücksichtigen:

- Die Mitteilung muß erkennen lassen, daß es sich um **eine Veröffentlichung des Emittenten** handelt; Firmenname, Wertpapierkennummer und relevante Börsen daher immer angeben.
- Der Emittent hat dafür Sorge zu tragen, daß sein **Text unverändert** erscheint.

2.4.2 Die Kür

Für die inhaltliche Gestaltung einer Ad hoc-Mitteilung ist die Beachtung folgender Hinweise über das pflichtgemäße »Muß« hinaus empfehlenswert:

- Mit der Nennung der neuen Tatsache muß die Bedeutung der Tatsache und deren **Auswirkung auf den Kurs erkennbar** sein. Gegebenenfalls müssen Zusatzinformationen genannt werden.
- Die **Auswirkungen** der neuen Tatsache auf die Vermögens- und Finanzlage bzw. den allgemeinen Geschäftsverlauf sollten in kurzer Form erläutert werden.
- Die Mitteilung sollte **so kurz wie möglich** gehalten werden und nur die wesentlichen Informationen in übersichtlicher Form enthalten (zum Beispiel in Form einer Tabelle).
- Der **geplante Weg** der Information der Bereichsöffentlichkeit sollte genannt werden.
- Es sollte eine **Kontaktperson** in der Gesellschaft genannt werden, und zwar mit Telefonnummer (üblicherweise: LeiterIn Investor Relations).
- Unterschrift des Vorstandes zur **Darlegung der Verantwortlichkeit** für diese Mitteilung.
- Angabe von Zeitpunkt und Art des der Ad hoc-Mitteilung nachfolgenden Anlasses, bei dem die kursrelevante Neuigkeit mit **weiteren Erläuterungen** bekanntgegeben wird (zum Beispiel Pressemitteilung, Bilanzpressekonferenz, Analystentreffen, Hauptversammlung etc.).

2.5 Welche Punkte wurden durch den Gesetzestext nicht geregelt?

- Welcher Zeitpunkt ist für die Veröffentlichung für Unternehmen adäquat, die an **Börsen in verschiedenen Zeitzonen** notiert sind?
- Mit welchem **Zeitvorlauf** müssen kursrelevante Informationen an die Börse und das Bundesaufsichtsamt geschickt werden?
- Müssen kursrelevante Informationen mit **jeder deutschen Regionalbörse** oder pragmatischer mit der Heimatbörse in Deutschland diskutiert werden?
- Wird sich das Bundesaufsichtsamt nach einem strikten Kriterienkatalog richten oder den **pragmatischeren flexiblen Weg der Beurteilung von Fall zu Fall** wählen?

2.6 Typische Problemfälle

1. Die Meldung ist **nicht** im Rahmen des § 15 WpHG erfolgt, aber veröffentlicht.
   - Meldung – mit Hinweis – ordnungsgemäß nachholen.
   - Im Prinzip kann Strafbarkeit bereits vorliegen.
2. Elektronischer Informationsdienst macht **Fehler bei der Veröffentlichung.**
   - Unmittelbar Korrektur verlangen.
   - Durchsprache der Situation mit Börsenaufsicht und Bundesaufsichtsamt.
   - Vertragsgrundlage mit Nachrichtendienst prüfen.
3. Information wird versehentlich während einer Präsentation/ während eines Gespräches oder Interviews/während einer DVFA-Sitzung bekannt.
   - Unmittelbar, also noch während der Sitzung, die Bekanntgabe nach den Regeln des § 15 WpHG realisieren.
   - **Achtung**: Sie sollten auf solche Situationen **immer** vorbereitet sein!
4. **Gerüchte** treten auf, der Grund für die Gerüchte ist vorhanden, aber es liegt im strengen Sinne des § 15 WpHG noch keine Tatsache vor.
   - Antwort auf Fragen ist »no comment«.
5. Aktionär stellt während der **Hauptversammlung** eine Frage, deren Antwort eine meldepflichtige Tatsache darstellen würde, die jedoch noch nicht veröffentlicht ist.
   - Dem Aktionär ist ausreichend zu antworten.
   - Parallel ist die ordnungsgemäße Meldung nach § 15 WpHG zu veranlassen.
   - Achtung: Sie sollten auf solche Situationen **immer** vorbereitet sein!
6. Die Veröffentlichung einer Tatsache würde voraussichtlich zu einem **schweren Schaden** für das Unternehmen oder einen Vertragspartner führen.
   - Meldung unterbleibt.
   - Beratung mit Aufsichtsamt.
7. Neue **Tatsache tritt nicht ein**, war aber erwartet worden.
   - Es liegt eine »neue Tatsache« vor.
   - Die Meldung nach § 15 WpHG muß erfolgen.
8. Eine **Tatsache wirkt sich nur mittelbar** auf das Unternehmen aus; Beispiel: Ein Patent hat keine unmittelbaren positiven Folgen für das Unternehmen, blockiert aber den Markteintritt eines potentiellen Wettbewerbers.
   - Kursrelevanz der Tatsache prüfen.

- Liegt keine Kursrelevanz vor, ist keine Meldepflicht gegeben; diese wäre ggfs. Pflicht des anderen Unternehmens.

Zu beachten:
1. Im Zweifelsfall melden!
2. Nicht zu viele Meldungen herausgeben, da sonst möglicherweise zuviele Fehlsignale für den Kapitalmarkt herausgehen!
3. Immer die Aktionärsstruktur, die Liquidität der Aktie und die Marktstimmung in die Überlegungen einbeziehen, ob möglicherweise eine **Kursrelevanz** besteht!

2.7 Medien zur Herstellung der Bereichsöffentlichkeit

2.7.1 Elektronische Informationsverbreitungssysteme

2.7.1.1 Full-Service-Informationsverbreitungssystem

Zur Herstellung der Bereichsöffentlichkeit nach § 15 Abs. 3 bieten sich als weitverbreitete elektronisch betriebene Informationsverbreitungssysteme die Nachrichtenagenturen Reuters, VWD, Bloomberg und Telerate an.

Diese Agenturen verbreiten jedoch nicht nur Einzelmeldungen, sondern bieten auch sogenannte Full-Service-Pakete an: früher jede Agentur für sich unter den Bezeichnungen Reuters-direkt, VWD-public und INFO 15 (bei INFO 15 arbeiteten unter dem Dach der Deutsche Börse AG Bloomberg, Telerate und Knight-Ridder zusammen).

Full-Service-Anbieter bringen die beiden Rechtspflichten des Emittenten (Mitteilungs- und Veröffentlichungspflicht) zusammen, d.h. sie bieten den Emittenten an, alle Stellen, die von einer kursrelevanten Tatsache in Kenntnis gesetzt werden müssen, zu informieren.

Vereinfacht dargestellt gibt der Emittent über einen Personalcomputer einmal seine Ad hoc-Meldung ein, die Agentur informiert sodann das **Bundesaufsichtsamt für den Wertpapierhandel** (BAWe) und die **Börsen**, und eine halbe Stunde später stellt sie dann die **Bereichsöffentlichkeit** her.

2.7.1.2 Ad hoc-Service der DGAP

Basis für eine den Bestimmungen des § 15 WpHG entsprechende Umsetzung der Publizitätspflichten ist eine geeignete Infrastruktur. Deshalb haben die bereits am Meldeprozeß beteiligten Institutionen Deutsche Börse AG sowie die Nachrichtenagenturen Reuters AG und VWD-Vereinigte Wirtschaftsdienste GmbH beschlossen, ihre Erfahrungen zu bündeln. Das Ergebnis war 1996 die **Gründung der** Deutsche Gesellschaft für Ad hoc-Publizität mbH, die mit ihrem Ad hoc-Service folgende Ziele verfolgt: [1]

Ziele

- Erleichterung der Erfüllung der sich aus § 15 WpHG ergebenden Verpflichtungen für Emittenten.
- Gewährleistung der bestmöglichen und schnellsten Verbreitung kursbeeinflussender Tatsachen.
- Vereinigung der bisherigen Einzeldienste INFO 15, Reuters Direct Service und vwd Public zur Bündelung aller Ad hoc-Meldungen.
- Gleichbehandlung aller Nachrichtenagenturen und Informationsanbieter durch zeitgleiche Verbreitung der Nachrichten an alle angeschlossenen Informationsverbreitungssysteme.
- Erhöhung der Transparenz für den Finanzplatz Deutschland.

Übermittlung an DGAP

Bei Vorliegen einer kursbeeinflussenden Tatsache gibt der Emittent die entsprechende Meldung direkt in das auf seinem PC installierte **Übertragungsprogramm** ein. Hierfür erhält jeder Kunde eine eigens für ihn vorbereitete Software, die in einer speziellen Meldemaske bereits alle erforderlichen Unternehmens- und Wertpapierangaben enthält und sehr einfach unter MS-Windows zu installieren ist. Die Versendung erfolgt dann auf Knopfdruck über Modem. Alternativ übermittelt er die **Nachricht per Telefax** an den Ad hoc-Service der DGAP. Alles weitere wird für ihn erledigt.

Der Ad hoc-Service leitet die Meldung unverzüglich an alle von dem jeweiligen Emittenten zu unterrichtenden Stellen weiter. Das heißt, die Information wird in einem ersten Schritt – je nach Erfordernis – an eine oder mehrere der acht deutschen **Wertpapierbörsen** und die Deutsche Terminbörse sowie an das **BAWe** weitergeleitet.

Der Ad hoc-Service stellt sicher, daß die von den Börsen geforderte Zeitspanne von **30 Minuten** ab dem Eingang der Nachricht eingehalten wird. Erst nach Ablauf dieser Frist wird die DGAP die Meldung der Emittenten in einem zweiten Schritt über das Zentralsystem an die **Nachrichtenagenturen** weiterleiten.

Dabei garantieren die Deutsche Börse, Reuters und vwd die Veröffentlichung im Originaltext, womit die Pflicht des Emittenten erfüllt bzw. die sogenannte Bereichsöffentlichkeit hergestellt wird. Dem BAWe, den betroffenen Börsen und dem Emittenten wird **das**

1 Entnommen aus der Produktbroschüre der DGAP: DGAP § 15 (Juni 1997).

Herstellen der Bereichsöffentlichkeit nachgewiesen. Im Anschluß daran sorgt die DGAP für die entsprechende **Hinweisbekanntmachung im Bundesanzeiger.**

Verbreitung über das Zentralsystem der DGAP

Die vom Emittenten per Datentransfer übermittelte Nachricht wird direkt in das Zentralsystem der DGAP geleitet. Per Telefax eingehende Nachrichten werden in das Meldesystem übertragen. Ein **Kontrollvorgang** stellt sicher, daß der eingegebene Text mit dem Originaltext vollständig übereinstimmt und vom Emittenten autorisiert ist.

Das von der DGAP betriebene zentrale Datensystem basiert auf der RDS-Technik von Reuters. Es übermittelt die Nachricht direkt an den Ticker Plant Frankfurt (TPF) der Deutschen Börse sowie an die elektronischen Informationsverbreitungssysteme von Reuters und vwd. Weitere direkt oder indirekt angeschlossene Informationsanbieter transportieren die Nachricht über ihre Medien direkt zum Anleger und vergrößern den Verbreitungsgrad auf weltweit mehr als 100.000 Finanzinformationsterminals.

Betriebszeiten

Der Ad hoc-Service nimmt Meldungen täglich rund um die Uhr entgegen. Die Informationsverarbeitung erfolgt automatisch und wird während der Betriebszeiten montags bis freitags von 7.00 Uhr bis 22.00 Uhr sichergestellt. Fax-Meldungen können ausschließlich in dieser Zeit verarbeitet werden.

Zur Teilnahme am Ad hoc-Service ist es erforderlich, daß der Emittent einen Geschäftsbesorgungsvertrag mit der DGAP abschließt (Preise jeweils zzgl. MwSt.):[1]

Kosten

Grundgebühr pro Jahr	DM 2.000,–
Ermäßigte Grundgebühr für Tochtergesellschaften	DM 1.000,–
Gebühr pro elektronischer Meldung	DM 500,–
Gebühr pro Fax-Meldung (2 DIN A4 Seiten)	DM 1.000,–
Gebühr für jede weitere Fax-Seite	DM 1.000,–

2.7.2 Finanzanzeige in einem überregionalen Börsenpflichtblatt

Die **kostengünstigste Alternative** zur Herstellung der Bereichsöffentlichkeit ist jene per Schaltung einer Anzeige in einem überregionalen Börsenpflichtblatt.[2]

Im Handelsblatt beispielsweise kostet eine Finanzpflichtanzeige 2,– DM je Spalten-mm. Generell gilt, daß die Anzeigenabteilungen

1 Stand Oktober 1997.

2 Zur Zeit werden Ad hoc-Mitteilungen über den elektronischen Ad hoc-Service der DGAP veröffentlicht. Vgl. dazu Kapitel 2.7.1.2 Ad hoc-Service der DGAP, Seite 146.

der Zeitungen den Text bis spätestens 15.00 Uhr vorliegen haben müssen, damit er am anderen Tag noch erscheinen kann. Die Abwicklung und der Abstimmungsprozeß sind aufwendiger als bei der Nutzung des elektronischen Publikationsweges. So müssen beispielsweise das Aufsichtsamt und die Börsen **vorher** jeweils individuell via Telefax über die kursbeeinflussende Tatsache in Kenntnis gesetzt werden.

2.8 Gestaltungsbeispiele

2.8.1 Standardisierter Aufbau einer Ad hoc-Mitteilung

Es bietet sich an, den Aufbau der Mitteilungen weitestgehend zu standardisieren, da sich einige Textelemente ständig wiederholen.[1]

Hierzu zählt der ***Kopf*** der Mitteilung, der folgendermaßen aussehen kann:

Muster AG

Wertpapier-Kennummer: 123456

Ad hoc-Mitteilung nach § 15 WpHG

Für den Inhalt dieser Mitteilung ist allein der Emittent verantwortlich.

Kontaktperson für weitere Informationen:

- Herr/Frau ....

Investor Relations/Presseabteilung

- unter der Telefon-Nr..

  oder Fax-Nr..

Am Textende stehen das ***Datum und die Unterzeichnung »Der Vorstand«***.

1 Vgl. dazu auch Punkt 2.4 Organisationsgrundsätze.
Es sei an dieser Stelle auf Kapitel IV, Anhang II verwiesen, in dem Original-Textbeispiele zu Ad hoc-Meldungen angeführt werden.

2.8.2 Muster-Deckblatt zur Vorabinformation der jeweiligen Börse und des BAWe

Deutsche Gesellschaft für Ad hoc-Publizität mbH
Ad hoc-Service[1]

Mitteilung nach § 15 WpHG

Name und Adresse der meldenden Gesellschaft:	**Gesellschaftsname** Gesellschaftsname Straße PLZ/Ort
Ansprechpartner	Ansprechpartner
Telefon:	Telefon
Fax:	Fax
Meldebeauftragter:	Meldebeauftragter
Telefon:	Telefon
Fax:	Fax

Inländische Börsenplätze:	Amtlicher Handel	Geregelter Markt[2]	Freiverkehr
Frankfurter Wertpapierbörse	☐	☐	☐
Baden-Württemberg. Wertpapierbörse Stuttgart	☐	☐	☐
Bayerische Börse München	☐	☐	☐
Berliner Wertpapierbörse	☐	☐	☐
Bremer Wertpapierbörse	☐	☐	☐
Hanseatische Wertpapierbörse Hamburg	☐	☐	☐
Niedersächsische Börse Hannover	☐	☐	☐
Rheinisch-Westfälische Börse zu Düsseldorf	☐	☐	☐
Deutsche Terminbörse	☐		
IBIS	☐		

Betroffene Wertpapiere unter Angabe der Wertpapier-Kennummer, die im Zusammenhang mit der Mitteilung stehen:

Ausländische Börsenplätze:

---

1 Muster-Deckblatt, wie es die DGAP mit der Vorabinformation an die jeweiligen Börsen und das Bundesaufsichtsamt versendet.

2 Bei Unternehmen des Neuen Marktes wird in der elektronischen Form die Rubrik «Geregelter Markt" durch die Rubrik «Neuer Markt" ersetzt.

2.9 Wichtige Anschriften und Telefon- und Faxnummern für das neue Insiderrecht und die Ad hoc-Publizität

			Telefon	Telefax

Wertpapieraufsichtsamt

Wertpapier-aufsichtsamt	Nibelungen-platz 3	60318 Frankfurt	069/95952-0	069/95952-200

Börsenplätze

Frankfurter Wertpapierbörse	Börsenplatz 4	60284 Frankfurt	069/2101 3690	069/2101 3691
Rheinisch-Westfälische Börse Düsseldorf	Ernst-Schneider-Platz 1	40212 Düsseldorf	0211/1389-0	0211/133287
Bayerische Börse	Lenbachplatz 2a	80333 München	089/5490450	089/59904532
Hanseatische Wertpapierbörse	Schauenburgerstraße 49	20095 Hamburg	040/361302-0	040/361302-23
Baden-Württembergische Wertpapierbörse	Königstr. 28	70173 Stuttgart	0711/290183	0711/2268119
Berliner Wertpapierbörse	Fasanenstr. 3	10623 Berlin	030/311091-0	030/311091-79
Niedersächsische Börse zu Hannover	Rathenaustr. 2	30159 Hannover	0511/327661	0511/324915
Bremer Wertpapierbörse	Obernstr. 2–12	28195 Bremen	0421/321282	0421/323123

Bundesanzeiger

Bundesanzeiger	Postfach 100534	50445 Köln	0221/20290	0221/2029273

Wirtschaftsmedien

Handelsblatt	Kasernenstr. 67	40213 Düsseldorf	02 11/8 87 13 52	02 11/32 51 87
Börsen-Zeitung	Postfach 11 09 32	60044 Frankfurt	0 69/2 73 21 15	0 69/23 37 02
F.A.Z.	Hellerhofstr. 2–4	60267 Frankfurt	0 69/75 91–18 30	0 69/75 91–21 83

Full-Service-Informationsverbreitungssystem

Deutsche Gesellschaft für Ad hoc-Publizität mbH	Börsenplatz 5	60313 Frankfurt	0 69/21 01–83 36	0 69/21 01–44 49

2.10 Die Auswahl der Publikationsorgane in Deutschland

	Börsen							
	Berlin	Bremen	Düsseldorf	Frankfurt	Hamburg	Hannover	München	Stuttgart
Bundesanzeiger	●	●	●	●	●	●	●	●

● Überregionale Pflichtblätter

	Börsen							
	Berlin	Bremen	Düsseldorf	Frankfurt	Hamburg	Hannover	München	Stuttgart
Börsen-Zeitung	●	●	●	●	●	●	●	●
Die Welt	●	●	●	●	●	●	●	●
F.A.Z.	●	●	●	●	●	●	●	●
Frankfurter Rundschau	●	●	●	●	●	●		●
Handelsblatt	●	●	●	●	●	●	●	●
Süddt. Zeitung	●	●	●	●	●	●	●	●

○ Pflichtblätter

	Börsen							
	Berlin	Bremen	Düssel-dorf	Frank-furt	Ham-burg	Hanno-ver	Mün-chen	Stutt-gart
Augsburg. Allgemeine							○	
Badische Zeitung								○
Berliner Morgenpost	○							
Berliner Zeitung	○							
Blick durch die Wirt-schaft	○	○	○	○	○	○		○
Börse Online	○	○	○	○	○		○	○
Braunsch. Zeitung						○		
Bremer Nachrichten		○						
Das Sonn-tagsblatt					○			
Wertpapier	○	○	○	○	○	○	○	○
Der Tages-spiegel	○							
Rheinpfalz				○				
Die Zeit	○	○	○	○	○	○	○	○
Eßlinger Zeitung								○
Finanzen		○	○	○	○			○
Flensbg. Tagesblatt					○			
Frankfurter Neue Presse				○				
Hamburger Abendblatt					○			
Hamburger Morgenpost					○			
Hannover. Allgemeine						○		

	Börsen							
	Berlin	Bremen	Düsseldorf	Frankfurt	Hamburg	Hannover	München	Stuttgart
Hannover. Neue Presse						○		
Heilbronn. Stimme								○
Kieler Nachrichten					○			
Kölner Stadtanz.			○					
Kölnische Rundschau			○					
Kreiszeitung		○						
Lübecker Nachrichten					○			
Magdeburger Volksstimme					○			
Mannheimer Morgen								○
Münchner Merkur							○	
Neue Osnabrücker Zeitung		○				○		
Niedersächsische Wirtschaft						○		
Nordsee-Zeitung		○						
Nordwest-Zeitung		○			○			
Nürnberg. Nachrichten							○	
Rheinische Post			○					
Rheinisch. Merkur			○	○				
Südkurier								○
Südwest-Presse								○

	Börsen							
	Berlin	Bremen	Düsseldorf	Frankfurt	Hamburg	Hannover	München	Stuttgart
Schwäb. Zeitung								○
Schwarzwäld. Bote								○
Stuttgarter Nachrichten								○
Stuttgarter Zeitung								○
Welt am Sonntag				○				
Weser Kurier		○						
Westdeut. Zeitung			○					
Wirtschafts-Kurier							○	
Wirtschafts-woche			○	○				
Zeitschrift für das ges. Kreditwesen				○				

2.11 Geschäftszeiten: FWB Parketthandel, IBIS, DTB

FWB-Handelszeiten:[1]
Parketthandel von 10:30 Uhr bis 13:30 Uhr.

IBIS – Handelszeiten:[2]
Orientierungsphase von 8:15 Uhr bis 8:30 Uhr und von 17:00 Uhr bis 17:30 Uhr. Handelszeit von 8:30 Uhr bis 17:00 Uhr.

DTB – Handelszeiten:[3]

1. Aktienprodukte/Indexprodukte

	Pre-Trading-Periode	Opening/Trading-Periode	Post-Trading-Periode
Aktienoptionen ALV, BAS, BAY, BHW, BMW, BVM, CBK, DAI, DBK, DRB, DTE, HFA, LHA, MMW, PRS, RWE, SIE, THY,VEB,VIA,VOW	07:30–09:00	09:00–17:00	17:00–18:00

	Pre-Trading-Periode	Pre-Opening	Netting	fortlaufender Handel	Post-Trading-Periode
Gruppe 1 ADS, CON, DGS, DOU	07:30–10:30	10:30	ab 10:40	ca. 320 Min.	16:00–18:00
Gruppe 2 FRE3, GBF, HEN3, HOZ	07:30–10:35	10:35	ab 10:45	ca. 315 Min.	16:00–18:00
Gruppe 3 KAR, KLK, LIN, MAN	07:30–10:40	10:40	ab 10:50	ca. 310 Min.	16:00–18:00
Gruppe 4 MEO, MET, MRK, MUV2	07:30–10:45	10:45	ab 10:55	ca. 305 Min.	16:00–18:00
Gruppe 5 RWE3, SAG3, SCH, VOW3	07:30–10:50	10:50	ab 11:00	ca. 300 Min.	16:00–18:00

1 Deutsche Börse (1997) in: http://www.exchange.de/see_the_dax/index_d.shtml.
2 Deutsche Börse (1997) in: http://www.exchange.de/fwb/ibis/ibis_d.html#trad.
3 Deutsche Börse (1997) in: http://www.exchange.de/dtb/tradingsystems_d.html#trad.

	Pre-Trading-Periode	Pre-Opening	Netting	fortlaufender Handel	Post-Trading-Periode
FDAX	07:30–08:30			08:30–17:00	17:00–18:00
ODAX	07:30–08:30			08:30–17:00	17:00–18:00
FMDX	07:30–08:30			08:30–17:00	17:00–18:00

2. Zinsprodukte

	Pre-Trading-Periode	Opening/Trading-Periode	Post-Trading-Periode
LIB1	07:30–08:45	08:45–19:00	19:00–19:30
LIB3	07:30–08:30	08:30–19:00	19:00–19:30
SHAZ	07:30–08:00	08:00–19:00	19:00–19:30
BOBL & OBOB	07:30–08:00	08:00–19:00	19:00–19:30
BUND & OBND	07:30–08:00	08:00–19:00	19:00–19:30

3. Währungsprodukte

OUSD	07:30–09:00	09:00–17:30	17:30–18:00

3 Literatur

ABl. EG Nr. L 334, 1989/592 EWG

Deutsche Börse AG (1994): Leitfaden: »Insiderhandelsverbote und Ad-hoc-Publizität nach dem Wertpapierhandelsgesetz«, abgedruckt in: Weisgerber, Th./Jütten, H. (1995): Das Zweite Finanzmarktförderungsgesetz, Teil 3, Köln, S. 195–220.

Deutsche Börse (1997): Willkommen in der Gruppe Deutsche Börse, in: http://exchange.de vom 3. September 1997.

DGAP-Produktbroschüre: DGAP Ad-hoc-Service – Der Dienst zur Verbreitung kursbeeinflussender Nachrichten (Juni 1997).

Dreyling, G. (1997): Vorsicht beim Umgang mit Insidertatsachen. Wertpapieraufsicht/Klarstellung zur Publizitätspraxis, in: Handelsblatt vom 12./13. 9. 1997, Nr. 176/37, S. 25.

Gruson, M./Wiegmann, W. J. (1995): Die Ad-hoc-Publizität nach amerikanischem Recht und die Auslegung von § 15 WpHG, in: Die Aktiengesellschaft, Jg. 40, S. 173–181.

Kapitel IV Kurserheblichkeit und Insiderproblematik

1 Einleitung

1.1 Grundlegend neue Sicht

Das Wertpapierhandelsgesetz zwingt - erstmals in der deutschen Geschichte - dazu, die Verbindung von Verbandsrecht und Kapitalmarktrecht als praktisch relevantes Thema zu begreifen.[1]

Die besondere Schwierigkeit dieser Aufgabe resultiert nicht nur aus der innovativen Fragestellung der Verknüpfung der beiden Rechtsgebiete, sondern vor allem auch aus der geringen Tradition, die in kontinentaleuropäischen Ländern, z. B. in Deutschland und Österreich, die kapitalmarktrechtliche Diskussion hat.

Handelbarkeit der Wertpapiere

Das WpHG definiert in § 2 den relevanten Wertpapierbegriff erstmals über die Handelbarkeit auf einem regulierten, regelmäßig stattfindenden und dem Publikum zugänglichen Markt. Der Wertpapiermarkt ist daher ein Kernbereich des Kapitalmarktes. Auf diesen Bereich stellt Assmann wohl auch ab, wenn er das WpHG als Auslöser für die Notwendigkeit, die Verknüpfung beider Rechtsgebiete zu thematisieren, heranzieht.

Verfahrensorientierte Sicht des Kapitalmarktes

In diesem Sinne ist entsprechend der Definition in § 2 WpHG der Kapitalmarkt eine Einrichtung zur Durchführung von Wertpapiertransaktionen, eine Einrichtung zur laufenden Umsetzung von neuen Informationen in Preisanpassungen und ein physischer oder fiktiver Ort zur Verkehrskonzentration von Angebot von und Nachfrage nach Wertpapieren zur objektiven Preisfindung. Diese verfahrensorientierte Sicht des Kapitalmarktrechtes wird von Weber (1995) grundlegend herausgearbeitet. Assmann (1995 b) konstatiert die Einleitung einer neuen Ära mit Verabschiedung des WpHG.[2] Es löst ein Kapitalmarktrecht ab, dessen Regelungsperspektive als rechtsform- und institutionenbezogen bezeichnet werden könnte.

---

1 Assmann (1997 a), S. 49.
2 Assmann (1995 b), RZ 1.

1.2 Rechtliche Grundlagen[1]

1.2.1 Insiderhandelsverbot ist Straftatbestand

Nach § 38 Abs. 1 WpHG wird mit Freiheitsstrafe bis zu fünf Jahren oder mit Geldstrafe bestraft, wer

1. entgegen dem Verbot nach § 14 Abs. 1 Nr. 1 oder Abs. 2 ein Insiderpapier erwirbt oder veräußert,
2. entgegen einem Verbot nach § 14 Abs. 1 Nr. 2 eine Insidertatsache mitteilt oder zugänglich macht oder
3. entgegen einem Verbot nach § 14 Abs. 1 Nr. 3 den Erwerb oder die Veräußerung eines Insiderpapieres empfiehlt.

Insiderpapiere sind grundsätzlich börsenzugelassene Wertpapiere und Derivate darauf. Einzelheiten siehe § 12 WpHG.

1.2.2 Insider

Nach § 13 Abs. 1 WpHG ist Insider, wer

Organinsider

1. als Mitglied des Geschäftsführungs- oder Aufsichtsorgans oder als persönlich haftender Gesellschafter des Emittenten oder eines mit dem Emittenten verbundenen Unternehmens,

Beteiligungsinsider

2. aufgrund seiner Beteiligung am Kapital des Emittenten oder eines mit dem Emittenten verbundenen Unternehmens oder

Berufsinsider

3. aufgrund seines Berufs oder seiner Tätigkeit oder seiner Aufgabe bestimmungsgemäß Kenntnis von einer nicht öffentlich bekannten Tatsache hat, die sich auf einen oder mehrere Emittenten von Insiderpapieren oder auf Insiderpapiere bezieht und die geeignet ist, im Falle ihres öffentlichen Bekanntwerdens den Kurs der Insiderpapiere erheblich zu beeinflussen (Insidertatsache).

Insiderhandelsverbot umfaßt:

• Ausnutzung einer Insiderinformation

§ 13 enthält mithin die beiden wesentlichen Definitionselemente eines Insiders und einer Insidertatsache.

Ein Insider nutzt nach der Gesetzesbegründung Insiderwissen aus, wenn er seinen Wissensvorsprung in der Hoffnung und mit der Zielrichtung einsetzt, für sich oder einen anderen wirtschaftlichen Vorteil zu erlangen. Ein Verstoß gegen das Insiderhandelsverbot setzt das Wissen vom Vorliegen einer Insidertatsache und die

1 Dieser kurze Überblick kann das Studium der ausführlichen rechtlichen Diskussion nicht ersetzen. Zu den rechtlichen Aspekten siehe insbesondere Claussen (1996 a), § 9, RZ 94 ff. und Assmann/Schneider (1995), Abschnitt 3, mit weiteren Nachweisen juristischer Stellungnahmen.

Absicht der Erzielung eines Sondervorteils voraus. Nicht erforderlich ist, daß ein derartiger Vorteil auch tatsächlich erzielt wird.

• Unbefugte Weitergabe einer Insiderinformation

Sog. Primärinsider dürfen aber nicht nur Insiderpapiere nicht erwerben oder veräußern, sondern einem anderen Informationen über nicht öffentlich bekannte, kurserhebliche Unternehmenstatsachen auch nicht unbefugt mitteilen oder zugänglich machen, so § 14 Abs. 1 Ziffer 2 WpHG.

• Empfehlung auf der Grundlage von Insiderinformationen

Nach § 14 Abs. 1 Ziffer 3 WpHG ist es einem Primärinsider zusätzlich verboten, auf der Grundlage seiner Insiderkenntnis einem Dritten den Erwerb oder die Veräußerung von Insiderpapieren zu empfehlen.

Primärinsider

Primärinsider sind gem. § 13 WpHG zuerst die Organe des Emittenten (Organinsider), sodann die am Emittenten Beteiligten (Beteiligungsinsider) und drittens Personen, die durch vertragliche Vereinbarungen bestimmungsgemäß Zugang zu nicht öffentlich bekannten Informationen haben (Berufsinsider).

Organinsider sind nach § 13 Abs. 1 Nr. 1 WpHG und Beteiligungsinsider nach § 13 Abs. 1 Nr. 2 ohne große Schwierigkeiten zu definieren. Berufsinsider erlangen ihre Insiderkenntnisse aufgrund ihrer beruflichen Position, ihrer Tätigkeit oder ihrer Aufgabe, und zwar bestimmungsgemäß. Bei dieser Gruppe wird auf die berufliche Tätigkeit abgestellt, zu deren Ausführung Informationen benötigt werden. Insider in diesem Sinne sind Abschlußprüfer, Rechts- und Steuerberater, Betriebsräte, Mitglieder des Wirtschaftsausschusses, Mitarbeiter in Vorstandsbüros, in der Abteilung Rechnungslegung und Revision, sowie Betriebsbuchhaltung, Unternehmensberater aller Provenienzen – kurz alle, die durch Dienst- oder Werkvertrag oder nach § 675 BGB der AG verpflichtet sind. Wenn derart mit einer AG verbundene Personen hierbei eine Insiderinformation erhalten und diese Information ausnutzen, verstoßen sie gegen das Verbot von Insidergeschäften. Auch Beamte der steuerrechtlichen Außenprüfung, Veranlagungsbeamte und Bundesbankangehörige sind typische Berufsinsider.

Sekundärinsider

Sekundärinsider sind Personen, die sonstwie über eine Insiderinformation verfügen (§ 14 Abs. 2 WpHG) und unter Ausnutzung dieser Informationen Wertpapiere erwerben oder veräußern.

Wertpapieranalysten

Die Insidereigenschaft der Wertpapieranalysten und Wirtschaftsjournalisten ist umstritten.

Nach der unter den deutschen Juristen herrschenden Meinung sind beide Berufsgruppen Primärinsider.[1]

Selbst wenn z. B. Wertpapieranalysten nicht wünschen, von In-

1 Süßmann (1997) und die dort zitierte Literatur.

sidertatsachen Kenntnis zu erlangen – eine für die meisten Juristen offensichtlich nicht leicht vorstellbare, aber in den DVFA-Standesrichtlinien festgelegte Verpflichtung – so erhalten sie eine gegen ihren Willen von Unternehmensvertretern gegen deren Gesetzespflicht ihnen aufgedrängte Insiderinformation »bestimmungsgemäß« und sind somit nach dieser Gesetzesauslegung »Primärinsider«. Assmann (1997 b) konzediert unbillige Härten aus dieser Interpretation für die Wertpapieranalysten und plädiert für eine differenzierende Auslegung des Begriffes »bestimmungsgemäß« und der Einschränkung der Primärinsidereigenschaft auf Personen, die ein gewisses Naheverhältnis zum Emittenten haben.[1]

Naheverhältnis von Berufsinsidern zum Emittenten

In diesem Zusammenhang stellt der Supreme Court der USA fest:« Under certain circumstances, such as where corporate information is revealed legitimately to an underwriter, accountant, lawyer, or consultant working for the corporation, these outsiders may become fiduciaries of the shareholders. The basis for recognizing this fiduciary duty is not simply that such persons acquired nonpublic corporate information, but rather that they have entered into a special confidential relationship in the conduct of the business of the enterprise and are given access to the information solely for corporate purposes.«[2]

Katalysatoren für Informationseffizienz

Ergänzend und im Sinne der Gesetzesintention noch wichtiger ist die Tatsache, daß mit der Primärinsidereigenschaft die Wertpapieranalysten ihre für die Informationseffizienz des Kapitalmarktes wesentliche Katalysatorfunktion nicht mehr ausüben können.

Dieses Argument findet in der bisherigen juristischen Diskussion kaum Beachtung.[3]

1.2.3 Insiderpapiere

Handel auf einem regulierten Markt

Insiderpapiere sind gem. § 12 Abs. 1 WpHG Wertpapiere, die an einer inländischen Börse zum Handel zugelassen oder in den Freiverkehr einbezogen sind, oder in einem anderen Mitgliedstaat der Europäischen Gemeinschaften oder einem anderen Vertragsstaat des Abkommens über den Europäischen Wirtschaftsraum zum Handel an einem Markt, der von staatlich anerkannten Stellen ge-

1 Assmann (1997 b), S. 54.
2 Zitiert nach Caccese/Singer (1996), S. 23 f.
3 Vgl. auch die Ausführungen zu Punkt 1.3 dieses Kapitels.

regelt und überwacht wird, regelmäßig stattfindet und für das Publikum unmittelbar oder mittelbar zugänglich ist, zugelassen sind.

Als Insiderpapiere gelten auch Rechte auf Zeichnung, Erwerb oder Veräußerung von Wertpapieren, § 12 Abs. 2 Ziffer 1, Rechte auf Zahlung eines Differenzbetrages, der sich an der Wertentwicklung von Wertpapieren bemißt, § 12 Abs. 2 Ziffer 2, oder Terminkontrakte auf einen Aktien- oder Rentenindex oder Zinsterminkontrakte (Finanzterminkontrakte) usw., § 12 Abs. 2 Ziffer 3.

1.2.4 Kursrelevante Tatsachen

Bezug auf den Emittenten

Insidertatsachen sind nicht öffentlich bekannte Tatsachen, die sich auf einen oder mehrere Emittenten von Wertpapieren beziehen und die – als zusätzliches Merkmal – im Falle ihres öffentlichen Bekanntwerdens geeignet sind, den Kurs der Insiderpapiere erheblich zu beeinflussen, so § 13 Abs. 1 WpHG. Häufig werden Kursveränderungen von 5% und mehr als wesentlich angesehen. Diese Diskussion ist jedoch noch nicht abgeschlossen[1].

Erhebliche Kursrelevanz

WpHG bezieht sich in § 13 und § 15 auf Kurserheblichkeit

Das **Wertpapierhandelsgesetz** nimmt an zwei Stellen Bezug auf die Kurserheblichkeit von Tatsachen: In **§ 13 WpHG** wird eine **Insidertatsache** ganz allgemein als ein Ereignis bezeichnet, das im Falle seiner Veröffentlichung erheblichen Einfluß auf den Kurs haben kann. Eine weitere Qualifizierung der Insidertatsache wird nicht vorgenommen.

Insidertatsachen sind weiter gefaßt als publizitätspflichtige Tatsachen

Die konkreten einengenden Voraussetzungen der publizitätspflichtigen Tatsache sind in **§ 15 WpHG** formuliert: Der Emittentenbezug wird enger gefaßt (die Tatsache muß im Tätigkeitsbereich des Emittenten eingetreten sein), die Eignung zur erheblichen Kursbeeinflussung muß im Zusammenhang mit den möglichen Auswirkungen auf die Vermögens- und Finanzlage oder auf den allgemeinen Geschäftsverlauf stehen und die Publizitätspflicht setzt einen höheren Konkretisierungs- oder Realisierungsgrad voraus. Die Ad hoc-Publizität stellt auf gegebene Tatsachen ab, nicht auf möglicherweise in Zukunft eintretende Ereignisse.

Die nachfolgende Abbildung 2 gibt die Zusammenhänge anschaulich wieder.[2]

Close period

Die Insidertatsache ist demnach der weitergehende Begriff. Das Vorliegen einer **Insidertatsache** verpflichtet die Primärinsider nicht zum Agieren, es gebietet ein Unterlassen. Es darf weder dar-

---

1 Eher kritisch Fürhoff/Wölk (1997), S. 454, eher zustimmend Assmann (1995 a), § 13, RZ 66ff., Claussen (1996 b), S. 23, RZ 35, Kümpel (1997), S. 70. Siehe hierzu Abschnitt 3.

2 Eine analoge Systematisierung findet sich bereits bei Eisele (1994).

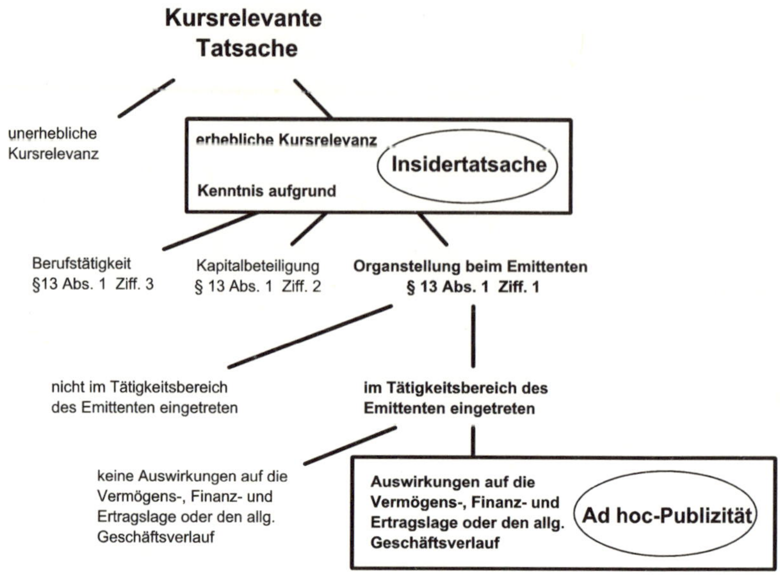

Abbildung 2: Kursrelevante Tatsache

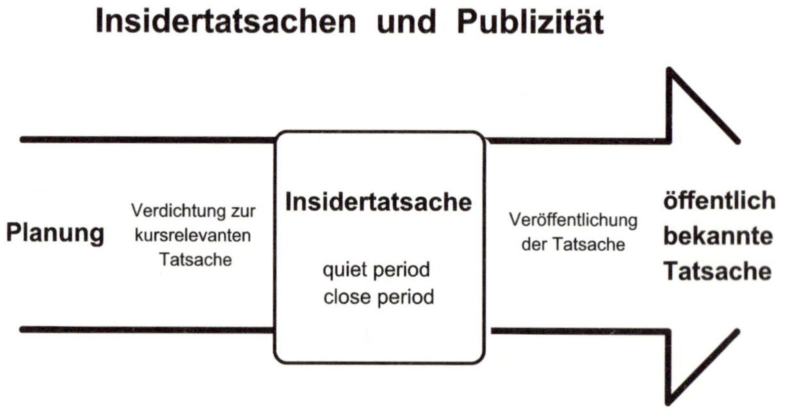

Abbildung 3: Insidertatsachen und Publizität

Quiet period

auf gehandelt **(close period)**, noch darüber gesprochen werden **(quiet period)**, solange diese Tatsache eben nicht öffentlich bekannt ist. Die enger definierte Eigenschaft der Ad hoc-Publizität verpflichtet zur unverzüglichen Veröffentlichung.

Insiderverstoß während der Geheimhaltung

Solange eine Insidertatsache nicht auch die Kriterien der **Ad hoc-Publizität** erfüllt, braucht sie nicht publiziert zu werden. Solange sie allerdings nicht allgemein bekannt ist, besteht aber die

Gefahr der Mißachtung des Insiderhandelsverbotes bzw. des Mitteilungsverbotes. Sie besteht für alle Primärinsider. Der Emittent muß zwar die Insidertatsache nicht sofort veröffentlichen, es besteht aber die Gefahr eines Gesetzesverstoßes für den Zeitraum der Geheimhaltung. Je mehr Personen letztlich davon wissen, desto größer ist die Gefahr einer Gesetzesverletzung.

1.3 Regelungszweck

Verringerung der Kapitalkosten

Das neue Gesetz soll die Funktions- und Wettbewerbsfähigkeit des Finanzplatzes Deutschland nach internationalen Standards mit dem Ziel der kostengünstigen Kapitalbeschaffung fördern. Stulz (1995) zeigt am Beispiel Nestlé die **Verringerung der Kapitalkosten** durch **globale Kapitalmärkte**.

Der Markt für Finanzdienstleistungen ist ein Zukunftsmarkt mit hohen Wachstumsraten, dessen Anteil an Wertschöpfung und Erwerbsbevölkerung steigt.[1]

Funktionsfähigkeit der Wertpapiermärkte setzt gleiche, vollständige Information aller Anleger voraus

Der Zweck der deutschen Regelung liegt in der Erhaltung der Funktionsfähigkeit der Wertpapiermärkte durch die Herstellung der **Informations- und Chancengleichheit zwischen den Anlegern**. Naturgegebene Informationsvorsprünge aus der Mitwirkung im unternehmerischen Entscheidungsprozeß dürfen nicht zu Vorteilen im Wertpapierhandel ausgenutzt werden. Dieser darf grundsätzlich nur aufgrund öffentlich bekannter Informationen erfolgen.

Die deutsche Insiderregelung will verhindern, daß **Herrschaftswissen** unfairen Vorteil beim Wertpapierhandel bringt und die Kursbildung verfälscht. Hierzu ist die vollständige Information über die Unternehmenssituation notwendig. Die faire Information aller Anleger führt zu fairen Preisen der Finanztitel und damit zu optimalen Kapitalkosten.

Faire Preise und optimale Kapitalkosten

Der Steigerung der Funktionsfähigkeit des Finanzplatzes soll das Wertpapierhandelsgesetz als Teil des 2. Finanzmarktförderungsgesetzes wohl auch in seiner konkreten Handhabung dienen.

Regelungsabsicht als Auslegungskriterium

Daran ist bei konkreten Auslegungsfragen zu denken, denn die Regelungsabsicht des Gesetzes ist eines der Subsumptions- bzw. Auslegungskriterien. Auslegungsaufgaben, insbesondere im Bereich von Insidereigenschaften und der Kurserheblichkeit, gibt es angesichts des gerade für die deutsche Rechtssystematik innovati-

1 Begründung der Bundesregierung zum Gesetzesentwurf des Zweiten Finanzmarktförderungsgesetzes, abgedruckt in: Weisgerber/Jütten (1995), S. 223.

Analoge Anwendung der Regelung für Betrug und Bestechung nicht unumstritten

ven Regelungsgegenstandes und der Verwendung unbestimmter Rechtsbegriffe zweifelsohne. Das in der jetzigen juristischen Diskussion sehr häufig gebrauchte Kriterium des Analogieschlusses mit der Übertragung der Rechtshandhabung von z.B. Bestechungsfällen (Cramer 1997) und Betrugsdelikten (Wolk 1997) muß noch darauf untersucht werden, ob die Regelungsabsicht im Finanzmarktförderungsgesetz mit der Regelung von Betrug und Bestechung kompatibel ist. Es sei auch daran erinnert, daß die strafrechtliche Variante der Insiderregelung nicht zwingend war.

In der bislang von Juristen geführten Diskussion spielt die Frage des Auslegungskriteriums des Gesetzeszweckes und damit die mit der Konkretisierung der unbestimmten Rechtsbegriffe verbesserte bzw. verringerte Funktionsfähigkeit bzw. Effizienz des Finanzmarktes hingegen kaum eine Rolle. Es findet z.B. in Zweifelsfällen keine Güterabwägung im Interesse der Funktionsfähigkeit statt. Diese steht in der US-amerikanischen Diskussion der Wertpapieranalysten mit an vorderster Stelle.

Hierzu stellte das für Manhattan zuständige Gericht fest: »Imposing a duty to disclose or abstain solely because a person knowingly receives material nonpublic information from an insider and trades on it could have an inhibiting influence on the role of market analysts, which the SEC itself recognizes is necessary to the preservation of a healthy market.«[1]

Diese Vernachlässigung der Regelungsabsicht als Auslegungskriterium ist um so mehr zu bedauern, als gerade in der letzten Zeit in mehreren fundierten Arbeiten operationale Kriterien zur Beurteilung der Funktionsfähigkeit von Finanzplätzen vorgelegt wurden.[2]

Die Berücksichtigung dieser Ergebnisse gibt auch Aufschluß darüber, ob die Analogieschlüsse aus der Handhabung von Betrug und Bestechung zu einer Ausfüllung der vom 2. Finanzmarktförderungsgesetz eingeführten unbestimmten Rechtsbegriffe führen, die letztlich die Gesetzesabsicht, die Förderung des deutschen Finanzmarktes, ins Gegenteil verkehren. Wenn diese Gefahr in der juristischen Diskussion bislang auch nicht explizit artikuliert wurde, so sollte daraus nicht geschlossen werden, daß man nicht entschlossen ist, deutsche Strafrechtstradition auch bei diesem vielleicht unpassenden Gegenstand ohne Rücksicht auf die Gesetzesabsicht auf Punkt und Komma zu exekutieren. Die autonome

1 Zitiert nach Caccese/Singer (1996), S. 7.
2 Vgl. auch Rudolph/Röhrl (1997) mit weiteren Nachweisen.

Bestimmung der im Wertpapierhandelsgesetz eingeführten Rechtsbegriffe artikuliert auch Assmann (1997 b).[1]

Nach Pulm (1993) ist insbesondere die Infrastruktur entscheidend. Schwartz (1991) präferiert einen Auktionsmarkt und präsentiert einen Markteffizienzkoeffizienten, berechnet aus zwei Volatilitäten. Schiereck (1995) leitet aus einer empirischen Befragung der institutionellen Marktteilnehmer als wichtigsten Komplex »schnelle und billige Durchführung« mit den Einzelaspekten Liquidität, Abwicklung und Transaktionskosten ab.

Loistl (1996 b) kommt zu dem Ergebnis, daß IBIS bei liquiden Werten niedrigere Transaktionskosten als Frankfurt Parkett aufweist und daß der IBIS-Handel liquider und billiger während des Parketthandels als außerhalb ist.

Bienert (1996) faßt ausführlich die Diskussion zum Marktprozeß an Börsen, ergänzt um eigene Untersuchungen, zusammen.

Blume e.a. (1993) schildern ausführlich den kontinuierlichen Abfluß am Handelsvolumen aus der NYSE und erläutern die Gründe für das Nachlassen der Wettbewerbsfähigkeit.

Picot e.a. (1996) beschreiben den Wertpapierhandel und analysieren insbesondere den Einfluß der Informationstechnologie auf die Handelsveränderungen.

NASDAQ (1992) sieht sich als Markt für solche Neuemissionen.

Diese Literaturstellen enthalten eine Fülle wesentlicher Aussagen zur zielgerichteten Gestaltung eines Finanzplatzes zur Verbesserung bzw. Erhaltung seiner Wettbewerbsfähigkeit.

Detailauslegung wichtig

Ihre Berücksichtigung bei der Auslegung der ungenauen Rechtsbegriffe des Finanzmarktförderungsgesetzes hilft eine Detailauslegung zu vermeiden, die vielleicht die intendierte Gesetzeswirkung ins Gegenteil verkehrt, denn nicht erst seit den Tagen der Chaostheorie weiß man, daß eine kleine Variation der Bedingungen zu grundverschiedenen Wirkungen führen kann.

1 Assmann (1997 b), S. 58.

2 Tätigkeit in Investmentresearch und Kapitalmarkteffizienz

2.1 Kapitalmarkteffizienz

Der Sinn einer Insiderregelung zur Kapitalmarktregulierung liegt in der **Prävention**. Je mehr Transparenz geschaffen wird und je schneller Informationen über kursrelevante Ereignisse der Öffentlichkeit zugänglich gemacht werden, um so weniger können Insiderfälle vorkommen. Nach Gerke e.a. (1996) hat das WpHG bereits zu beträchtlichen Änderungen der Informationspolitik bei einem Teil der Unternehmen geführt.

Informationseffizienter Kapitalmarkt

In der Theorie bezeichnet man den **Idealzustand** der sofortigen Offenlegung der relevanten Ereignisse mit der sofortigen Anpassung der Kurse als **effizienten Markt**.

Schillernder Effizienzbegriff wenig nützlich für Effizienzverbesserungen

Das Konzept vom effizienten Markt kann daher bei der Beurteilung nicht herangezogen werden. Zunächst gehört der Begriff der Kapitalmarkteffizienz zu den schillerndsten der Kapitalmarkttheorie. Es gibt viele differierende Effizienz-Definitionen. Loistl (1990) unterscheidet mindestens 10 verschiedene Effizienzbegriffe. Des weiteren gehen die Effizienzuntersuchungen ja gerade davon aus, daß Ineffizienzen fehlen. Dabei ist es mit der Kapitalmarkteffizienz wie mit dem absoluten Temperatur-Nullpunkt. Man weiß, daß es ihn gibt und daß z.B. unter diesen Bedingungen vollkommene Stromleitungseffizienz ohne Widerstandsverluste gegeben ist. Damit ist jedoch für die Suche nach Materialien mit hoher Stromleitungsfähigkeit unter realen Bedingungen nicht viel gewonnen. Bei dieser Aufgabe hilft nur die Untersuchung der realen Stromleitungsfähigkeit unter realen Temperaturverhältnissen.

Finanzmärkte erfüllen nicht vollständig die Kriterien eines vollkommenen Marktes

Auch nach Wittich (1997) erfüllen Finanzmärkte zu einem guten Teil die Bedingungen für einen perfekten Markt[1], aber eben nicht vollständig, kann man wohl in seinem Sinne ergänzen.

Finanzanalysten verbessern Informationseffizienz

Wegen der schillernden Mehrdeutigkeit des Effizienzbegriffes spricht man im Kontext der Kapitalmarktkommunikation präzisierend von der Informationseffizienz des Kapitalmarktes. Unterschiedlich organisierte und regulierte Kapitalmärkte sind in unterschiedlichem Ausmaße informationseffizient. Selbst dieses ist mit der jeweiligen Organisationsstruktur nicht automatisch vorhanden, sondern wird erst durch die egoistischen Aktivitäten der Kapitalmarktakteure realisiert. Eine besondere Rolle kommt bei der Verbesserung der Informationseffizienz den Wertpapieranalysten

1 Wittich (1997), S. 1.

zu. Die US-amerikanische Aufsichtsbehörde hat die Rolle der Wertpapieranalysten für die Investoren als unschätzbar (invaluable) bezeichnet: »The value to the entire market cannot be gainsaid; market efficiency in pricing is significantly enhanced by such initiatives to ferret out and analyse information, and thus the analysts' work redounds to the benefit of all investors.«[1]

2.2 Investmentresearch und Unternehmensinformation

Natürliche Informationsasymmetrie

Der unternehmensinterne Entwicklungsprozeß von bloßen Plänen zu harten Fakten nimmt regelmäßig Zeit in Anspruch. Die aktive Gestaltung dieses Prozesses gibt dem Management einen natürlichen Informationsvorsprung gegenüber externen Beobachtern. Diese Informationsasymmetrie kann durch eine Insiderregelung nicht beseitigt, wohl aber für einen funktionierenden Kapitalmarkt reguliert werden.

Management Produzent kursrelevanter Fakten: originäre Primärinsider

Die Unternehmensleitung ist als **Produzent der kursrelevanten Fakten** in der Sicht der Insidergesetzgebung **originärer Primärinsider**. Ihre Erfüllungsgehilfen, wie protokollierende **Sekretäre**, Verträge entwerfende **Rechtsanwälte und Anwältinnen**, beurkundende **Notare**, testierende **Wirtschaftsprüfer und -prüferinnen**, sind kraft ihrer Mitwirkung geborene Primärinsider. Hierzu gehören auch Personen, die in einer die Unternehmensleitung beratenden Funktion an der Produktion von kursrelevanten Fakten mitwirken und mithin in Erledigung ihres Auftrages von Insidertatsachen Kenntnis erlangen müssen. Hierzu gehören auch **Wertpapieranalysten**, sofern sie als Unternehmensberater tätig sind.

Erfüllungsgehilfen Unternehmensberater

Als **Vertreter der Investoren** hingegen können Wertpapieranalysten keine unternehmerischen Fakten als solche produzieren. Hierzu fehlt ihnen jegliche Entscheidungskompetenz und organisatorische Funktion in dem Unternehmen. Sie sind in dieser Funktion nicht in den unternehmerischen Planungs- und Entscheidungsprozeß involviert. Wertpapieranalysten werten als Investorenvertreter Informationen über die von unternehmensinternen Entscheidungsträgern produzierten Fakten zu den die Kursveränderungen bewirkenden Kauf- und Verkaufsentscheidungen aus. Sie stehen in einer grundlegend anderen Funktion zum Unternehmen als die Unternehmensleitung selbst und deren Erfüllungsgehilfen. Ihnen genügen öffentlich bekannte Informationen.

Auswertung kursrelevanter Fakten für den Kapitalmarkt

1 Zitiert nach Caccese/Singer (1996), S. 8.

Die Unternehmensleitungen als originäre Primärinsider können Insiderverstöße wirksam vermeiden helfen, wenn sie Informationen über die von ihnen direkt oder mittelbar geschaffenen Fakten möglichst schnell einer möglichst breiten Öffentlichkeit zugänglich machen. Der tradierte Begriff der Öffentlichkeit im Sinne einer unbestimmten Personengruppe, zu der im Prinzip jedermann Zugang hat, muß der Intention der Insiderregelung entsprechend angepaßt werden. **Öffentlichkeit** ist nach der Intention des Gesetzes dann gegeben, wenn die **am Börsengeschehen beteiligten und interessierten Personen** die Möglichkeit haben, die einschlägigen Informationen in kursrelevante Kauf- und Verkaufsentscheidungen umzusetzen. Die Information muß den betroffenen bzw. relevanten Personenkreis erreichen. Der Adressatenkreis ist ein anderer bei Informationen über Fakten aus einer großen Publikumsaktiengesellschaft mit internationaler Aktionärszusammensetzung als bei Informationen über Fakten über eine kleine AG mit regionalem Anlegerkreis.

Bereichsöffentlichkeit

Die Zwischenschaltung der Wertpapieranalysten insgesamt zur Auswertung der Unternehmensinformationen erhöht nach mehreren Untersuchungen[1] per saldo die Effizienz der Kapitalmärkte.

Funktion des Wertpapieranalysten im effizienten Kapitalmarkt nicht erklärbar

Eine Analyse über einen Wert, eine Branche und/oder einen Markt, auf Grund öffentlich bekannter Tatsachen erstellt, ist nach der Legaldefinition des § 13 Abs. 2 WpHG keine Insidertatsache, selbst wenn die Veröffentlichung der Analyse den Kurs der untersuchten Gesellschaft wesentlich beeinflussen kann. Die Wertpapieranalysten werten öffentlich verfügbare Informationen mit Hilfe ihres Spezialwissens zu Vorteile erbringenden Anlageempfehlungen aus.

Mit der Vorstellung des effizienten Kapitalmarktes mit **vollkommener Informationseffizienz** kann die wichtige Funktion der Wertpapieranalysten im realen Kapitalmarktgeschehen nicht erläutert werden. In diesem abstrakten Kapitalmarktkonzept ist **die Auswertung öffentlich verfügbarer Information sinnlos**, weil sie **bereits vollständig im Kurs enthalten** ist. In diesem Konzept ist nur die Auswertung nicht öffentlich verfügbarer Informationen sinnvoll.

Tatsächliche Funktion der Wertpapieranalysten im realen Kapitalmarkt

Die reale Praxis der Kapitalmärkte sieht jedoch anders aus: Die Tätigkeit der Wertpapieranalysten in Form der Auswertung öffentlich verfügbarer Information verbessert erst die Kapitalmarkteffi-

1 Huberts/Fuller (1995), S. 12 ff. und die Ausführungen zu Punkt 1.3. Chung/McInish e.a. (1995) konstatieren ebenfalls einen Einfluß der Wertpapieranalysten auf die Kapitalmarktkonstellation.

zienz. Finanzanalyse ist der Transmissionsriemen der Kapitalmarktkommunikation. Wertpapieranalysten **als Investorenvertreter** sind daher ex definitione auf Grund ihrer Funktion dazu da, ihr Wissen vollständig für eine öffentliche Bewertung zu verwenden, um die Informationseffizienz des Kapitalmarktes zu verbessern. Sie können dieser Funktion jedoch nicht gerecht werden, wenn sie Gefahren ausgesetzt sind, die sie nicht beherrschen. Sie haben damit eine ganz andere Funktion als z. B. Wirtschaftsprüfer im Rahmen ihrer ureigensten Tätigkeit, der Prüfungstätigkeit, oder die Wertpapieranalysten als Unternehmensberater im Rahmen eines Going Public. Die Kenntnis der internen Verhältnisse ist essentielle Vorbedingung für diese Betätigung. Wirtschaftsprüfer und Wertpapieranalysten als Unternehmensberater sind daher auf Grund ihrer beruflichen Funktion **Primärinsider** gemäß § 13 Abs. 1 Ziffer 3 WpHG. Ohne die Kenntnis interner Vorgänge können sie ihre Funktion nicht ausüben.

Keine Kenntnis von unternehmensinternen Tatsachen nötig

Die **Wertpapieranalysten als Investorenvertreter** hingegen haben nicht dieses Naheverhältnis zum Emittenten. Sie werten öffentlich verfügbare Informationen zu Empfehlungen aus, die wiederum den unternehmensexternen Anlegern zur Verfügung gestellt werden. **Grundsätzlich benötigt der Wertpapieranalyst als Investorenvertreter keine Kenntnis von insiderrelevanten unternehmensinternen Tatsachen zur Ausübung seiner Tätigkeit.**

Analystentätigkeit ist jedoch in dem Sinne eine gefahrgeneigte Tätigkeit, daß der Wertpapieranalyst die **Gefahr einer Nichtöffentlichkeit** einer Information **nicht beherrscht.** Der Wertpapieranalyst wird regelmäßig im Rahmen seiner Tätigkeit mit Unternehmensvertretern kommunizieren. Für die dabei mitgeteilten Informationen wird regelmäßig durch den Kommunikationsanlaß selbst nicht Öffentlichkeit hergestellt. Dies gilt sowohl für Analystenkonferenzen, aber auch für Einzelgespräche. Der Wertpapieranalyst weiß daher auch nicht, ob die Information öffentlich bekannt ist. Er kann jedoch im Gegensatz zum Wirtschaftsprüfer davon ausgehen, daß die Tatsachen mit Insiderrelevanz bereits öffentlich bekannt sind, weil sich sein **Gesprächspartner** aus dem Unternehmen **gesetzeskonform** verhält.

Beitrag zur Kapitalmarkteffizienz

Diese Tätigkeit der Wertpapieranalysten dient auch der **Verbesserung der** Informationseffizienz des Kapitalmarktes, wenn sie denn nicht durch die Einstufung als Primärinsider verhindert wird.

Auf die Gefahr einer Beeinträchtigung des Informationsflusses zwischen Unternehmen und Wertpapieranalysten bzw. Anlegern weisen Caccese/Singer (1996) hin.[1]

Zu den negativen Konsequenzen der Beeinträchtigung des Gespräches zwischen Wertpapieranalysten und Unternehmen gehört die gestiegene Wahrscheinlichkeit, daß der Markt öfter von Ankündigungen überrascht wird, die von den Prognosen der Wertpapieranalysten abweichen.[2]

2.3 Insiderregelung und Kapitalmarkteffizienz

Dieter Schneider weist auf die Verbesserung der Kapitalmarkteffizienz durch Insiderhandel hin und schlägt vor, diesen ohne Einschränkungen zuzulassen.

Informationsasymmetrie trocknet Markt aus

Dieser Meinung, daß der Handel von Insidern zu begrüßen wäre[3], weil sich damit die Kurswirkung um so schneller einstellen würde, wird in der deutschen juristischen Literatur dezidiert abgelehnt.[4] Betriebswirtschaftlich ist seit langem bekannt, daß ein Markt bei Informationsasymmetrie austrocknet.[5] Als erster hat in der wirtschaftswissenschaftlichen Literatur Akerlof (1970) auf die negative Wirkung der Informationsasymmetrie hingewiesen. Sie wird noch verstärkt durch moral hazard und einen Prozeß der Negativauslese (adverse selection).[6]

Die deutsche Auffassung fordert wegen dieser Auswirkungen eine strikte Unterbindung des Insiderhandels. Sie vertritt damit die ebenso extreme Gegenposition zu Dieter Schneiders Auffassung. Die seit Akerlof (1970) wiederholt apostrophierte Gefahr der Marktaustrocknung bei Informationseffizienz[7] ist nicht pauschal für die Beurteilung des Insiderhandels relevant, da Insiderhandel ja die Informationsasymmetrie beseitigt. Eine Abwägung der mit Insiderhandel verbundenen Kosten und Nutzen ist vorzunehmen. Rudolf (1994 a) stellt im Anschluß an Schneider tabellarisch Pro und Kontra-Argumente zusammen.[8]

---

1 Caccese/Singer (1996), S. 11 mit weiteren Nachweisen.
2 Caccese/Singer (1996), S. 11 und Huberts/Fuller (1995) S. 27 f.
3 Schneider (1993).
4 Hopt (1995 a), S. 9.
5 Loistl (1995 a).
6 Schmidt/Terberger (1996), S. 65 ff. und Franke/Hax (1994), S. 410 ff.
7 siehe z. B. Rudolph/Röhrl (1997), S. 187 ff.
8 Rudolph (1994 a), S. 122. Siehe hierzu auch Rudolph (1994 b).

Neuerdings wird aber auch die optimale Regelung des Insiderhandels diskutiert. Shin (1996) weist nach, daß das Tolerieren eines gewissen Ausmaßes an Insiderhandel eine optimale Regulierung sein kann: Damit wird die amerikanische Auffassung wissenschaftlich bestätigt.

In der US-amerikanischen Diskussion wird mit der sog. Misappropriation Theory[1] ein differenzierender Mittelweg beschritten. Danach darf ein unternehmensexterner Dritter Insiderinformationen, die er von Unternehmensvertretern erhält, nicht für Wertpapiergeschäfte ausnutzen, wenn die Ausnutzung der Informationen einen Bruch einer Vertrauenspflicht darstellt (breach of fiduciary duty), er also die Information mißbräuchlich ausnutzt (misappropriate).

Diese Anwendung der Misappropriation Theory bezieht sich auf Informationen gem. Section 10 (b) und Rule 10b-5 - z.B. in den Fällen *Dirks* und *Chiarella*[2] - und den Ausführungen des Supreme Court in der Entscheidung vom 25. Juni 1997[3]. Rule 14e-3 bezieht sich auf Insiderinformationen über Unternehmensübernahmen. Hier findet die Misappropriation Theory keine Anwendung.[4]

Der US-Supreme Court hat in einem Urteil vom 25. Juni 1997 die Anwendung der Misappropriation Theory zur Beurteilung nicht öffentlicher, materieller Informationshandhabung bestätigt.[5]

Die von Becker (1997) noch als ungewiß eingestufte Zukunft der Misappropriation Theory hat mit der Entscheidung des Supreme Court eine unzweifelhafte Konsolidierung erfahren.[6] Die von Caccese/Singer (1996) vorgenommene gründliche Zusammenfassung der für die Bedeutung der Funktion der Finanzanalysten für den Kapitalmarkt relevanten Argumente sollte daher auch in der deutschen Diskussion Berücksichtigung finden.

Die angelsächsische wissenschaftliche Diskussion hatte sich lange Zeit auf die Untersuchung von Insiderhandel von leitenden Angestellten beschränkt.

---

1 Vgl. die ausführliche Darstellung bei Caccese/Singer (1996) und die zusammenfassende Übersicht bei Caccese (1997).

2 Siehe Caccese/Singer (1996), S. 16f. und S. 22f.

3 Siehe Internet-Seite http://www.aimr.org/aimr/advocacy/ad_adbulletin_jun26.html#

4 Siehe dazu den Fall Chestman in Caccese/Singer (1996), S. 13 und die Ausführungen des Supreme Court in der Entscheidung vom 26. Juni 1997: Internet-Seite http://www.aimr.org/aimr/advocacy/ad_adbulletin_jun26.html#.

5 Vgl. AIMR Special Advocacy Bulletin vom 26. Juni 1997.

6 Becker (1997), S. 867.

Gregory/Matatko/Tonks/Purkis (1994) stellen fest, daß die Transaktionen der Direktoren von Klein- und Mittelunternehmen nach entsprechender Bereinigung keine Überrendite erzielen.

Pettit/Venkatesh (1995) zeigen, daß die Anzahl und das Volumen der Netto-Insiderkäufe zwei Jahre vor dem Zeitpunkt beträchtlich unter (über) den normalen Kursentwicklungen liegenden Renditen und beträchtlich über (unter) dem normalen Niveau der Umsätze lagen. Sie untersuchten die Transaktionen der Manager aller an der NYSE und an der AMEX gelisteten Firmen. Wie zu erwarten, sind umgekehrt im Zeitraum nach überdurchschnittlichen (unterdurchschnittlichen) Renditen die Netto-Käufe der Insider unterdurchschnittlich (überdurchschnittlich) hoch.

3 Erhebliche Kursbeeinflussung als Tatbestandsmerkmal

3.1 Problemstellung

3.1.1 Nur partielle Rezeption der vorhandenen Literatur

Umfangreiches betriebswirtschaftliches Schrifttum vernachlässigt

An der juristischen Literatur[1] zu dem gesamten Komplex ›Insiderhandel‹ fällt dem Ökonom auf, daß auf die finanzwirtschaftlichen Ausführungen zur Frage, welche Faktoren denn den Kurs beeinflussen würden, im wesentlichen nicht eingegangen wird, obwohl das einschlägige betriebswirtschaftliche Schrifttum sehr umfangreich ist. Im folgenden werden die Ansätze vorgestellt, mit denen die Betriebswirtschaftslehre in Theorie und Praxis das Phänomen der Kurserheblichkeit einer systematischen Lösung näherbringen kann. Natürlich gibt es auch in der betriebswirtschaftlichen Literatur kasuistische Aufzählungen von Einzelbeispielen zur Illustration der Menge kurserheblicher Ereignisse. Auf diese Aufzählungen wird nicht weiter eingegangen. Sie stehen nicht im Mittelpunkt der einschlägigen Diskussion. Der weitaus größte Teil der betriebswirtschaftlichen Diskussion konzentriert sich auf eine systematische Erfassung der Kurserheblichkeit. Dieser systematische Rahmen wird auch zur sachgerechten Einordnung des Einzelfalles benötigt.

Die Skepsis der juristischen Stellungnahmen zur Möglichkeit der Identifikation von Kursbeeinflussungsfaktoren kann solange nicht überzeugen, solange das betriebswirtschaftliche Schrifttum zu diesem Thema fast vollständig ausgeblendet wird. Fürhoff/Wölk (1997) konstatieren, daß breite empirische Untersuchungen der Reaktion von Börsenkursen auf bestimmte Sachverhalte bislang fehlen, als Ausnahme führen sie die Arbeit von Gebhardt e.a. (1994) an. Der direkte Nachweis der Kurswirkung einzelner Ereignisse einschließlich statistischer Signifikanzaussagen wird selten geführt.[2] Beispielhaft werden daher weiter unten die effektiven Kurswirkungen einzelner Ad hoc-Mitteilungen diskutiert.

Der direkte Zusammenhang von Kursreaktion und Unternehmensereignis ist auch nicht der vom Gesetzgeber geforderte Zusammenhang, daß die Möglichkeit zur erheblichen Kurswirkung

1 Siehe anstelle vieler Lahmann (1994); Fürhoff/Wölk (1997) bleiben aufgrund einer selektiv referierten Literatur skeptisch hinsichtlich der Möglichkeiten einer betriebswirtschaftlichen Unterstützung bei dieser Auslegungsfrage.

2 Schmidt/Wulff (1993) dokumentieren aber die Möglichkeit der statistischen Nachweisbarkeit.

eines Ereignisses über die Wirkung auf die Vermögens-, Finanz- und Ertragslage oder den allgemeinen Geschäftsverlauf erfolgt.

Der Gesetzgeber sieht mithin eine zweistufige Wirkungskette vor:[1]

- Wirkung des Ereignisses auf die Vermögens-, Finanz- und Ertragslage oder den allgemeinen Geschäftsverlauf
- Wirkung dieser (von dem Ereignis bewirkten) Änderungen der Unternehmenssituation auf den Kurs.

Der erstere Zusammenhang allein reicht für den Kurserheblichkeitsnachweis nicht aus. Darauf wies Hopt (1995 b) bei der Diskussion des von Pellens/Fülbier entwickelten Vorschlages der Kurserheblichkeitsmessung an der Aufnahme in den Lagebericht hin.

Aus dieser Zweistufigkeit ergibt sich somit zwangsläufig die zweistufige Frage, welcher betriebswirtschaftliche Maßstab repräsentativ für die von einem Einzelereignis bewirkte Veränderung der Vermögens-, Finanz- und Ertragslage bzw. den allgemeinen Geschäftsverlauf **und** gleichzeitig Indikator für die damit indizierte Möglichkeit der Kursveränderung ist.

Hierfür ist aus theoretischen Ableitungen und empirischen Fakten, wie weiter unten noch auszuführen ist, das sog. Dividend-Discount-Modell in der einfachsten Form des Kurs-Gewinn-Verhältnisses geeignet.

Die von Assmann (1997 b) vorgebrachten Einwände[2] mißverstehen die Möglichkeiten dieses Vorschlages, zumindest was die Fähigkeit zur Beurteilung einer als ad hoc zu publizierenden Tatsache anbetrifft: Nach Berichten von Unternehmensvertretern der DVFA-Kommission »Effiziente Unternehmenskommunikation« hatten Unternehmen bereits vor Entwicklung des hier präsentierten Vorschlags begonnen, die Ad hoc-Publizitätspflicht von Unternehmenstatsachen an der Auswirkung auf das DVFA-Ergebnis zu messen. Dieser Maßstab ist außerdem geradezu prädestiniert, die Kurserheblichkeit nach objektiven Kriterien ex ante zu ermitteln. Dieser Gesichtspunkt ist aufgrund der einfachen Berechnungsmethode ohne Probleme mit dem der gewünschten Exaktheit eines formelhaft handhabbaren Erheblichkeitskriteriums zu versöhnen.[3]

Mit der vorgeschlagenen Methode wird nach objektiven Krite-

1 Kümpel (1997), S. 67.
2 Assmann (1997 b), S. 58.
3 Die diesbezüglichen Zweifel von Assmann (1997 b), S. 58, sind in einer konkreten Handhabung nicht gerechtfertigt bzw. erweisen sich bei einer expliziten Anwendung als gegenstandslos.

rien ex ante das Potential der Kursveränderung ermittelt. Das der Methode zugrundeliegende Konzept ist wohl jedem durchschnittlich verständigen Anleger geläufig.

Kurs-Gewinn-Verhältnis

Zu den elementaren Begriffen eines durchschnittlich verständigen Anlegers gehört das Kurs-Gewinn-Verhältnis (KGV). In den Wirtschaftsteilen vieler Zeitungen wird das KGV als Standardinformation zur Beurteilung von Aktien wiedergegeben. Die nach dem Dreisatz durchzuführende Umformung zur Bestimmung des Kurswirkungspotentials einer Änderung des Gewinnes bzw. der Ertragsgröße muß man von einem Anleger, der ein Mindestmaß an eigenständigem Beurteilungsvermögen in die Anlageentscheidung einbringen will, erwarten.

Standardinformation für durchschnittlich verständige Anleger

In den USA ist daher der Zusammenhang zwischen Ertragsveränderung und Kursveränderung derart internalisiert, daß man die Leitlinie der Kurs-Gewinn-Verhältnisse für die Qualifikation einer Information als kurserheblich nicht mehr explizit angeben muß.

Hier in Deutschland ist angesichts der durch diesen Vorschlag zur Messung der Kurserheblichkeit bei den Juristen ausgelösten Verwirrungen bzw. Mißverständnissen die elementare Anleitung zur Bestimmung der durch Ertragsveränderungen möglicherweise ausgelösten Kursveränderungen explizit zu präsentieren.

Das richtige Verständnis dieses Vorschlages ist auch deshalb so wichtig, weil eine nicht den Vorschriften des Wertpapiergesetzes entsprechende Übernahme der Erheblichkeit aus anderen Straftatbeständen bedenkliche Interpretationen möglich erscheinen läßt.[1]

Der Vorschlag wird deshalb mit ausführlicher Einbindung in die Literatur erläutert. Zum leichteren Verständnis wird durchwegs die verbale Argumentationsform herangezogen.

3.1.2 Konzentration auf den Kernbereich

Das Gesetz hat den Bezug auf Emittenten von Insiderpapieren oder auf Insiderpapiere selbst als Charakteristikum von Insidertatsachen aufgeführt.

Emittentenbezug als Insiderklassifikationskriterium problematisch

Die Möglichkeiten eines wirksamen Einsatzes dieses Merkmales zur Scheidung irrelevanter von relevanten Tatsachen werden im juristischen Schrifttum zurückhaltend beurteilt. Assmann schlägt sogar vor, aus diesen Trennungsschwierigkeiten die Konsequenz zu ziehen und Bemühungen zur Konkretisierung des Merkmals des Emittenten- oder Insiderpapier-Bezugs im Hinblick auf die

1 Assmann (1997 b), S. 58.

Trennung von Insidertatsachen von anderen Tatsachen aufzugeben.[1]

In der Begründung der Bundesregierung wird der Gesetzeswortlaut mit der konditionierenden Einfügung von »derart« wiederholt.[2] In der erläuternden Aufzählung werden dann zunächst für die Vermögens- und Ertragslage relevante Tatsachen beispielhaft aufgeführt und darüber hinaus die Einschlägigkeit von Tatsachen außerhalb des Unternehmensbereiches, soweit sie bei dem Emittenten oder mehreren Emittenten für die Bewertung ihrer Wertpapiere relevant sind, vermerkt.[3]

Sammlung und Auswertung von Informationen

Was unter »Bewertung« zu verstehen ist, wird nicht näher ausgeführt. Hier soll auch nicht die jahrhundertelange ökonomische Diskussion über Bewertung aufgerollt werden. Im folgenden soll angesichts der Vielzahl von Literaturmeinungen unter Bewertung allgemein die Sammlung und Auswertung aller der Informationen, die den Preis eines Wertpapiers, d. h. seinen Kurs, bestimmen, verstanden werden.

Entsprechend der Differenzierung in der Gesetzesbegründung sollen diese Faktoren in zwei Gruppen zusammengefaßt werden:

Unternehmensbezogene Faktoren

Marktbezogene Faktoren

- Faktoren, die auf den Kurs über eine Beeinflussung der innerbetrieblichen Verhältnisse wirken können, und
- Faktoren, die auf den Kurs durch die konkrete Bestimmung von Angebot und Nachfrage wirken und über den Preisbestimmungsmechanismus den effektiven Kurs bestimmen.[4]

Beispiele für Faktoren der letzteren Gruppe sind:
Hohe Liquiditätsbestände bei Investmentfonds führen bei entsprechenden Relationen von Zinsniveau und Dividendenrendite zu einem Kaufpotential, knappe liquide Mittel führen ceteris paribus zu einem Angebotsdruck, Zins- und Dividendentermine erhöhen den Anlagedruck.

Eine geplante Erhöhung des Beteiligungsbesitzes eines Großaktionärs durch kontinuierliche Aufkäufe wirkt als Nachfrage unmittelbar auf den Kurs, bei den Konsortialbanken ungeplant verbleibende, nicht plazierte Restbestände können einen Kursdruck ausüben.

---

1 Assmann (1995 a), RZ 55 zu § 13 mit weiteren Nachweisen.

2 Begründung der Bundesregierung zum Gesetzesentwurf des Zweiten Finanzmarktförderungsgesetzes, in: Weisgerber/Jütten (1995), S. 236.

3 Begründung der Bundesregierung zum Gesetzesentwurf des Zweiten Finanzmarktförderungsgesetzes, in: Weisgerber/Jütten (1995), S. 236.

4 Smith (1993) zeigt, daß sich mit der Marktnachfrage das Risiko über die Kursentwicklung erhöht.

Solche Faktoren sind bei der Evaluierung des Kurspotentials eines Wertpapiers zu berücksichtigen. Sie werden in der Regel nicht Gegenstand der Kommunikation zwischen Wertpapieranalysten und Unternehmen sein.

Zentraler Gegenstand der Kommunikation zwischen Unternehmen und Wertpapieranalysten sind hingegen in der Regel die Faktoren, die über das innerbetriebliche Geschehen die Kurse beeinflussen.

Den Emittenten in dieser Weise betreffende Tatsachen sind insbesondere solche, die für seine Vermögens- und Ertragslage erheblich sind.[1]

Der Bereich kurserheblicher Tatsachen ist im deutschen juristischen Schrifttum bislang überwiegend in Katalogen kasuistischer Aufzählungen vorgestellt worden.[2]

Einzelfallprüfung verlangt allgemeinen Maßstab

Assmann verweist auf die Notwendigkeit der Einzelfallprüfung.[3] Diese Einzelfallprüfung benötigt allgemeine Maßstäbe. Übereinstimmung besteht im Schrifttum, daß die Kurserheblichkeit sich nicht in einer konkreten Kursveränderung manifestieren muß, die Ex-ante-Geeignetheit zur Kursveränderung ist entscheidend.[4]

Die Einzelfallbetrachtung und die Geeignetheit zur Kursbeeinflussung verlangen einen generellen Maßstab und eine isolierende Wirkungsbetrachtung der einzelnen Tatsache. Der Rekurs auf empirisch beobachtbare konkrete Kursveränderungen und die Zurechnung auf die Publikation einzelner Ereignisse wird dem Erfordernis der hinreichend konkreten kausalen Analyse nicht gerecht. Sie liefert jedoch Plausibilitätsargumente.[5]

Objektive Geeignetheit

Die Kurserheblichkeit einer Insidertatsache aus dem betriebli-

1 Begründung der Bundesregierung zum Gesetzesentwurf des Zweiten Finanzmarktförderungsgesetzes, in: Weisgerber/Jütten (1995), S. 236. Das Nichterwähnen der Ertragslage hat EU-historische redaktionelle, keine materiellen Gründe. Ein absichtliches materielles Ausklammern der Ertragslage wäre auch verhängnisvoll, denn die Ertragslage ist der wichtigste Einflußfaktor. Sie ist nach der Generalnorm gem § 264 Abs 2 HGB berichtspflichtig.

2 Assmann (1995 a), RZ 60ff. mit weiteren Nachweisen, insbesondere dem Verweis auf den unter Federführung der Deutsche Börse AG erstellten Leitfaden, der zwar im Hinblick auf die Erfüllung der Publizitätspflichten nach § 15 WpHG ausgearbeitet wurde, aber regelmäßig zur Illustration von Tatsachen mit Insidercharakter allgemein herangezogen wird.

3 Assmann (1995 a), RZ 64.

4 Assmann (1995 a), RZ 65 mit weiteren Nachweisen.

5 Schmidt/Wulff (1993) zeigten in ihrer Untersuchung für den Zeitraum vor Gültigkeit des WpHG, daß derartige Konstellationen statistisch nachweisbar sind. Gebhardt/Entrup (1993) untersuchen die Kapitalmarktreaktion auf die Ausgabe von Optionsanleihen.

chen Bereich ist an der objektiven Geeignetheit zur erheblichen Kursbeeinflussung zu messen.

3.1.3 Subjektives Tatbestandsmerkmal

Subjektives Tatbestandsmerkmal ›Absicht‹

Der Vollständigkeit halber sei noch angemerkt, daß für Vorliegen des Straftatbestandes des Insiderhandels – wie für Straftatbestände allgemein – das subjektive Tatbestandsmerkmal der Absicht nachgewiesen werden muß. Von juristischer Seite wird betont, daß dies nicht einfach sei und daher die tatsächliche Sanktionierung von Insidervergehen an dem nicht möglichen Nachweis des Vorliegens des subjektiven Tatbestandsmerkmales scheitern würde. Dieses vermeintliche oder tatsächliche Auffangnetz des subjektiven Merkmales kann die Notwendigkeit einer möglichst weitgehenden Präzisierung des objektiven Tatbestandsmerkmales der Kurserheblichkeit nicht berühren. Die Präzisierung ist angesichts der massiven Strafbewehrung unverzichtbar. Die Abklärung sollte bereits ohne konkretes Verfahren erfolgen. Die Bewältigung der Unbestimmtheit der hier erstmals auftauchenden Rechtsbegriffe ist sicher keine unlösbare Aufgabe der Judikatur, unbestimmte Rechtsbegriffe schrecken die Juristen nicht.[1] Für Wertpapieranalysten ist die Perspektive, in einem langwierigen Strafprozeß von den Gerichten gesetzeskonformes Verhalten attestiert zu bekommen (oder auch nicht), schon eher eine Schreckensvorstellung.

Strafrechtlich geht es besonders um die Würdigung des Einzelfalles. Dieser muß jedoch an einem allgemeinen Maßstab gemessen werden. Diesen liefert das weiter unten vorzustellende Konzept.

3.2 Kurserheblichkeit von betrieblichen Tatsachen

3.2.1 Kursbestimmungsfaktoren in der betriebswirtschaftlichen Literatur zur Wertpapieranalyse

Hinsichtlich des objektiven Tatbestandsmerkmales Kursbeeinflussungspotential empfiehlt es sich, die entsprechenden fachlichen Ausführungen der Experten der Wertpapieranalyse heranzuziehen. Sie haben den Erfahrungshintergrund einer jahrelangen Beschäftigung mit den Bestimmungsfaktoren eines Wertpapierkurses. Ihre Argumente haben aber bislang in dem deutschsprachigen

1 Hopt (1995 b), S. 81.

Schrifttum zu dem Thema der Kurserheblichkeit kaum Beachtung gefunden.[1]

Dieser Aufforderung folgend sollen nachstehend in einem kurzen Überblick die finanzwirtschaftlichen Diskussionslinien vorgestellt und die Konzepte aus der einschlägigen Fachliteratur der Finanzanalyse herangezogen werden.

3.2.2 Dividend-Discount-Modell

Barwert künftiger Erträge

Die finanzwirtschaftliche Diskussion hat in Theorie und Praxis der letzten 60 Jahre das Konzept des Dividend-Discount-Modelles entwickelt. Es ist die Methode der Wahl zur Bewertung einzelner Wertpapiere. Diese Konzeption geht davon aus, daß der heutige Aktienkurs K_0 dem Barwert der künftigen Erträge/Dividenden entspricht.

Das Kurs-Gewinn-Verhältnis als vereinfachte Version

Graham/Dodd

Die grundlegende Idee, daß es einen Zusammenhang zwischen Aktienpreisen und Erträgen gibt, ist sicher um einiges älter. »A given common stock is generally considered to be worth a certain number of times its current earnings«[2]. Dieses Vielfache bezeichnet man üblicherweise als Kurs-Gewinn-Verhältnis, abgekürzt KGV.

Kurs-Gewinn-Verhältnis

Will man nun wissen, wie sich der Kurs bei einer Änderung der Erträge ändert, so braucht man »nur« die Ertragsveränderung mit dem KGV zu multiplizieren. Damit hat man eine einfache Ex ante-Regel, die auch von den durchschnittlich intelligenten Anlegern verstanden werden kann.

Carsberg

IASC Secretary-General B. Carsberg: »Although accountants would caution against putting too much emphasis on one summary indicator, earnings per share is widely used in capital markets as a first guide to company performance.«[3]

Referenzen zum Dividend-Discount-Modell

Williams

Die erstmalige Verwendung des Dividend-Discount-Modelles wird gewöhnlich Williams, J. B. (1938) zugeschrieben.

Modigliani/Miller

Modigliani/Miller (1958) haben ihren Ansatz zur Unternehmensbewertung darauf aufgebaut.

1 Assmann (1995 a), RZ 72, artikuliert die Bedeutung ökonomischen Sachverstandes für die Abklärung der Wirkungsmechanismen.
2 Graham/Dodd (1934), S. 451.
3 Earnings per Share (1997), S. 321.

Gordon, Miller/Modigliani

Gordon (1962) und Miller/Modigliani (1961) basieren darauf ihre Überlegungen zur Dividendenpolitik.

Es steht auch heute im Mittelpunkt der praxisorientierten Aktienbewertung, wie die nachfolgenden Literaturstellen zeigen. Die Zitate stammen aus Standardlehrbüchern auf dem Gebiet des Investmentbanking mit Praxisrelevanz und theoretischer Fundierung. Die Konzentration auf diese Referenzstellen soll verdeutlichen, daß es sich bei diesem Ansatz um gesichertes Wissen einer praxisrelevanten Diskussion handelt.

Sharpe/ Alexander/ Bailey

Sharpe/Alexander/Bailey stellen fest: »Over the last 30 years, dividend discount models DDM's have achieved broad acceptance among professional common stock investors«[1].

Francis

Francis stellt fest: »The logic of the dividend model is undeniable.«[2]

Haugen

Haugen: »An indicator widely followed by investors in common stocks is the ratio of the current market price per share to the current earnings per share. ... The market value of any corporate security must be based on the expected flow of cash from the firm to the investor. In the case of common stock, this transfer is always in the form of dividends. Thus, the market value of a common stock is based on the discounted value of expected dividends throughout the life of the firm.«[3]

Lee/Finnerty/ Wort

Lee/Finnerty/Wort: »Discounted cash flow valuation theory is the basic tool for determining the theoretical price of a corporate security.«[4] Diese Zitatreihe läßt sich fortsetzen:

Reilly

Reilly: »... the dividend discount model has been used extensively by others ...«[5]

Solnik

Solnik: »Investors often rely on a dividend discount model (DDM) for estimating the expected return on a stock investment.«[6]

Perridon/ Steiner

Perridon/Steiner: »Während der innere Wert einer Aktie früher durch Substanz- und einfaches Dividendendenken bestimmt wurde, steht heute ein weiter gefaßtes Ertragskraftdenken eindeutig im Vordergrund. Ausdruck dieser Tatsache ist eine Aktienbewertungsmethode, die derzeit in der Fundamentalanalyse führend ist und Present Value Theory genannt wird.«[7]

---

1 Sharpe/Alexander/Bailey (1995), S. 590.
2 Francis (1991), S. 455.
3 Haugen (1997), S. 607 ff.
4 Lee/Finnerty/Wort (1990), S. 73.
5 Reilly (1994), S. 384.
6 Solnik (1996), S. 222.
7 Perridon/Steiner (1995), S. 191 f.

Uhlir/Steiner: »Barwertmodelle stellen den ältesten theoriegeleiteten Versuch dar, das Aktienbewertungsproblem zu lösen (Williams 1938).«[1]

Uhlir/Steiner

Loistl: »Die fundamentale Aktienanalyse unterstellt, daß die Entwicklung der Ertragskraft einer Unternehmung letztlich die Entwicklung der Aktienkurse bestimmt.«[2] ... »Als Quintessenz folgt aus dieser Modellüberlegung, daß der ›innere‹ Wert einer Aktie im wesentlichen bestimmt wird durch:

Loistl

1. die erwarteten Gewinne
2. den Kalkulationszinsfuß
3. die Wachstumsrate des Gewinns.«[3]

3.2.3 Überblick über weitere Konzepte der Kapitalmarkttheorie

Die Relevanz bzw. Irrelevanz anderer Theorien für die vorstehende Diskussion soll kurz erläutert werden.

1. *»Aktienkurse spiegeln alle verfügbaren Informationen wider.«*
   Es liegt nach dieser Theorie vollkommene Informationseffizienz vor. In der Realität geschieht die Anpassung der Kurse an neue Informationen hingegen nicht automatisch, die Wertpapieranalysten wirken als Intermediär maßgeblich daran mit. Sie werten die verfügbare Information aus und lassen sie in ihre Dispositionen einfließen mit der Folge, daß sich die Information in den Börsen- und Marktpreisen niederschlägt.[4]

   Informations-intermediäre

   Damit stellt der Gesetzgeber auf die Professionals, nicht auf das allgemeine Publikum als relevante Adressaten ab.

   Professionals sind Adressaten

2. *»Aktienkurse folgen einem Zufallsweg. Die künftige Kursentwicklung ist daher nicht vorhersagbar.«*
   Diese Random-Walk-Hypothese wurde in den 60er Jahren intensiv diskutiert, zunächst mit einfachen statistischen Methoden anscheinend bestätigt, mit neueren Methoden, die nichtlineare Zusammenhänge berücksichtigen können, weitgehend widerlegt.

   Random Walk mit nichtlinearen Methoden widerlegt

1 Uhlir/Steiner (1994), S. 105.
2 Loistl (1996 a), S. 185.
3 Loistl (1996 a), S. 208.
4 Begründung der Bundesregierung zum Gesetzesentwurf des Zweiten Finanzmarktförderungsgesetzes, in: Weisgerber/Jütten (1995), S. 236. Davon zu unterscheiden ist Markttransparenz über die Orderlage. Auf hinreichend großen Märkten verbessert Transparenz die Marktqualität und verringert die Volatilität. Madhavan (1996).

Verglichen damit kommt Diffusions-Sprung-Prozessen jedoch eine höhere Erklärungskraft zu (Akgiray/Booth/Loistl (1989 a), (1989 b)).

GARCH-Modelle

Nichtlinearitäten in den Renditen können mit GARCH-Modellen gut erfaßt werden. Für die Modellierung der deutschen Aktienkursrenditen wurden GARCH-Modelle vermutlich erstmals von Akgiray/Booth/Loistl (1989 c) eingesetzt. Später wurden Untersuchungen von Funke (1994) und Dankenbring/Missong (1997) durchgeführt.

BDS-Statistik

Große Erwartungen werden immer noch an chaostheoretische Konzepte geknüpft.[1] Weitere Erkenntnisse sind von dem breiten Einsatz des nunmehr allgemein verfügbaren Algorithmus von Brock/Dechert/Scheinkman/LeBaron (1996) zu erwarten.

GARCH-Modelle sind bislang diesen Ansätzen an Erklärungskraft keinesfalls unterlegen (Booth/Chowdhury/Hatem/Loistl (1995), denn gerade in den Volatilitäten sind nichtlineare Abhängigkeiten vorhanden.[2]

Die Einsatzmöglichkeiten nichtlinearer Systeme sind auch nicht annähernd erforscht.[3]

3. *»Aktienkurse werden durch die Marktkräfte bestimmt. Es genügt die Verfolgung der Kursverläufe.«*

Technische Analyse

Sie enthalten charakteristische Muster, die sich in der Zukunft wiederholen. Die technische Analyse erlebt seit einigen Jahren eine Renaissance, allerdings nicht in Form der klassischen Chartanalyse. Die modernen Verfahren der technischen Analyse haben sich vor allem auf den sehr liquiden Märkten der Devisen und der Derivaten eingebürgert[4] und sind auch auf den Aktienmärkten auf dem Vormarsch. Offensichtlich gilt die Faustregel »je liquider die Märkte, desto nützlicher die technische Analyse«. Dies deutet darauf hin, daß die Kursverläufe auch auf hochliquiden Märkten, wie z. B. Devisenmärkten, nicht einem Zufallsweg folgen. Der Markt bewegt sich organisch. Es ist jedoch schwierig, den Rhythmus des Marktes aufzuspüren, insbesondere mit traditionellen statistischen Methoden. Da weder

Kein Bezug auf konkrete Sachverhalte

1 Siehe anstelle vieler Loistl/Betz (1996).
2 Alexander (1996) und die dort angegebene Literatur
3 Eine aktuelle Zusammenstellung der verschiedenen Vorschläge bringen Focardi/Jonas (1997).
4 Beispielhaft seien Bernstein (1995), DeMark (1994), Krutsinger (1994) und Schwager (1996) genannt. Eine Untersuchung von Silber (1994) zeigt, daß technische Handelsregeln z. B. auf Devisenmärkten erfolgreich sind. Brock (1995) dokumentiert den weitverbreiteten Einsatz technischer Tradingregeln.

die statistischen Verfahren noch die der technischen Analyse Rekurs auf konkrete kausale Sachverhalte nehmen, sind sie für die Bestimmung des Kurswirkungspotentiales von Einzeltatsachen wenig geeignet.

4. »*Fundamentale Aktienanalyse ist unergiebig, da nur das passive Indextracking Erfolg verspricht*«.
Diese Hypothese ist im großen und ganzen für einen nicht unbeträchtlichen Teil des Portfoliomanagements auch richtig, jedoch bei den großen Volumina, die dabei bewegt werden, können auch bereits bei geringen Differenzen zwischen Einzelkurs der Aktie und Terminkontrakt Arbitragegewinne erwirtschaftet werden. Im Prinzip hat sich daher an der Bedeutung der richtigen Kursprognose für das erfolgreiche Agieren am Markt nichts geändert. Die alte Erfolgsregel - billig einkaufen und teuer verkaufen - gilt noch immer. Die Volumina sind größer, die Margen geringer und die Transaktionen komplexer geworden.

Indextracking macht Informationen nicht überflüssig

Es sah lange Jahre so aus, als ob die als modern bezeichnete Portfoliotheorie in Gestalt des CAPM und der APT die fundamentale Analyse überflüssig machen würde. Mit dem Erkennen der Schwäche dieser modernen Verfahren werden die älteren Verfahren wieder stärker gewürdigt.[1] Zimmermann (1996) sieht sie neuerdings nicht alternativ, sondern komplementär. Beide Verfahren können insbesondere nicht betriebswirtschaftlich-fundamentale Einflußfaktoren identifizieren. Sie sind daher für die Ermittlung der von betrieblichen Ereignissen ausgehenden Kurserheblichkeit im Sinne des § 15 WpHG nicht geeignet.

Schwächen von CAPM und APT erkannt

3.2.4 Resümee

Zusammenfassend kann man festhalten, daß in der finanzwirtschaftlichen Literatur das Dividend-Discount-Model als zentraler Ansatz zur fundamentalen Bestimmung des Aktienwertes vorgeschlagen wird. Wir werden diesem Vorschlag folgen und damit den mit Abstand für die Bestimmung der Kurserheblichkeit betrieblicher Tatsachen wichtigsten Ansatz verwenden. Es gilt nun, die Erfolgs- bzw. Gewinngröße konkret auszufüllen.

DDM als Maßstab zur Einzelfallbeurteilung geeignet

1 Vgl. Loistl (1994), S. 292ff. und Kruschwitz/Löffler (1997). In beiden Arbeiten wird auf die frühe Kritik von Franke (1984) verwiesen.

3.3 Die konkrete Bestimmung der Kurserheblichkeit betrieblicher Tatsachen

3.3.1 Die prinzipiellen Zusammenhänge

Abgesicherte, erklärende Theorie

Pellens/Fülbier[1] verlangen für die Bestimmung der Kurserheblichkeit von betrieblichen Tatsachen, die der Ad hoc-Publizitätspflicht unterliegen, eine empirisch abgesicherte, erklärende Theorie über den Zusammenhang zwischen Insidertatsachen und Aktienkursänderungen. Diese Argumentationskette gilt mutatis mutandis für die Bestimmung der Kurserheblichkeit von betrieblichen Insidertatsachen im allgemeinen.

Sie kann auch den von Assmann verlangten allgemeinen Maßstab zur Beurteilung des Einzelfalles liefern.[2]

Zusammenhang: Aktienkursänderung mit Insidertatsachen

Pellens/Fülbier sind allerdings der Ansicht, daß der Zusammenhang zwischen einer Änderung der Vermögens- und Finanzlage bzw. des allgemeinen Geschäftsverlaufes und den hieraus resultierenden Aktienkursänderungen offen sei. Sie behaupten ohne Literaturhinweise, daß die Kapitalmarkttheorie unter Zugrundelegung realitätsnaher Bedingungen bisher nicht in der Lage sei, diese Beziehung zu knüpfen und ex ante Aussagen über die Veränderung des Aktienkurses aufgrund neuer Informationen zuzulassen.[3] Eine Auseinandersetzung mit den oben angeführten Standardlehrbüchern findet nicht statt. Auf die beinahe unübersehbare Fülle von Einzelbeiträgen zur Kurserheblichkeit betrieblicher Tatsachen gehen sie ebenfalls nicht ein. Der Zusammenhang zwischen fundamentalen Fakten und Kurs gehört zum gesicherten Wissen der Finanzwirtschaft und des Investmentbanking. Wir können daher auf dem Dividend-Discount-Model aufbauen.

Zusammenhang: fundamentale Fakten und Kurs gesichert

Umbestimmte Rechtsbegriffe und schwach strukturierte ökonomische Probleme

Zur Vermeidung von Mißverständnissen sei nochmals betont, daß diese Zusammenhänge mit unbestimmten Rechtsbegriffen beschrieben werden. Sie können auch in finanzwirtschaftlichen Analysen nur zu schwach strukturierten Zusammenhängen führen. In statistischen Untersuchungen sind daher keine an Sicherheit grenzende Bestimmtheitsmaße im Bereich von z. B. über 90 % zu erwarten. Die durchgeführten Untersuchungen zeigen aber respektable Bestimmtheitsmaßwerte im Bereich von über 50 %[4], auch die Signifikanz der einzelnen Koeffizienten ist gesichert.

Juristisches Maß an Bestimmtheit und statistische Bestimmtheitsmaße

1 Pellens/Fülbier (1995), S. 28.
2 Assmann (1995 a), RZ 64.
3 Pellens/Fülbier (1995), S. 29.
4 Booth/Broussard/Loistl (1996 a), Landes/Loistl/Reiß (1989).

Damit ist das verfassungsrechtlich erforderliche Maß an Bestimmtheit der unbestimmten Rechtsbegriffe wohl gegeben.

Erklärungskraft DVFA-Ergebnis bestätigt

In die gleiche Richtung gehen die Ergebnisse von Harris/Lang/Möller (1994), (1995). Ihre Untersuchungen dokumentieren ebenfalls eine die Erklärungskraft des Modells erhöhende Wirkung der DVFA-Erfolge[1]. Ihre nur verbal – ohne genaue Wiedergabe der statistischen Ergebnisse – im Vergleich zum Jahresabschluß berichtete geringere Erklärungskraft des DVFA-Ergebnisses für einen siebenjährigen Zeitraum wurde in einer analogen Langfristuntersuchung von Booth/Broussard/Loistl (1996 b) nicht bestätigt. Diese Ergebnisse belegen auch für den längeren Zeitraum den höheren Erklärungsgehalt des DVFA-Ergebnisses.[2]

Das Dividend-Discount-Model erlaubt, die Kursveränderungswirkungen betrieblicher Tatsachen mit hinreichender Genauigkeit zu messen.

Für das Dividend-Discount-Model gilt grundsätzlich: Der Kurs K_0 im Zeitpunkt der Betrachtung t=0 ist gleich der Summe der Barwerte der künftigen Dividendenzahlungen D_t. Er hängt außerdem vom Kalkulationszinssatz i und schließlich der Anzahl Jahre n, die in die Bewertung einbezogen werden, ab. Dieses Modell kann in vielerlei Hinsicht erweitert, aber auch noch standardisiert werden. Der interessierte Leser findet dies in den zitierten Standardlehrbüchern abgehandelt.[3]

Nachfolgend sei eine weitere Vereinfachung vorgenommen:

Nimmt man für Dividenden einen konstanten Durchschnittswert, bezeichnet diesen als Gewinn und kapitalisiert die Zahlungen für eine unendliche Anzahl von Perioden, dann erhält man die bekannte Bewertungsformel, nach der der Kurs als das Verhältnis von Gewinn zu Zins bestimmt wird.

$$K = G/i$$

Wichtigste Formel

Diese Formel bildet wie oben dargetan in Theorie und Praxis der Finanzanalyse die wichtigste elementare Formel der Unternehmensbewertung. Eine auf dieser Formel aufbauende systematische Definition der Kurserheblichkeit steht daher auf sicherer Basis der Finanzanalyse. Unternehmen mit entsprechenden Erfahrungen

1 Harris/Lang/Möller (1995), S. 1025.
2 Die von Harris/Lang/Möller (1995), S. 1025, angeführten Gründe, z.B. die Verfälschung durch Vernachlässigung von sich schnell verflüchtigenden Erfolgsbestandteilen in einer Langfristanalyse, überzeugen nicht. Details siehe Booth/Broussard/Loistl (1996 b).
3 Eine ausführliche Diskussion verschiedener Varianten bringen Bodie/Kane/Marcus (1996), S. 524ff.

im Umgang mit dieser Kennziffer werden zur Evaluierung der Kurserheblichkeit auf komplexere Modellvarianten zurückgreifen.

Es gilt nun, noch einen empirisch verläßlichen und für die Berechnung der Kurserheblichkeit sinnvollen Wert für die Gewinngröße zu bestimmen.

Insbesondere im Anschluß an die amerikanische Diskussion wird auch der Cash Flow in verschiedenen Definitionen als Maßstab für die Kursermittlung herangezogen.[1]

Ein Faktor Eine Tatsache

Der Gesetzestext legt die Beschränkung auf eine einzige Größe nahe, denn schließlich soll die Kursrelevanz einer einzelnen Tatsache ermittelt werden.[2] Je mehr Faktoren zusammenwirken sollen, desto unübersichtlicher werden die Wirkungszurechnungen.

Die sog. Mehrfaktorenmodelle können daher kein zentraler Ansatz für die analytische Bestimmung des Kursbeeinflussungspotentiales einzelner (betrieblicher) Tatsachen sein.

Im folgenden sollen daher die Kriterien für die zweckmäßige Bestimmung dieser Gewinngröße erläutert werden. Den Ausgangspunkt bildet das Rechnungswesen.

3.3.2 Das DVFA-Ergebnis als nachhaltige Erfolgsgröße

Die publizierte Rechnungslegung ist zwar auch heute noch häufig der Ausgangspunkt der Finanzanalyse. Die gesetzlich neu installierte Kapitalmarktkommunikation steht jedoch nicht unter dem Primat des Gläubigerschutzes und nicht unter dem Diktat der Zahlungsbemessungsgrundlage. Sie steht unter dem Primat der Kursrelevanz. Die tradierte Rechnungslegung kann die Informationsbedürfnisse der kapitalmarktorientierten Rechnungslegung nicht erfüllen.

Kurserheblichkeit zentrales Merkmal des Tatbestandes

Der Ansatz von Pellens/Fülbier,[3] die Kurserheblichkeit an den Kriterien für die Erwähnung im Lagebericht festzumachen, kann den Nachweis der Kurserheblichkeit nicht führen. Konsequent halten die Autoren dieses Tatbestandsmerkmal auch entbehrlich.[4] Ob Unternehmen, die die Aufnahme in den Lagebericht als Prüfkriterium anwenden und entsprechend dokumentieren, Sanktionen des BAWe kaum zu befürchten haben, wie Pellens/Fülbier[5] behaupten, soll hier nicht beurteilt werden. Mit diesem Vorschlag wird auf jeden Fall die zentrale Informationsausrichtung der In-

1 Vgl. im Anhang I zu Kapitel IV die DVFA-Definition des Cash Flow.
2 Zustimmend Kümpel (1997), S. 69.
3 Pellens/Fülbier (1995), S. 45 ff.
4 Pellens/Fülbier (1995), S. 47.
5 Pellens/Fülbier (1995), S. 29.

siderregelung auf Anleger vernachlässigt. Hopt[1] hält daher den Vorschlag nicht mit der EG-Richtlinie vereinbar. Diese aber ist bindende europarechtliche Vorgabe.

Repräsentative Unternehmenskennziffer

Die Suche nach einer direkten Nachweismöglichkeit der Kurserheblichkeit bzw. die Suche nach einer die Kurserheblichkeit repräsentativ abbildenden Unternehmensgröße bzw. Unternehmenskennziffer ist daher geboten.

DVFA und Kapitalmarktkommunikation

Für die DVFA als den Berufsverband der Wertpapieranalysten und Portfoliomanager war seit der Verbandsgründung die Berechnung einer Kennziffer zur Anlegerinformation ein zentrales Anliegen, um die Analyserisiken aus dem Jahresabschluß zu hedgen und die Kapitalmarktkommunikation effizienter zu gestalten. Sie entwickelte zunächst alleine, dann gemeinsam mit der Kommission »Externes Rechnungswesen« der Schmalenbach-Gesellschaft/Deutsche Gesellschaft für Betriebswirtschaft eine Methode zur Berechnung des Ergebnisses pro Aktie, allgemein als die Methodik zur Ableitung des Ergebnisses nach DVFA/SG bezeichnet.[2] Die danach abgeleitete Kennziffer, traditionell als »DVFA-Ergebnis pro Aktie« apostrophiert, ist die wichtigste Investorenkennziffer. Diese praktische Bedeutung unterstreicht wiederum ihre Relevanz als Indikator der Kurserheblichkeit.

DVFA-Ergebnis pro Aktie

DVFA/SG

Die Erklärungskraft dieser Kennzahl für die Entwicklung des Aktienkurses wurde aber auch durch statistische Untersuchungen bestätigt[3]. Nach diesen Untersuchungen hat das Ergebnis je Aktie nach DVFA/SG einen hohen Erklärungsgehalt und einen höheren als der Jahresüberschuß. Für die Ermittlung der Kursrelevanz von unternehmensbezogenen Ereignissen ist daher das Ergebnis nach DVFA/SG anderen unternehmensbezogenen Größen vorzuziehen. Jede Veränderung des Ergebnisses nach DVFA/SG wird auch zu Veränderungen des Aktienkurses führen. Wir können damit die Argumentationskette zur Bestimmung der Kursrelevanz von unternehmensinternen Ereignissen schließen und eine grundlegende Anleitung zur Beurteilung der Kurserheblichkeit vorstellen.

Mit einem Überblick über aktuelle Studien zur Kurserheblichkeit von unternehmensinternen Ereignissen soll vorweg die Frage nach der Fundierung anderer Maßstäbe erläutert werden.

---

1 Hopt (1995 b), S. 82.

2 Die Berechnungsmethodik wurde überarbeitet. Die revidierte Formulierung wird vorgestellt von Busse v. Colbe/Becker/Berndt/Geiger/Haase/Schmitt/Seeberg (1996).

3 Booth/Broussard/Loistl (1996 a) und die darin angegebene Literatur.

3.3.3 Empirische Untersuchungen über den Zusammenhang von Aktienkursveränderungen und Erfolgsgrößen

Der Zusammenhang zwischen Aktienkursentwicklungen und fundamentalen Größen gehört sicher zu den am meisten untersuchten im Kapitalmarktbereich. Die wohl wichtigste ›aktuelle‹ Untersuchung bezüglich des deutschen Kapitalmarktes wurde von Harris/Lang/Möller (1994) und Booth/Broussard/Loistl (1996 a) vorgelegt.

Harris/Lang/Möller

Booth/Broussard/Loistl

Earnings-Response-Koeffizienten

Die heutigen Untersuchungen basieren zumindest im angelsächsischen Raum regelmäßig auf dem sog. Earnings-Response-Koeffizienten. Dieser ist definiert als die Veränderung des Aktienkurses, bewirkt durch eine unerwartete Änderung des Ertrages um eine Einheit.[1]

Veränderung vs absolute Größe

Ohlson/Shroff (1992) zeigen aufgrund theoretischer Überlegungen, daß die mit dem Aktienkurs standardisierten unerwarteten Änderungen der Erträge ersetzt werden sollten durch kursstandardisierte Variablen, die das Niveau der Erträge vorhersagen.

Skepsis bei CAPM und APT

Die Skepsis von Fürhoff/Wölk (1997) bezüglich der Anwendung von Untersuchungskonzepten, die auf CAPM und APT beruhen, wird von anderen geteilt. Booth/Broussard/Loistl (1996 a) greifen ebenfalls nicht darauf zurück[2].

Basierend auf dem Konzept des Earnings-Response-Koeffizienten können jedoch Zusammenhänge aufgedeckt werden, die wohl die verfassungsmäßig geforderte Bestimmtheit erfüllen.

Ankündigungstermin

Daley e.a. (1995) weisen nach, daß bei kleinen Firmen die Ankündigung von Erträgen mit größeren Handelsaktivitäten vor dem Ankündigungstermin als nachher und als bei größeren Firmen einhergeht.

Quartalsmeldungen

Mott/Coker (1993) verwenden sog. standardisierte unerwartete Erträge. Sie bestätigen die Abfolge von Quartalsmeldungen mit gleichen Vorzeichen (auf gute Quartalsberichte folgen gute Quartalsberichte, auf schlechte folgen weitere schlechte) und zeigen, daß eine darauf aufbauende Handelsstrategie einfach und erfolgreich ist.

Handelsaktivitäten und Ankündigungen

Mitchell/Mulherin (1994) untersuchen den Zusammenhang zwischen Anzahl der Nachrichtenankündigungen und den Handelsaktivitäten. Die beiden Faktorengruppen hängen untereinander zusammen.

---

1 Cho/Jung (1991).

2 Booth/Broussard/Loistl (1996 a), S. 20 ff.

Freeman/Tse (1992) erhöhen mit einem nichtlinearen Ansatz die Erklärungskraft des Earnings-Response-Koeffizienten beträchtlich.

Nichtlinearer Ansatz

Kothari/Zimmerman (1995) untersuchen die Frage der Auswahl eines relativen oder absoluten Untersuchungszusammenhanges im allgemeinen Kontext und kommen zu dem Ergebnis, daß der gleichzeitige Einsatz von absoluten und relativen Erträgen sinnvoll sein kann.

Simultane Verwendung

Ferri/Min (1996) untersuchen die Gültigkeit der Überreaktions-Theorie an Hand der Preisveränderungen. Sie entdecken an einer geringen Anzahl von Fällen die deutliche Korrektur einer vorhergehenden Überreaktion.

Überreaktion

Cox/Peterson (1994) untersuchen die Aktienrenditen, die auf eine Tageskursverringerung von 10% folgen. Sie können in ihrem Design die Überreaktionshypothese nicht immer bestätigen. Das Fehlen einer negativen Korrelation zwischen den abnormal returns am Tage des Kursverlustes und jeweils an den folgenden drei Tagen ist inkonsistent mit der Überreaktionshypothese.

Keine Bestätigung

Nimalendran (1994) schätzt die Effekte der überraschenden Information auf die Aktienkurse mit Hilfe eines gemischten Diffusions-Sprung-Prozesses und kann damit zusätzliche Informationen über die Marktkonstellationen ableiten: Die Handelsintensität ist signifikant höher in der Periode vor dem Ereignis als nach dem Ereignis.

Diffusions-Sprung-Prozeß

Chiang e.a. (1995) modellieren den Aktienkursverlauf als mean-reverting-Prozeß, fluktuierend um den fundamentalen gemeinsamen Wert, gemessen entweder in Erträgen oder Dividenden. Dieser wird gemessen durch den kumulativen Abnormal Performance Index, die kumulierte Überschußrendite.

Anbindung an Erträge bzw. Dividende

Die Vorhersagekraft und damit Kurserheblichkeit von Dividendenzahlungen ist nicht eindeutig feststellbar. Goetzmann/Jorion (1993) konstatieren »no strong statistical evidence«, daß Dividendenrenditen zur Vorhersage von Aktienkursen herangezogen werden können.

Informationsgehalt von Dividendenzahlungen umstritten

Dhillon/Johnson (1994) lassen die Existenz des Informationsgehaltes der Dividendenzahlung offen. Sie glauben, daß der Informationsgehalt der Dividendenzahlungen weniger bedeutend sein könnte, als bisher angenommen.

Hayn (1995) zeigt, daß sich die Signifikanz der Korrelation zwischen Aktienkursrenditen und Erträge und der Earnings-Response-Koeffizient beinahe verdreifachen, wenn Verlustankündigungen aus der Untersuchungsgesamtheit herausgenommen werden.

Earnings Response verbessert bei Separierung der Verlustankündigungen

Martikainen (1996) zeigt an einer Stichprobe von an der NYSE gelisteten Firmen der Jahre 1975–1990, daß sich der Earnings-Response-Koeffizient beträchtlich verbessert, wenn man negative Ergebnisse gesondert behandelt.

Value Line Highlights

Peterson/Peterson (1995) finden signifikant höhere Abnormal Performance um den Publikationstermin der Stock Highlights des Value Line Investment Survey.

3.3.4 Ein grundlegender Beurteilungsvorschlag

Die aufgeführten Argumente der Kurserheblichkeit werden in dem nachstehend vorgestellten Vorschlag berücksichtigt. Er wurde von der DVFA-Kommission »Effiziente Unternehmenskommunikation« entwickelt und mit der DVFA-Methodenkommission abgestimmt.

Von der Kurserheblichkeit einer Tatsache i.S. der §§ 13, 15 WpHG ist regelmäßig dann auszugehen, wenn – bei Zugrundelegung des Prinzips der Stetigkeit der Rechnungslegung – die Tatsache geeignet ist, eine Veränderung des Ergebnisses je Aktie – ermittelt nach DVFA – im jeweils laufenden Jahr oder im Folgejahr um über 5 % gegenüber dem Vorjahr, in den darauffolgenden fünf Jahren zusammen um über 10 %, basierend auf dem Ergebnis des laufenden Jahres, herbeizuführen.

Jede Tatsache ist für sich getrennt zu bewerten, eine Verrechnung der Wirkung mehrerer, voneinander unabhängiger Tatsachen ist nicht zulässig.

Bei niedrigen Ergebnissen sollte – um nicht extrem geringe Einflüsse berücksichtigen zu müssen – die Wertgrenze angemessen erhöht werden.

Die Ermittlung der Ergebnisveränderung obliegt dem Emittenten. Sie sollte durch einen entsprechend qualifizierten Personenkreis des jeweiligen Börsenunternehmens vorgenommen und mit Begründung dokumentiert werden.

Von der Kurserheblichkeit einer Tatsache, die eine Veränderung der Vermögens- und Finanzlage bewirkt, ist auch regelmäßig auszugehen, wenn das vom Emittenten zuletzt ausgewiesene Eigenkapital um mehr als 5 % verändert wird.

Der Emittent hat sich die notwendige Sachkunde zu verschaffen, die ihn zu einer sachgerechten Beurteilung in die Lage versetzt. Er hat sich dabei erforderlichenfalls des Rates des emissionsbegleitenden Kreditinstitutes und/oder einer mit den Verhältnissen am Kapitalmarkt vertrauten Person zu bedienen.[1] Diese Kapitalmarktexperten sollten insbesondere mit der Methodik zur Ermittlung des Ergebnisses je Aktie vertraut sein.

---

1 Begründung der Bundesregierung zum Gesetzesentwurf Zweites Finanzmarktförderungsgesetz.

Nach einer kurzen Erläuterung soll seine Funktionsweise an den DAX-Werten illustriert werden.

3.3.5 Beispielkatalog zur kasuistischen Komplettierung des systematischen Bewertungsvorschlages

Der nachstehende Beispielkatalog ist als Ergänzung zu den Positionen gedacht, die sich auf das DVFA-Ergebnis und somit auch auf den Aktienkurs nachhaltig auswirken können. Die Beispiele erheben keinen Anspruch auf Vollständigkeit, und sie sind auch nicht dahingehend zu verstehen, daß bei ihrem Vorliegen in jedem Falle Kursrelevanz gegeben ist.

Sie helfen die Konzeption der Kurserheblichkeit weiter abzuklären. In dem schwach strukturierten Problem kann die methodische Definition nicht alle Fragen der Kurserheblichkeit beantworten.

Juristen sprechen von Kursrelevanz als einem unbestimmten Rechtsbegriff. Die Wirtschaftswissenschaftler bezeichnen solche Probleme als schwach strukturiert. Die im Kernbereich angesiedelten Sachverhalte sind ohne Schwierigkeiten unter den Tatbestand zu subsumieren. Die dem Hof eines Begriffes zuzuordnenden Sachverhalte sind hingegen nur mit Auslegung des Gesetzestextes einzuordnen. Kasuistische Abgrenzungen sind dann notwendig. Häufig wird dabei auf die Entscheidungen der Obersten Gerichte über Einzelfälle zurückgegriffen. Diese Kasuistik betrifft aber nicht den Kernbereich. In diesem Sinne dient der methodische Vorschlag für die Bestimmung des Kernbereichs der Kurserheblichkeit.

Kernbereich

Hof

Kasuistische Abgrenzung des Hofes

Die kasuistische Fallsammlung dient der Abgrenzung der Kurserheblichkeit. Es wäre jedoch eine Umkehrung der Intentionen, wenn man wiederum die kasuistische Fallsammlung in den Mittelpunkt stellen und den methodischen Vorschlag ignorieren würde. Für viele Juristen und Experten der Rechnungslegung ist offensichtlich das Denken in Anleger- und Kurserheblichkeitskategorien ungewohnt. Vom deutschen Gesetzgeber und der EG-Richtlinie ist jedoch die Anlegerorientierung vorgeschrieben. Dieser Beispielkatalog wurde von Experten der Kapitalmarktkommunikation unter Beachtung der vorhandenen Katalogisierungsvorschläge zusammengestellt.

Kasuistik ergänzt Systematik

Beispielkatalog:

1. *Veränderungen in der Aktionärsstruktur.*
   Denkbar sind hier maßgebliche Abgaben oder Aufkäufe eines Großaktionärs, die nicht anzeigepflichtig sind, beispielsweise

eine Beteiligungsaufstockung von gut 25% auf knapp 50%. Diese Veränderungen können kursrelevant sein, wenn dahinter z. B. eine strategische Neuausrichtung des Großaktionärs und somit auch des Unternehmens steckt.

2. *Veränderungen der Aktionärsrechte, insbesondere durch wichtige Satzungsänderungen.*
   Dies könnte gegenüber Minderheitsaktionären zu einer Publizitätspflicht führen. Denkbar wäre hier die geplante Umwandlung von vinkulierten Namensaktien in Inhaberaktien oder die Umstellung von Vorzugs- in Stammaktien.
3. *Wichtige Änderungen des Charakters einer Gesellschaft.*
   Hierbei könnte es sich um Grenzfälle handeln, wie beispielsweise den Beschluß über die Liquidation eines Unternehmens oder die erfolgte Festlegung der neuen strategischen Ausrichtung einer Mantelgesellschaft.
4. *Wesentliche Änderungen der Organisations- und Führungsstruktur.*
   Als Beispiel käme die geplante Einführung einer Holdingstruktur in Frage.
   Bühner (1996) stellt deutlich positive kumulierte abnorme Renditen vor der Ankündigung einer Reorganisation und negative Renditen danach an Hand einer Stichprobe deutscher börsennotierter Unternehmen fest. Wie die Auflistung der untersuchten Fälle und Unternehmen auf Seite 199 zeigt, lagen die Fälle alle vor dem Inkrafttreten des Wertpapierhandelsgesetzes.[1]
5. *Wesentliche Veränderungen des Images in der Öffentlichkeit.*
   In Betracht kämen hier z. B. Veränderungen in Schlüsselpositionen des Unternehmens bzw. Kooperationen mit bekannten Partnern.
6. *Veränderung des Substanzwertes.*
   Wird beispielsweise eine Kapitalerhöhung gegen Bar- oder Sacheinlage zu einem Kurs erheblich über Buchwert oder Börsenkurs durchgeführt, so hat dies möglicherweise eine kursrelevante Erhöhung des Buchwertes, nicht aber unbedingt des DVFA-Ergebnisses, zur Folge.

1 Bühner (1996), S. 10.

3.3.6 Verallgemeinerungen

3.3.6.1 5%-Grenze

Zur Vermeidung von unnötigen Mißverständnissen sei nochmals festgehalten, daß der Vorschlag, die Ad hoc-Tatsache an einer 5%igen Veränderung des DVFA-Ergebnisses zu messen, Modifikationen zugänglich ist.[1]

Allgemeine Relevanz hat jedoch die Auffassung, den Kurs als ein Vielfaches einer Ergebniskennziffer zu messen.

Um die Bereitschaft von Juristen, mathematische Überlegungen nachzuvollziehen, nicht zu sehr zu strapazieren, werden die nachfolgenden Ausführungen auf diese einfachste Version des Dividend-Discount-Modells, das Kurs-Gewinn-Verhältnis, beschränkt. Dieses Konzept ist jedoch der schwachstrukturierten Fragestellung der Kursbestimmung entsprechend zu handhaben: Jeder durchschnittlich begabte Anleger weiß oder sollte wissen, daß nicht jede Erfolgsänderung sofort zu einer Kursänderung in der aus der Formel ableitbaren Höhe führt und daß nicht jede Kursänderung von einer wie auch immer definierten Erfolgsänderung verursacht wird. Im ersteren Fall gilt, daß man meistens nicht genau weiß, wann eine Ertragsänderung vom Markt in eine Kursänderung umgesetzt wird und häufig auch das Vorzeichen der Kursänderung offen ist.[2]

Im zweiten Fall gilt, daß – wie weiter oben festgestellt – auch bei Konstanz der fundamentalen Unternehmenssituation Kursänderungen eintreten können.

Das Gesetz sieht die Ad hoc-Publizität jedoch nur bei Unternehmensereignissen vor, deren Geeignetheit zur Kursänderung aus der Änderung der Finanz-, Vermögens- (und Ertrags-)lage oder des allgemeinen Geschäftsverlaufes erfolgt.

In diesem Fall liegt der Rekurs auf das Kurs-Gewinn-Verhältnis geradezu auf der Hand. In den USA ist dieser Rekurs nicht so zwingend, weil eine solche Restriktion nicht vorliegt, der Begriff der Kurserheblichkeit auch unter Juristen von den Erkenntnissen der Wertpapieranalysten geprägt ist, die Insider-Rechtsprechung in einer jahrzehntelangen Tradition auch die Kapitalmarkteffizienz berücksichtigt und last but not least das US-amerikanische Recht

1 Vgl. die Ausführungen weiter unten.

2 Beaver e.a. (1997) untersuchen die Marktreaktionen auf die Veröffentlichung von Sonderabschreibungen auf den Aktienkurs, S. 45 ff. Regelmäßig ist die Veröffentlichung des mit der Sonderabschreibung verbundenen Verlustes mit einem Kursanstieg verbunden.

auf pragmatischer Kasuistik und nicht auf dogmatischer Systematik aufgebaut ist.

Systematische Einordnung entspricht deutscher Rechtssystematik

Dieser Vorschlag einer systematischen Einordnung sollte daher der deutschen Rechtsauffassung entgegenkommen, bei der Neuland betretenden Auslegung der neuen unbestimmten Rechtsbegriffe eine Anleitung liefern, für die Beurteilung des Einzelfalles den allgemeinen Rahmen vorgeben, die vom Gesetzgeber explizit vorgegebene Einengung umsetzen und last but not least den den deutschen Juristen aufgrund der Kapitalmarktferne des deutschen Rechtes ungewohnten Begriff der Kurserheblichkeit aus der Perspektive des Kapitalmarktes nahebringen.

Im Hinblick auf einzelne Größen – insbesondere 5%-Grenze und Ertragsgröße – ist er jedoch zweifelsohne Modifikationen zugänglich.

Die Festlegung einer 5%igen Größe zur Bestimmung der Kurserheblichkeit war in beiden DVFA-Kommissionen nicht umstritten. Die Erheblichkeitsgrenze wurde an der Volatilität der täglichen Kursschwankungen der CDAX- und der DAX-Werte orientiert. Bei Betrachtung der einzelnen Schwankungsbereiche zeigte sich, daß ein Volatilitätsrahmen von 5% dem Durchschnitt der Schwankungen aller CDAX-Werte entspricht.

3.3.6.2 DVFA-Ergebnisse und alternative Rechnungslegung

Wie bereits oben mehrfach angeführt, ist das DVFA-Ergebnis aufgrund statistischer Untersuchungen und der Verwendung als wichtigster Investorenkennzahl in der Kapitalmarktkommunikation prädestiniert als fundamentale Kennziffer der Aktienkursentwicklung. Es ist natürlich kein nicht mehr verbesserungsfähiges Ideal und von der jeweiligen Rechnungslegungsphilosophie abhängig. Diese Anmerkung ist insbesondere im Hinblick auf die sich verändernde Landschaft von Rechnungslegungsvorschriften wichtig. In anderen Ländern, z.B. den USA, war die Rechnungslegung seit jeher auf die Information der Equity-Investoren ausgerichtet. Die Earnings-Ziffern der US-GAAP waren daher auch immer die wichtigste Größe für die Investoren. (Vgl. die oben angeführten Zitate).

Für eine Umformung des Jahresabschlusses zur Ableitung einer Anlegerkennziffer bestand daher für die amerikanischen Wertpapieranalysten, im Gegensatz zu den deutschen, keine dringende Notwendigkeit. In der Diskussion der amerikanischen Financial-Statement-Analyse nimmt daher die Bestimmung des Dilution-Faktors für die Bestimmung der adäquaten Anzahl von Aktien einen weitaus größeren Raum ein als die Ableitung einer funktionsgerechteren Earnings-Größe.[1]

Die Berichterstattung nach IAS hat den Vorteil, daß alle für die Ableitung des DVFA-Ergebnisses benötigten Angaben veröffentlicht werden müssen, so daß eine vom Unternehmen selbst vorgenommene Errechung überflüssig wird: Jeder DVFA-Kapitalmarktexperte kann sich die Zahl aus den zu publizierenden Angaben selbst errechnen.

Bei der künftig zu erwartenden Konvergenz von IAS und US-GAAP zu Globally Accepted Accounting Standards könnte die Überleitung noch leichter sein. Es ist vorgesehen, daß FASB und IASC gleichlautende Earnings-per-Share-Definitionen erlassen.

FASB Statement No. 128, Earnings per Share, soll nach dem 15. Dez. 1997 und IAS 33, Earnings per Share, soll nach dem 1. Jan. 1998 angewendet werden.[2]

Es soll dem Markt überlassen werden, welche der Kennziffern für Earnings per Share sich dann als zweckmäßigste durchsetzt. Solange Unternehmen nicht nach US-GAAP bzw. IAS Rechnung legen, ist die Berechung und Verwendung der Kennziffer Ergebnis pro Aktie nach DVFA zweckmäßig: Entscheidend ist jedoch ohnehin, daß eine am Markt akzeptierte Investorenkennziffer - und diese konsistent - angewendet wird. In diesem Sinne sind die nachstehenden Konkretisierungen an Hand des DVFA-Ergebnisses beispielhaft anzusehen.

3.3.7 Illustration an den DAX-Werten

In der folgenden Tabelle wird die Einsatzmöglichkeit obiger Definition an den DAX-Werten, soweit geprüfte DVFA-Ergebnisse pro Aktie vorliegen, illustriert. Aufgeführt sind sämtliche DAX-Werte, in der Reihenfolge der in einer anderen Untersuchung errechneten Volatilitäten[3]. Die Volatilitäten sind in der 6. Spalte angegeben. Die erste Spalte enthält die Firmenbezeichnung der DAX-Werte, die zweite die Frankfurter Kassakurse vom 11. 07. 1996, die dritte Spalte schließlich, soweit verfügbar, die jeweiligen DVFA-Ergebnisse pro Aktie für das Jahr 1995. Diese Zahlen bilden die grundlegende Meßlatte für die Beurteilung der Kurserheblichkeit einer Tatsache. Von der Kurserheblichkeit einer Tatsache kann grundsätzlich ausgegangen werden, wenn sie das DVFA-Ergebnis pro

1 Vgl. anstelle vieler z. B. White/Sondhi/Fried (1994), S. 272 ff.
2 Earnings per Share (1997), S. 321.
3 Loistl (1995 b), S. 65. Es handelt sich um die Volatilitäten der täglichen relativen Veränderungen. Es wurden keine annualisierten Vola-Werte verwendet.

Aktie um 5% verändert. Dieser Grenzwert ist in der nächsten Spalte angegeben. In der folgenden Spalte ist zum Vergleich eine 5%ige Kursänderung in DM angegeben. In der letzten Spalte schließlich ist die mit der dreifachen Volatilität verknüpfte absolute Kursänderung angegeben, d.h. Wert in Spalte 7 = Spalte 6 * Spalte 2/100.

Bei Mannesmann z.B. beträgt das DVFA-Ergebnis 21.00 DM pro Aktie. 5% hiervon sind 1.05 DM. Jedes Ereignis bei Mannesmann, das zu einer Veränderung des DVFA-Ergebnisses von ca. 1 DM führt, ist als kursrelevant i.S.d. Ad hoc-Publizitätspflicht einzustufen. Die Kurswirkung muß nicht bereits in diesem oder dem nächsten Jahr eintreten. Gerade im Hinblick auf die langfristige Wirkung der Mobilfunklizenzerteilung an Mannesmann war in der Kommission der Wirkungszeitraum auf 5 Jahre ausgedehnt und auf 10% erhöht worden. Die Nachricht am 10. Juli 1996 von der Wahl Mannesmanns als Partner für die Deutsche Bahn Telekom verkörpert vielleicht ein ähnliches Ereignis mit Langzeitwirkung. Sie stellt nach obiger Definition eine Insidertatsache dar, wenn sie das DVFA-Ergebnis im nächsten Jahr um 1.05 DM bzw. innerhalb der nächsten 5 Jahre um 2.10 DM verändert. Damit ist die im Gesetz verlangte Geeignetheit zur erheblichen Kursbeeinflussung konkretisiert. Eine tatsächliche Kursveränderung muß nicht eintreten. Die zu erwartende Auswirkung der Vereinbarung auf das DVFA-Ergebnis kann die Unternehmung bei einem ordnungsgemäßen Rechnungswesen ohne große Probleme ermitteln. Sie muß die Auswirkungen für eine fundierte Entscheidungsfindung ohnehin evaluieren.

Die konkreten Kursveränderungen geben die Graphiken auf den Seiten 200 und 201 wieder.

Lag eine Insidertatsache vor, so durfte mit privilegierter Kenntnis der Entscheidung nicht gehandelt werden. Aus der Kursentwicklung selbst ist dies nur ungenau zu erkennen, wie die beiden folgenden Graphiken dokumentieren. Obwohl sie beide auf Kursnotizen aus Frankfurt basieren, zeigen sie doch ein sehr unterschiedliches Bild und machen damit die Schwierigkeiten der Insideranalyse aufgrund der Kursentwicklung deutlich.

Die erste Graphik basiert auf den Tagesschlußkursen von IBIS. Die Entwicklung verläuft vergleichsweise wenig dramatisch. Vor allem ist im Wochenverlauf keine essentielle Veränderung des Verlaufsmusters zu erkennen. Auch die Umsatzzahlen, sie sollten auf jeden Fall herangezogen werden, geben keinen genauen Aufschluß.

Ein anderes Bild vermittelt die zweite Graphik. Sie basiert auf den fortlaufenden Notierungen des variablen Handels auf dem

DAX-Werte Spalte 1	Kurs am 11.07.96 2	DVFA[1]-Ergebnis 3	5 % DVFA 4	5 % Kurs 5	3-fach Vola in % 6	Vola Kurs-änderung 7
DRESDNER BANK					2.25	
VEBA AG	77.50	4.33	0.216	3.875	2.56	1.98
DEUTSCHE BK					2.62	
VIAG AG	587	46.00	2.3	29.21	2.72	15.9
RWE AG	56.05	2.68	0.134	2.80	2.75	1.54
BAYER HYPO/WECH					2.78	
COMMERZBANK					2.78	
SIEMENS AG	79.60	3.97	0.198	3.97	2.78	2.21
PREUSSAG AG	371.20	28.00	1.4	18.55	2.84	10.5
BAYER AG					2.94	
KARSTADT AG	567	7.00[2]	0.35	28.35	3.16	17.9
HENKEL KGAA-PFD	63.95	33.50	1.675	3.18	3.18	2.03
BASF AG					3.21	
SCHERING AG	104.30	4.30	0.215	5.215	3.24	3.38
ALLIANZ AG HLDG					3.26	
BAYER MOTOREN WK					3.30	
BAYER VEREINSBAN					3.42	
LINDE AG	951	40.00	2.00	47.5	3.53	33.5
SAP	221	4.00	0.2	11.05	7.05	15.58
THYSSEN AG	278.50	24.00	1.2	13.9	3.62	10.06
DEGUSSA					3.63	
HOECHST AG	52.76	2.40	1.05	2.63	3.72	1.962
MANNESMANN AG	545	21.00	1.05	27.24	3.78	20.60
DAIMLER BENZ					3.81	
MAN AG	381.50	22.70	1.135	19.06	3.87	14.76
KAUFHOF HLDG	575	17.50	0.875	28.74	3.89	22.25
LUFTHANSA	214	13.50	0.675	10.69	4.31	9.22
CONTI AG					4.36	
VOLKSWAGEN AG	548	22.00	1.1	27.39	4.66	25.53
METALLGESELLSCH	26.55	0.9	0.045	1.32	7.90	2.09

Tabelle 10: Kurserheblichkeit an Hand DVFA-Ergebnis und Volatilität

1 Die angegebenen DVFA-Ergebnisse 1995 sind von der DVFA-Methodenkommission überprüft und Anfang Juli 1996 in Reuters aktualisiert worden.
2 DVFA-Ergebnis 1994.

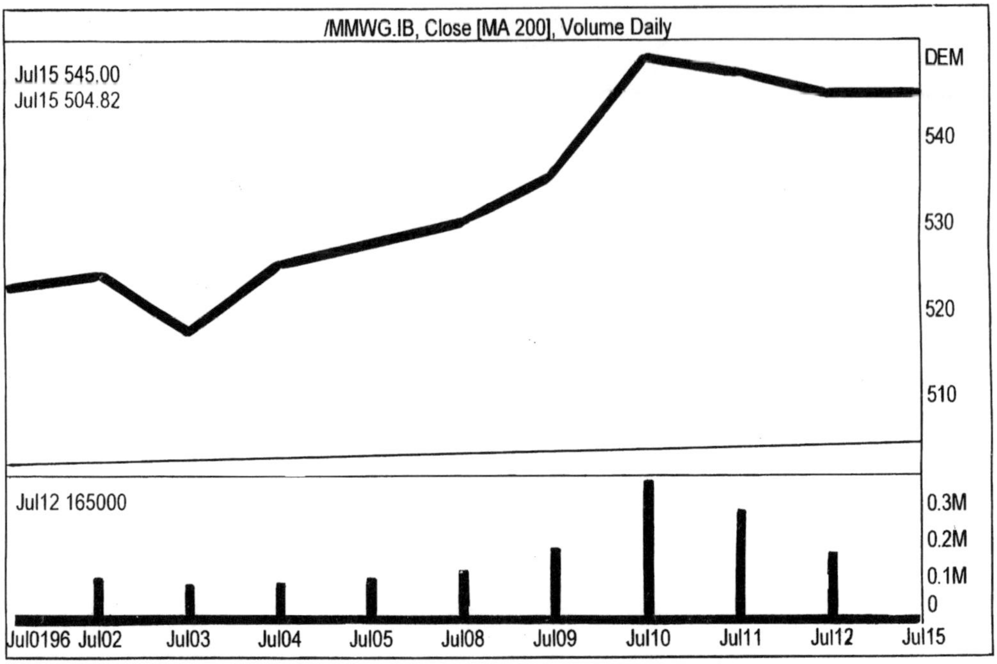

Abbildung 4: Mannesmann IBIS-Tagesschlußkurse

Parkett. Der Handel findet bekanntermaßen von 10.30 bis 13.30 Uhr statt. Die Meldung über die Entscheidung lief am 10. Juli 1996 um 14.22 Uhr über den Bloomberg-Ticker und erreichte damit nicht mehr den Parketthandel. Er hat offensichtlich auch keine Vorinformation gehabt. Die zwischenzeitliche Kursanpassung schlug sich in dem erhöhten Eröffnungskurs des nächsten Tages nieder. Offensichtlich war der Kursanstieg zu stark, am nächsten Tag wurde er zum Teil wieder zurückgenommen. Die Kurserheblichkeit allein konkret an Kursausschlägen zu messen, kann daher sehr irreführend sein.

Weitere Beispiele über die Auswirkungen von Ad hoc-Meldungen auf die Kurse befinden sich in Anhang II dieses Kapitels.

3.3.8 Die Auffassung des BAWe

Mittlerweile liegen auch Stellungnahmen des BAWe zur Bestimmung der Kurserheblichkeit vor. Sie werden nachfolgend vorgestellt.

Im Jahresbericht des Bundesaufsichtsamtes für den Wertpapierhandel 1995 wird zur Kurserheblichkeit folgendes ausgeführt: *»Die*

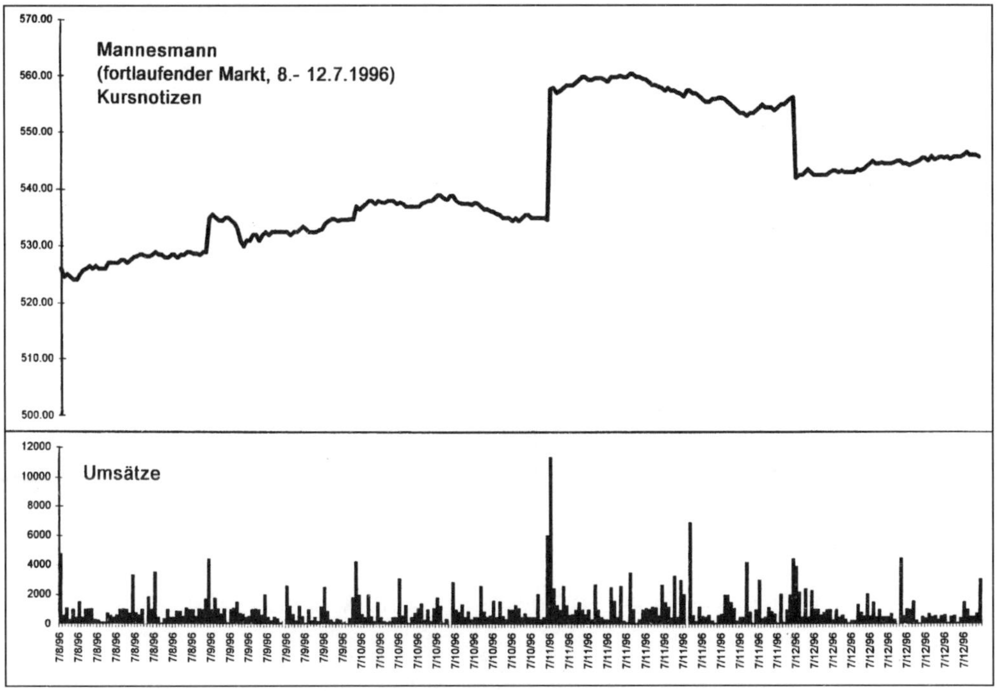

Abbildung 5: Mannesmann fortlaufende Notierungen und kurserhebliches Ereignis

Festlegung dessen, was als erheblich kursrelevante Tatsache im Sinne des § 13 WpHG zu gelten hat, kann im Einzelfall Anwendungsprobleme aufwerfen. Eine gesetzliche Definition der Erheblichkeit gibt es nicht. Eine konkrete Prozentzahl bietet sich als Maßstab nicht an, da jedes Wertpapier eigene übliche Schwankungsbreiten hat. Es muß folglich sowohl die ›Schwere‹ eines Ereignisses wie auch die Marktbreite des betroffenen Wertpapiers im Einzelfall berücksichtigt werden. Bei Wertpapieren mit hoher Volatilität sind Schwankungen von 5 % und mehr nichts Ungewöhnliches, während bei den stark gehandelten Aktien schon Schwankungen von 2–3 % erheblich sein können. Das BAWe geht daher davon aus, daß Preisbewegungen, die die übliche Volatilität des konkreten Wertes zuzüglich eines geringen Toleranzwertes überschreiten, als erheblich zu gelten haben. ...

Bei der Auslegung der »Auswirkungen auf die Vermögens- und Finanzlage oder auf den allgemeinen Geschäftsverlauf« kann auf die im Bilanzrecht entwickelten Regelungen (§§ 264 Abs. 2, 289 HGB) zurückgegriffen werden. Der allgemeine Geschäftsverlauf ist hier als Ausdruck der Ertragslage zu verstehen. Als Abgrenzungskriterium läßt sich heranziehen, ob ein Vorgang zu einer Buchung führt und/oder ob über ihn im Lagebericht zu berichten wäre. Besonders problematisch ist die

Beurteilung der Eignung einer Tatsache zur erheblichen Kursbeeinflussung. Die Abgrenzung ist nicht leicht: Es muß sowohl die »Schwere« eines Ereignisses wie auch die Liquidität der betroffenen Wertpapiere im Einzelfall berücksichtigt werden. Bei den DAX 30-Werten können schon Schwankungen von 2–3 % als erheblich anzusehen sein, bei den weniger liquiden Werten des MDAX hingegen eine Abweichung von etwa 5 %, bei allen anderen Werten unter Umständen auch eine darüber hinausgehende Spanne. Bei Nebenwerten, die nur in geringem Umfang gehandelt werden, ist es daher durchaus vorstellbar, eine Schwankung von 10 % als »normal« anzuerkennen.«[1]

3.4 Integriertes dreistufiges Procedere der Kurserheblichkeitsbestimmung

Die Ausführungen des BAWe lassen grundsätzlich ein dreistufiges Vorgehen erkennen. Dieses soll hier näher erläutert werden und an dem konkreten Beispiel der Mannesmann-Meldung demonstriert werden. Folgende Beurteilungsschritte sind zu unterscheiden:[2]

1. Feststellung des Kursbeeinflussungspotentials; die »Schwere« des Ereignisses
2. Objektiver Maßstab der Erheblichkeit an Hand der Volatilität
3. Ermittlung der Erheblichkeitsschwelle an Hand der Volatilität.

Die möglichen Konkretisierungen dieser drei Schritte werden nachfolgend erläutert.

DVFA-Ergebnis beschreibt Kurserheblichkeitspotential

1. Feststellung des Kursbeeinflussungspotentials

Die ausführliche Diskussion der möglichen Kriterien zur Feststellung des Kursbeeinflussungspotentials nahm einen wesentlichen Teil der Ausführungen dieses Kapitels ein. Sie führte zum Vorschlag, die Veränderung des DVFA-Ergebnisses als relevantes Kriterium heranzuziehen.

Die oben zitierte Auffassung des BAWe folgt offensichtlich dem Vorschlag von Pellens/Fülbier (1995). Er wurde bereits weiter oben diskutiert.

Kein geringerer als Hopt hält den Vorschlag nicht mit der EG-Richtlinie vereinbar. Diese ist aber bindende europarechtliche Vorgabe.

Da gegen die Verwendung des DVFA-Ergebnisses der Einwand

1 BAWe-Jahresbericht 1995.
2 Siehe auch Eisele (1997), RZ 85, FN 2, S. 2885.

der Europarechtswidrigkeit nicht erhoben wird, wird auch aus diesem Grunde am eigenen Vorschlag zur Feststellung der »Schwere« festgehalten. Wie bereits dargelegt, ist eine Earnings per Share-Kennziffer nach IAS oder US-GAAP natürlich auch ansetzbar.

2. *Volatilität als objektiver Maßstab der Erheblichkeit*

Relativierung der 5%-Grenze

Die 5%ige Änderung als Erheblichkeitsgrenze wurde von der DVFA-Kommission »Effiziente Unternehmenskommunikation« aus der allgemeinen Diskussion übernommen. Diese prinzipielle Geeignetheit zur Kursbeeinflussung ist noch zu relativieren durch die üblichen Kursschwankungen des jeweiligen Papieres. Diese werden gemessen an der Volatilität des Papieres. Ungeachtet der häufigen Verwendung ist die Volatilität keineswegs eindeutig bestimmt. In der Optionspreisbestimmung verwendet man die pro rata auf die Halteperioden umgerechnete annualisierte Volatilität, die üblicherweise aus der täglichen Volatilität bestimmt wird. Bei der Verwendung der Volatilität in der Kurserheblichkeitsdiskussion ist daher anzugeben, welche Volatilität verwendet wird. Wir stellen auf die Volatilität der täglichen Kursveränderungen ab. Diese scheint auch das BAWe im Sinne zu haben. Die annualisierten Volatilitäten liegen durchwegs um einiges höher.

Vola täglicher Kursschwankungen individueller Maßstab

Sinnvollerweise sollte man auf die Höhe der Volatilität täglicher Schwankungen abstellen und nicht auf die in den Zeitungen üblicherweise veröffentlichten annualisierten Volatilitäten. Die in der Tabelle 10 beispielhaft aufgeführten Werte sind bezogen auf tägliche, nicht auf jährliche Veränderungen.

3. *Ermittlung der Erheblichkeitsschwelle an Hand der Volatilität*

Diese Volatilitäten dienen zur Berechnung der bei einer Unternehmung als normal anzusetzenden täglichen Schwankungen. Bei der Unterstellung einer **Normalverteilung** der täglichen Kursveränderungen liegen ca. 5% dieser Kursschwankungen außerhalb des Bereiches von **2 Volatilitäten**. In der Tabelle 10 wurde in Spalte 6 die **dreifache Volatilität** als Schwankungsbereich angesetzt. Diese Annahme basiert auf der empirisch seit Jahrzehnten bekannten Tatsache, daß die täglichen relativen Aktienkursschwankungen keine Normalverteilung aufweisen. Anstelle eines Anteiles von 5% könnte der Anteil der als außergewöhnlich angesehenen Kursschwankungen bis auf 25% steigen. Es ist daher zweckmäßig, den Bereich der als normal anzusetzenden täglichen Kursschwankungen zu erhöhen. Wir unterstellen daher einen Normalitätsbereich täglicher Schwankungen in Höhe der dreifachen Volatilität.

Tägliche Aktienkursrenditen sind nicht normalverteilt

Schwankungsbereich von 3 Volatilitäten angemessen

Der mit 3-fach Vola in Spalte 6 angegebene Schwankungsbereich stimmt auch ganz gut mit dem vom BAWe angenommenen Schwankungsbereich von 2–3% + geringer Zuschlag überein. Er wird daher in den folgenden Illustrationen verwendet. Im konkreten Fall von Mannesmann hieße dies, daß eine Schwankung von 3.78% oder, in absoluten Größen gerechnet, von 3.78 * 545 DM = **20.60 DM** noch **innerhalb des Bereiches normaler Schwankungen** läge. Der Kurssprung zu Beginn des 11. Juli 1996 liegt klar darüber. Von 534.70 Vortagesschluß- auf 557.80 Eröffnungskurs, mithin 23.10 DM. Damit ist ersichtlich, daß für die **Normalität von Mannesmann** eine außergewöhnliche Kursbewegung vorliegt.

4. *Weitere Überprüfungen der Normalität*

Um sicher zu gehen, daß diese Kursbewegung auf ein individuelles einzelbetriebliches Ereignis zurückzuführen ist und nicht von einer allgemeinen Marktbewegung ausgelöst wurde, sollte man noch die allgemeine Marktbewegung – üblicherweise durch einen Index gemessen – ausschalten. Die individuelle Kursschwankung von z. B. Mannesmann ist von der allgemeinen Kursschwankung des Index zu subtrahieren, um die außergewöhnlichen Veränderungen der einzelnen Aktie allein zu erhalten. Zur Untersuchung der Kurswirkung einzelner Unternehmensereignisse zieht man üblicherweise den Abnormal Performance Index heran.[1]

Abnormal Performance Index

Hierzu werden die relativen Veränderungen der aufeinanderfolgenden Mannesmann Eröffnungs- und Schlußnotizen der Tage 9.–12. Juli 1996 berechnet und mit den relativen Veränderungen der DAX-Notizen verglichen.

Der in der nachfolgenden Tabelle 11 angegebene Saldo der Mannesmann Rendite von der DAX-Rendite macht deutlich, daß die Veränderung zwischen 10. 7. close und 11. 7. open in Höhe von 4.06% bei Mannesmann nicht auf Veränderungen des allgemeinen Marktes zurückzuführen ist, sondern aus der individuellen Bewegung von Mannesmann resultiert.

5. *Kurserheblichkeit am Beispiel Mannesmann*

Veränderung des DVFA-Ergebnisses mißt »Schwere«

Die relative Veränderung der Mannesmann-Notizen vom 10. 7. close auf 11. 7. open liegt mt 4.3201% außerhalb des 3-Vola-Bereiches von 3.78. Auch hier spiegelt sich die außergewöhnlich hohe Kursbewegung wieder. Sie wird allerdings mit einem 2.57% Kursrückgang zum großen Teil wieder zurückgenommen. Die DAX-Renditen weisen keine derartigen starken Veränderungen auf. Die Mannesmann-Veränderung ist deshalb nicht

1 Vgl. z. B. MacKinlay (1997), S. 20, Coenenberg/Henes (1995), S. 973.

	9.7.96			10.7.96			11.7.96			12.7.96	
	Open	Close		Open	Close		Open	Close		Open	Close
MM											
Notiz	535.00	534.80		537.00	534.70		557.80	556.30		542.00	545.70
Rendite · 10^2	–0.3738		0.4116	–0.4283		4.3201	–0.2689		-2.5705	0.6826	
DAX											
Notiz	2554.52	2562.18		2556.39	2567.43		2573.95	2575.54		2561.65	2544.26
Rendite · 10^2	0.2998		-0.2259	0.4318		0.2539	0.06177		-0.5393	–0.6788	
Abnormal Performance	–0.6736		0.6375	–0.8601		4.0662	–0.3307		-2.0312	1.3614	

Tabelle 11: Saldo Mannesmann Rendite – DAX-Rendite

auf eine allgemeine Marktreaktion, sondern auf eine unternehmensspezifische Veränderung zurückzuführen. Abschließend sei die Bestimmung der Kurserheblichkeit unter Beachtung dieser Gesichtspunkte an der Ad hoc-Meldung von Mannesmann demonstriert.

Relativieren an Hand individueller Volatilität

Angenommen Mannesmann berechnet die Veränderung des DVFA-Ergebnisses auf 2 DM. Die **Kurserheblichkeitsgrenze** beträgt nach der o.a. Definition jedoch 5% von **21.00 DM** = 1.05 DM. Damit ist nach inhaltlichen Kriterien entsprechend dem Gesetz das Kurswirkungspotential, die »Schwere«, als kurserheblich anzusetzen.

Einfluß des KGV-Multiplikators

Sie könnte nunmehr noch nach den Volatilitätsgesichtspunkten relativiert werden. Dies ist in diesem Falle nicht zu erwarten: Bereits eine 5%ige Änderung des DVFA-Ergebnisses in Höhe von 1.05 DM führt bei dem gegenwärtigen Kurs-Gewinn-Verhältnis von 25.92 (545 : 21) als Multiplikator zu einem **Kurswirkungspotential** von 27.216 (25.92 * 1.05). **Dieses liegt erheblich über dem als normal einzustufenden 3-Vola-Schwankungsbereich von 20.60.**

Bei höheren KGV-Multiplikatoren können die Relationen auch anders liegen. Sei z. B. SAP betrachtet. Der absolute 3-fach-Vola-Schwankungsbereich lag seinerzeit bei absolut 2.21 * 7.05 = 15.58. Dieses Intervall ist größer als die aus einer 5%igen Änderung des DVFA-Ergebnisses resultierende Kursschwankung. Die 5%ige DVFA-Ergebnisveränderung in Höhe von 0.2 führt, mit dem KGV-Multiplikator von 55.25 multipliziert, zu einem Wert von 11.05. Dieser Wert liegt deutlich innerhalb des 3-Vola-Schwankungsbereiches.

Bei höheren KGV-Multiplikatoren ist daher zur adäquaten Berechnung der kurserheblichen Veränderung der entsprechende Prozentsatz für die Veränderung des DVFA-Ergebnisses zu relativieren, d. h. die Grenze liegt bei jenem Prozentsatz, der zu einer Kursschwankung in Höhe von 3 Vola führt. Bei dem SAP-Kurs-Gewinn-Multiplikator von 55.25 führt erst eine 7%-Änderung des DVFA-Ergebnisses in Höhe von 4 DM zu einer Kursveränderung von ca. 15.58, dem 3-Vola-Schwankungsbereich der Kurse. Die Erhöhung der eine Kurserheblichkeit signalisierenden Veränderung des DVFA-Ergebnisses auf 7% ist in diesem Falle sicher angemessen.

Eine Erhöhung der Wertgrenze ist bei niedrigen Ergebnissen in der in Punkt 3.3.4 gegebenen Definition vorgesehen. Bei hohen Kurs-Gewinn-Verhältnissen bestimmt die 3-Vola-Grenze den Erheblichkeitsbereich der Änderung des Ergebnisses nach DVFA/SG.

3.5 Zusammenfassende Würdigung

3.5.1 Kurserheblichkeitspotential

Gegenüber den unmittelbar auf den Kursänderungen aufbauenden Untersuchungen hat die hier vorgeschlagene Methodik den großen Vorteil, daß sie unmittelbar an dem Potential zur Kursänderung ansetzt, wie dies der Gesetzgeber vorsieht, und nicht erst an der tatsächlichen Kursänderung, die ja durch viele andere Faktoren als die Insidertatsache verursacht worden sein kann. Die hier vorgeschlagene Definition stellt unmittelbar auf den Kernbereich der Kurserheblichkeit ab. Die Orientierung der Unternehmung an dem DVFA-Ergebnis pro Aktie bedeutet für die Unternehmen keinen Mehraufwand, da sie üblicherweise das DVFA-Ergebnis für interne Zwecke ohnehin ermitteln, wenngleich nicht alle dieses auch publizieren. Liegt das Ergebnis selbst auch intern nicht vor, dann kann es und die Auswirkung eines einzelnen Ereignisses von den dafür ausgebildeten Kapitalmarktexperten wie vom Gesetzgeber vorgesehen ohne große Probleme errechnet werden. Insgesamt hat dieser Vorschlag von der Methodik den großen Vorteil, daß das Kriterium einfach zu berechnen ist und ohne allzu große Unschärfebereiche für die Beurteilung in den meisten Fällen herangezogen werden kann.

DVFA-Ergebnis

Kernbereich der Kurserheblichkeit

Kein Mehraufwand

Der Vorschlag macht die ausführliche Bewertung des Einzelfalles nicht gegenstandslos. Er stellt die wichtigsten allgemeinen Beurteilungsaspekte in das Zentrum. Die Kurserheblichkeit, vom Gesetzgeber als zentraler Maßstab postuliert, steht im Mittelpunkt. Deshalb sind auch die Einwände von Pellens/Fülbier, daß bei der Ermittlung des DVFA-Ergebnisses außerordentliche und branchenfremde Ergebnisse herausgerechnet werden, die gerade einer Ad hoc-Publizitätspflicht unterliegen sollten, unbeachtlich, weil und solange die Bedeutung dieser Positionen für die Kurserheblichkeit nicht belegt wird. Der Vorwurf, daß mit dem hier unterbreiteten Vorschlag die Tatbestandsvoraussetzungen stark verkürzt werden, ist unzutreffend. Zentrales Merkmal ist die Kurserheblichkeit, und die wird sorgfältig untersucht. Die mögliche zeitliche Erstreckung auf mehrere Jahre wurde von der Kommission gerade am Fall der Mobilfunkerteilung an Mannesmann diskutiert und die Definition entsprechend erweitert.

Genereller Maßstab für Einzelfallbeurteilung

3.5.2 Volatilität als objektiver Erheblichkeitsmaßstab

Als Volatilitätsgröße wird die Volatilität der täglichen Kursveränderungen vorgeschlagen, um die kurzfristigen beobachtbaren

tägliche Volatilität

Kursveränderungen erfassen zu können. Die annualisierte Volatilität wird als langfristiger Maßstab nicht herangezogen.

3.5.3 Erheblichkeitsschwelle

3fache Volatilität

Als Erheblichkeitsschwelle wird der Wert der dreifachen Volatilität der Tagesrendite herangezogen. Er korrespondiert ziemlich gut mit den vom BAWe für DAX-Werte vorgeschlagenen 2–3% Kursveränderungen zuzüglich eines kleinen Toleranzzuschlages. Diese Erheblichkeitsschwelle bildet auch den Grenzwert für die Bedeutung des Kurserheblichkeitspotentiales aus der Veränderung des DVFA-Ergebnisses.

Bei hohen Kurs-Gewinn-Multiplikatoren ist die 5%-Erheblichkeitsgrenze für Veränderungen des DVFA-Ergebnisses ohnehin zu erhöhen. Gleiches gilt für sehr geringe DVFA-Werte.

3.6 Die Bedeutung nicht kurserheblicher Informationen für das Investmentresearch

Zur Abrundung der Darstellung der Tätigkeit im Investmentresearch sei auf die Bedeutung nicht kurserheblicher Informationen für die Beurteilung eines Unternehmens, insbesondere durch Wertpapieranalysten, eingegangen. Zum adäquaten Verständnis ist darauf zu verweisen, daß das Investmentresearch auf die künftige Entwicklung des Unternehmens abstellt.

Kompetenz und Commitment des Vorstandes

Wertpapieranalysten und Investoren interessieren vor allem die strategische Konzeption, das Verständnis von der Positionierung des Unternehmens im Markt mit den Wettbewerbern und den Produktentwicklungen. Es kommt darauf an, mit welcher Kompetenz und mit welchem Commitment die Vorstände von ihrem Unternehmen und der Aufgabe in diesem Unternehmen berichten.[1]

Die Wertpapieranalysten gewinnen im Gespräch einen Eindruck von der Fähigkeit des Managements, das Unternehmen auch in schwierigen Zeiten zu führen. Ist es in der Lage, die Mitarbeiter zu motivieren, weil es selbst motiviert ist, das Unternehmen zu führen? Wie steht es zu den Konzepten, die es vorträgt? Passen Planungen und Potentiale zusammen?

Analysten sind Experten

Analystenkonferenzen sind offene Gespräche unter Experten über die Probleme eines Unternehmens bzw. die Probleme einer gesamten Branche. Der Branchenanalyst hat weltweit Kontakt zu

1 Rau (1995 a), S. 123 ff.

allen Unternehmen einer Branche. Aufgrund seiner Sachkompetenz kann er auch beurteilen, ob die vom Vorstand vorgelegte Planung realistisch ist. Hierzu bedarf er keiner Zahlen der internen Unternehmensplanung. Natürlich hat jeder der Wertpapieranalysten vor dem Gespräch mit dem Unternehmen seine Hausaufgaben gemacht, die veröffentlichten Zahlen genau studiert und mit den Planungen bzw. Ankündigungen des letzten Jahres verglichen.[1] Natürlich müssen veröffentlichte aktuelle Zahlen vorliegen. Es macht z.B. keinen Sinn, eine Analystenkonferenz einen Monat vor Veröffentlichung der Jahresabschlußzahlen abzuhalten. Den Wertpapieranalysten interessieren in diesen Gesprächen primär die strategische Ausrichtung und sog. *soft information*. Sie haben zwar keine unmittelbare Kursrelevanz des konkreten Ereignisses, sind aber für die Einschätzung durch den Wertpapieranalysten von entscheidender Bedeutung.[2]

Kenntnis der publizierten Daten

Strategische Ausrichtung

1 Rau (1995 b), S. 159 f.
2 Raffée e.a. (1994) weisen in einer empirischen Untersuchung nach, daß die strategische Orientierung der Schlüssel des Unternehmenserfolges ist.

4 Literatur

AIMR Special Advocacy Bulletin vom 26. Juni 1997: U.S. Supreme Court Upholds Misappropriation Theory, in: http://www.aimr.org/aimr/advocacy/ad_bulletin_jun26.html#court.

Akerlof, G.A. (1970): The Market for Lemons: Qualitative Uncertainty and the Market Mechanism, in: Quarterly Journal of Economics, Vol. 84, S. 488–500.

Akgiray, V./Booth, G.G./Loistl, O. (1989 a): Stable Laws are Inappropriate for Describing German Stock Returns, in: Allgemeines Statistisches Archiv, 73. Band, S. 115–121.

Akgiray, V./Booth, G.G./Loistl, O. (1989 b): Statistical Models of German Stock Returns, in: Journal of Economics. Zeitschrift für Nationalökonomie, Vol. 50, S. 17–33.

Akgiray, V./Booth, G.G./Loistl, O. (1989 c): German Stock Market's Resiliency to World-Wide Panics, in: Zeitschrift für Betriebswirtschaft, 59. Jg., S. 968–978.

Alexander, C. (1996): Volatility and Correlation Forecasting, in: Alexander, C. (Hrsg.): The Handbook of Risk Management and Analysis, Chichester, S. 233–260.

Assmann, H.-D. (1995 a): § 13 Insider, in: Assmann, H.-D./Schneider, U.H. (Hrsg.): Wertpapierhandelsgesetz, Köln, S. 94–123.

Assmann, H.-D. (1995 b): Einleitung, in: Assmann, H.-D./Schneider, U.H. (Hrsg.): Wertpapierhandelsgesetz, Köln, S. 28–39.

Assmann, H.-D. (1997 a): AG-Forum: Das Wertpapierhandelsrecht in der Praxis, in: Die AktienGesellschaft, Jg. 42, S. 49.

Assmann, H.-D. (1997 b): Rechtsanwendungsprobleme des Insiderrechts, in: Die AktienGesellschaft, Jg. 42, S. 50–58.

Assmann, H.-D./Schneider, U.H. (1995), (Hrsg.): Wertpapierhandelsgesetz. Kommentar, bearbeitet von: Assmann, H.-D./Cramer, P./Koller, I./ Kümpel, S./Schneider, U.H., Köln.

BAWe-Jahresbericht 1995, entnommen aus: www.bawe.de

Beaver, W.H./Ryan, S.G./Wahlen, J.M. (1997): When Is »Bad News« Viewed as »Good News«? in: Financial Analysts Journal, Vol. 53, January-February, S. 45–54.

Becker, M. (1997): Börsen- und Kapitalmarktrecht der Vereinigten Staaten, in: Hopt, K.J./Rudolph, B./Baum, H. (Hrsg.): Börsenreform. Eine ökonomische, rechtsvergleichende und rechtspolitische Untersuchung, Stuttgart, S. 755–904.

Begründung der Bundesregierung zum Gesetzentwurf des Zweiten Finanzmarktförderungsgesetzes, abgedruckt in: Weisgerber, Th./Jütten, H. (1995): Das Zweite Finanzmarktförderungsgesetz, Teil 4, Köln, S. 223–294.

Bernstein, J. (1995): The Compleat Day Trader. Trading Systems, Strategies, Timing Indicators, and Analytical Methods, New York.

Bienert, H. (1996): Der Marktprozeß an Aktienbörsen, Wiesbaden.

Blume, M.E./Siegel, J.J./Rottenberg, D. (1993): Revolution on Wall Street, New York.

Bodie, Z./Kane, A./Marcus, A.J. (1996): Investments, 3rd ed., Burr Ridge, Ill./Boston, Mass.

Booth, G.G./Broussard, J.P./Loistl, O. (1996 a): German Stock Returns and the Information Content of DVFA Earnings, DVFA-Beiträge zur Wertpapieranalyse Nr. 30, 2. Aufl., 2. Druck, Dreieich.

Booth, G.G./Broussard, J.P./Loistl, O. (1996 b): Earnings and Stock Returns: Evidence from Germany, erscheint in: The European Accounting Review.
Booth, G.G./Chowdhury, M./Hatem, J.J./Loistl, O. (1995): The Nature of the Predictability of German Stock Returns, in: Ghosh, D.K. (Hrsg.): New Advances in Financial Economics, Kidlington, Oxford, S. 39–57.
Brock, J. (1995): Internationale Anlagestrategie, Wiesbaden.
Brock, W.A./Dechert, W.D./Scheinkman, J.A./LeBaron, B. (1996): A Test for Independence Based on the Correlation Dimension, in: Econometric Reviews, 15 (3), S. 197–235.
Bühner, R. (1996): Reaktionen des Aktienmarktes auf Management-Holdings, in: Zeitschrift für Betriebswirtschaft, Jg. 66, S. 5–27.
Busse v. Colbe, W./Becker, W./Berndt, H./Geiger, K.M./Haase, H./Schmitt, G./Seeberg, Th. (1996): Ergebnis nach DVFA/SG. Gemeinsame Empfehlung, 2., erw. Aufl., Stuttgart.
Caccese, M.S. (1997): Insider Trading Laws and the Role of Securities Analysts, in: Financial Analysts Journal, Vol. 53, No. 2, S. 9–12.
Caccese, M.S./Singer, S.H. e.a. (1996): »*Misappropriation Theory*« prepared for the U.S. Supreme Court, October 1996.
Chiang, R./Liu, P./Okunev, J. (1995): Modelling mean reversion of asset prices towards their fundamental value, in: Journal of Banking & Finance, Vol. 19, S. 1327–1340.
Cho, J.Y./Jung, K. (1991): Earnings Response Coefficients: A Synthesis of Theory and Empirical Evidence, in: Journal of Accounting Literature, Vol. 10, S. 85–116.
Chung, K.E./McInish, Th. H./Wood, R.A./Wyhowski, D.J. (1995): Production of information, information asymmetry, and the bid-ask spread: Empirical evidence from analysts' forecasts, in: Journal of Banking & Finance, Vol. 19, S. 1025–1046.
Claussen, C.P. (1996 a): Bank- und Börsenrecht. Handbuch für Lehre und Praxis, München.
Claussen, C.P. (1996 b): Insiderhandelsverbot und Ad hoc-Publizität, Köln.
Coenenberg, A.G./Henes, F. (1995): Der Informationsgehalt der Zwischenberichtspublizität nach § 44 b Börsengesetz, in: zfbf, Jg. 47, S. 969–994.
Cox, D.R./Peterson, D.R. (1994): Stock Returns following Large One-Day Declines: Evidence on Short-Term Reversals and Longer-Term Performance, in: The Journal of Finance, Vol. XLIX, No. 1, S. 255–267.
Cramer, P. (1997): Strafrechtliche Probleme des Insiderhandelsverbots, insbesondere Beihilfe zur fremden Insider-Straftat, in: Die AktienGesellschaft, Jg. 42, S. 59–62.
Daley, L.A./Hughes, J.S./Rayburn, J.D. (1995): The Impact of Earnings Announcements on the Permanent Price Effects of Block Trades, in: Journal of Accounting Research, Vol. 33, S. 317–334.
Dankenbring, H./Missong, M. (1997): Garch-Effekte auf dem deutschen Aktienmarkt, in: Zeitschrift für Betriebswirtschaft, Jg. 67, S. 311–332.
DeMark, Th. R. (1994): The New Science of Technical Analysis, New York.
Deutsche Börse AG (1994): Leitfaden: »Insiderhandelsverbote und Ad-hoc-Publizität nach dem Wertpapierhandelsgesetz«, abgedruckt in: Weisgerber, Th./Jütten, H. (1995): Das Zweite Finanzmarktförderungsgesetz, Teil 3, Köln, S. 195–220.

Dhillon, U.S./Johnson, H. (1994): The Effect of Dividend Changes on Stock and Bond Prices, in: The Journal of Finance, Vol XLIX, S. 281–289.

Earnings per Share (1997): Earnings per Share Standards Issued by Global Rulemakers, FASB, in: BNA's Securities Regulation & Law Report, Vol. 29, No. 10, March 7, 97.

Eisele, D. (1994): Gibt es allgemeine und praxisgerechte Beurteilungsmaßstäbe für das Vorliegen einer Insiderinformation? Vortrag gehalten auf dem DVFA Symposium »2. Finanzmarktförderungsgesetz. Rechtliche und praktische Aspekte des neuen Insiderrechtes« in Frankfurt/Main am 7. Juli 1994.

Eisele, D. (1997): § 109. Verhaltensregeln und Compliance, in: Schimanski, H./Bunte, H.-J./Lwowski, H.-J. (Hrsg.): Bankrechts-Handbuch, Band III, München, S. 2865–2890.

Ferri, M.G./Min, C. (1996): Evidence that the Stock Market Overreacts and Adjusts, in: The Journal of Portfolio Management, Spring, S. 71–76.

Focardi, S./Jonas, C. (1997): Modelling the Market: New Theories and Techniques, New Hope, Pennsylvania.

Francis, J.C. (1991): Investments: Analysis and Management, 5th ed., New York.

Franke G. (1984): On Tests of the Arbitrage Pricing Theory, in: OR Spectrum, Vol. 6, S. 109–117.

Franke, G./Hax, H. (1994): Finanzwirtschaft des Unternehmens und Kapitalmarkt, 3. Aufl., Berlin/Heidelberg.

Freeman, R.N./Tse, S.Y. (1992): A Nonlinear Model of Security Price Responses to Unexpected Earnings, in: Journal of Accounting Research, Vol. 30, S. 185–209.

Funke, M. (1994): The Message in Daily West German Stock Prices: Empirical Evidence Using GARCH, in: Kredit und Kapital, S. 148–362.

Fürhoff, J./Wölk, A. (1997): Aktuelle Fragen zur Ad hoc-Publizität, in: Zeitschrift für Wirtschafts- und Bankrecht, Jg. 51, S. 449–564.

Gebhardt, G./Entrup, U. (1993): Kapitalmarktreaktionen auf die Ausgabe von Optionsanleihen, in: Bühler, W./Hax, H./Schmidt, R. (Hrsg.): Empirische Kapitalmarktforschung, zfbf, Sonderheft 31, S. 1–33.

Gebhardt, G./Entrup, U./Heiden, S. (1994): Kursreaktionen auf Kapitalerhöhungen aus Gesellschaftsmitteln, in: Zeitschrift für Bankrecht und Bankwirtschaft, Jg. 6, S. 308–332.

Gerke, W./Bank, M./Lucht, G. (1996): Die Wirkungen des WpHG auf die Informationspolitik der Unternehmen, in: Die Bank, S. 612–616.

Goetzmann, W.N./Jorion, Ph. (1993): Testing the Predictive Power of Dividend Yields, in: The Journal of Finance, Vol. XLVIII, S. 663–679.

Gordon, M.J. (1962): The Investment, Financing and Valuation of the Corporation, Homewood, Ill.

Graham, B./Dodd, D.L. (1934): Security Analysis, New York.

Graham, C.M./Pope, P.F./Rees, W.P. (1992): The Information Content of German Analysts' Adjustments to Published Earnings. Working paper, University of Strathclyde, Glasgow.

Gregory, A./Matatko, J./Tonks, I./Purkis, R. (1994): UK Directors' Trading: The Impact of Dealings in Smaller Firms, in: The Economic Journal, Vol. 104, January, S. 37–53.

Harris, T.S./Lang, M./Möller, H.P. (1994): The Value-Relevance of German Accounting Measures, in: Journal of Accounting Research, Vol. 32, S. 187–209.

Harris, T.S./Lang, M./Möller, H.P. (1995): Zur Relevanz der Jahresabschlußgrößen Erfolg und Eigenkapital für die Aktienbewertung in Deutschland und den USA, in: zfbf, Jg. 47, S. 996–1027.
Haugen, R.A. (1997): Modern Investment Theory, 4th ed., Englewood Cliffs, New Jersey.
Hayn, C. (1995): The information content of losses, in: Journal of Accounting and Economics, Vol. 20, S. 125–153.
Hopt, K.J. (1995 a): Wie sinnvoll sind rechtliche Regelungen über Insidergeschäfte? Ökonomische und rechtliche Überlegungen zum europäischen und deutschen Insiderrecht, in: Baetge, J. (Hrsg.): Insiderrecht und Ad hoc-Publizität, Düsseldorf, S. 1–21.
Hopt, K.J. (1995 b): Diskussion zu den Vorträgen Hopt, K.J./Pellens, B./Caspari, K.-B., in: Baetge, J. (Hrsg.): Insiderrecht und Ad hoc-Publizität, Düsseldorf, S. 79–95.
Huberts, L.C./Fuller, R.J. (1995): Predictability Bias in the U.S. Equity Market, in: Financial Analysts Journal, Vol. 51, March - April, S. 12–28.
Kothari, S.P./Zimmerman, J.L. (1995): Price and return models, in: Journal of Accounting and Economics, Vol. 20, S. 155–192.
Kruschwitz, L./Löffler, A. (1997): Ross' APT ist gescheitert. Was nun? in: zfbf, Jg. 49, S. 644–651.
Krutsinger, J. (1994): The Trading Systems ToolKit, Burr Ridge, Illinois.
Kümpel, S. (1997): Aktuelle Fragen der Ad hoc-Publizität, in: Die AktienGesellschaft, Jg. 42, S. 66–72.
Lahmann, K. (1994): Insiderhandel. Ökonomische Analyse eines ordnungspolitischen Dilemmas, Berlin.
Landes, Th./Loistl, O./Reiß, W. (1989): The Determinants of the Fundamental Value Part of a Share Price, in: Loistl, O./Landes, Th. (eds.): The Dynamic Pricing of Financial Assets, Hamburg, S. 114–158.
Lee, C.F./Finnerty, J.E./Wort, D.H. (1990): Security Analysis and Portfolio Management, Glenview, Illinois.
Loistl, O. (1990): Zur neueren Entwicklung der Finanzierungstheorie, in: Die Betriebswirtschaft, 50. Jg., S. 47–84.
Loistl, O. (1994): Kapitalmarkttheorie, 3. Auflage, München.
Loistl, O. (1995 a): Empirisch fundierte Messung kursrelevanter Tatsachen, in: Die Bank, S. 232–237.
Loistl, O. (1995 b): Zur Bestimmung der Kursrelevanz, in: Claussen, C.P./Loistl, O. (Hrsg.): Das neue Kapitalmarktrecht in Frage und Antwort, DVFA-Beiträge zur Wertpapieranalyse Nr. 31, Dreieich, S. 49–66.
Loistl, O. (1996 a) unter Mitarbeit von Löderbusch, B./Weßels, Th./Schepers, N.: Computergestütztes Wertpapiermanagement, 5., überarb. und aktualisierte Auflage, München.
Loistl, O. (1996 b): Implementation Issues: Transaction Costs in German Equity Markets, in: Squires, J.R. (ed.): Global Portfolio Management, AIMR, Charlottesville, S. 84–93.
Loistl, O./Betz, I. (1996): Chaostheorie, 3., ergänzte Auflage, München.
MacKinlay, A.C. (1997): Event Studies in Economics and Finance, in: Journal of Economic Literature, Vol. XXXV, March, S. 13–39.
Madhavan, A. (1996): Security Prices and Market Transparency, in: Journal of Financial Intermediation, Vol. 5, S. 255–283.
Martikainen, M. (1996): Accounting Losses and Earnings Response Coefficients, erscheint in: Journal of Business, Finance and Accounting.
Miller, M.H./Modigliani, F. (1961): Dividend Policy, Growth, and the Valuation of Shares, in: Journal of Business, Vol. 34, S. 411- 433.

Mitchell, M.L./Mulherin, J.H. (1994): The Impact of Public Information on the Stock Market, in: The Journal of Finance, Vol XLIX, S. 923–950.

Modigliani, F./Miller, M.H. (1958): The Cost of Capital, Corporation Finance and the Theory of Investment, in: American Economic Review, Vol. 48, S. 261–297.

Mott, C.E./Coker, D.P. (1993): Earnings Surprise in the Small-Cap World, in: The Journal of Portfolio Management, Fall 1993, S. 64–75.

NASDAQ (1992): The NASDAQ Handbook, Chicago, Illinois.

Nimalendran, M. (1994): Estimating the Effects of Information Surprises and Trading on Stock Returns Using a Mixed Jump-Diffusion Model, in: The Review of Financial Studies, Vol. 7, S. 451–473.

Ohlson, J.A./Shroff, P.K. (1992): Changes versus Levels in Earnings as Explanatory Variables for Returns: Some Theoretical Considerations, in: Journal of Accounting Research, Vol. 30, S. 210–226.

Pellens, B./Fülbier, R.U. (1995): Gestaltung der Ad hoc-Publizität unter Einbeziehung internationaler Vorgehensweisen, in: Baetge, J. (Hrsg.): Insiderrecht und Ad hoc-Publizität, Düsseldorf, S. 23–64.

Perridon, L./Steiner, M. (1995): Finanzwirtschaft der Unternehmung, 8., überarb. Auflage, München.

Peterson, D.R./Peterson, P.P. (1995): Abnormal Returns and Analysts' Earnings Forecast Revisions Associated with the Publication of »Stock Highlights« by Value Line Investment Survey, in: The Journal of Financial Research, Vol. XVIII, S. 465–477.

Pettit, R.R./Venkatesh, P.C. (1995): Insider Trading and Long-Run Return Performance, in: Financial Management, Vol. 24, No. 2, S. 88–103.

Picot, A./Bortenlänger, C./Röhrl, H. (1996): Der Einfluß von Informationstechnologie und Wettbewerb auf die Organisation von Wertpapiermärkten, Frankfurt/Main.

Poddig, Th. (1996): Analyse und Prognose von Finanzmärkten, Bad Soden/Ts.

Pulm, J. (1993): Die Wettbewerbsfähigkeit des Finanzplatzes Frankfurt im internationalen Vergleich, Frankfurt/Main.

Raffée, H./Effenberger, J./Fritz, W. (1994): Strategieprofile als Faktoren des Unternehmenserfolgs, in: DBW 54, S. 383–396.

Rau, F.H. (1995 a): Auswirkungen des neuen Insiderrechts auf die Arbeit der Finanzanalysten, in: Baetge, J. (Hrsg.): Insiderrecht und Ad hoc-Publizität, Düsseldorf, S. 121–140.

Rau, F.H. (1995 b): Diskussion zu den Vorträgen Hopt, K.J./Pellens, B./Caspari, K.-B./Schwarze, H.-J./Bruns, H.-G./Rau, F.H., in: Baetge, J. (Hrsg.): Insiderrecht und Ad hoc-Publizität, Düsseldorf, S. 141–175.

Reilly, F.K. (1994): Investment Analysis and Portfolio Management, 4th ed., Orlando, Florida.

Rudolph, B. (1994 a): Betriebswirtschaftliche Beurteilung des Insiderhandelsverbots, in: BFuP, Jg. 45, S. 114–123.

Rudolph, B. (1994 b): Ökonomische Theorie und Insiderrecht, in: Ballwieser et al. (Hrsg.): Bilanzrecht und Kapitalmarkt, Festschrift für Adolf Moxter, Düsseldorf, S. 1335–1349.

Rudolph, B./Röhrl, H. (1997): Grundfragen der Börsenorganisation aus ökonomischer Sicht, in: Hopt, K.J./Rudolph, B./Baum, H. (Hrsg.): Börsenreform. Eine ökonomische, rechtsvergleichende und rechtspolitische Untersuchung, Stuttgart, S. 143–285.

Schiereck, D. (1995): Internationale Börsenplatzentscheidungen institutioneller Investoren, Wiesbaden.

Schmidt, R. H./Terberger, E. (1996): Grundzüge der Investitions- und Finanzierungstheorie, 3. Aufl., Wiesbaden.
Schmidt, R./Wulff, S. (1993): Zur Entdeckung von Insider-Aktivitäten am deutschen Aktienmarkt, in: Zeitschrift für Bankrecht und Bankwirtschaft, 5. Jg., S. 57–68.
Schneider, D. (1993): Wider Insiderhandelsverbot und die Informationseffizienz des Kapitalmarkts, in: Der Betrieb, Jg. 46, S. 1429–1435.
Schwager, J. D. (1996): Schwager on Futures. Technical Analysis, New York.
Schwartz, R. A. (1991): Reshaping the Equity Markets, New York.
Sharpe, W. F./Alexander, G. J./Bailey, J. V. (1995): Investments, 5th ed., Englewood Cliffs, New Jersey.
Shin, J. (1996): The Optimal Regulation of Insider Trading, in: Journal of Financial Intermediation, 5, S. 49–73.
Silber, W. L. (1994): Technical Trading: When it Works and When it Doesn't, in: The Journal of Derivatives, Spring, S. 39–44.
Smith, R. T (1993): Market risk and asset prices, in: Journal of Economic Dynamics and Control, 17, S. 555–569.
Solnik, B. (1996): International Investments, 3rd ed., Reading, Mass.
Stulz, R. M. (1995): Globalization of Capital Markets and the Cost of Capital: The Case of Nestlé, in: Journal of Applied Corporate Finance, Vol. 8, S. 30–38.
Süßmann, R. (1997): Insiderhandel – Erfahrungen aus der Sicht des Bundesaufsichtsamts für den Wertpapierhandel, in: Die AktienGesellschaft, Jg. 42, S. 63–65.
Uhlir, H./Steiner, P. (1994): Wertpapieranalyse, 3., durchgesehene Aufl., Heidelberg.
Weber, S. (1995): Kapitalmarktrecht, erscheint in: Springer-Verlag.
Weisgerber, Th./Jütten, H. (1995): Das Zweite Finanzmarktförderungsgesetz. Erläuterungen, Gesetzestexte, Materialien, Leitfaden zum Insiderrecht, bearbeitet von Weisgerber, Th./Jütten, H., Köln.
White, G. J./Sondhi, A. C./Fried, D. (1994): The Analysis and Use of Financial Statements, New York.
Williams, J. B. (1938): The Theory of Investment Value, Cambrigde, Mass.
Wittich, G. (1997): Erfahrungen mit der Ad hoc-Publizität in Deutschland, in: Die AktienGesellschaft, Jg. 42, S. 1–5.
Wölk, A. (1997): Ad hoc-Publizität – Erfahrungen aus der Sicht des Bundesaufsichtsamts für den Wertpapierhandel, in: Die AktienGesellschaft, Jg. 42, S. 73–80.
Zimmermann, H. (1996): Finanzanalyse und Kapitalmarkttheorie am Beispiel schweizerischer Wirtschaftssektoren, in: Finanzmarkt und Portfolio Management, 10. Jg., S. 148–171.

Anhang I zu Kapitel IV

1 Ergebnis nach DVFA/SG

1.1 Das Prinzip der DVFA-Methodik[1]

Soweit das Jahresergebnis in erheblichem Umfang von Ergebniskomponenten beeinflußt ist, die einen Zeit- bzw. Unternehmensvergleich beeinträchtigen, sind diese unter Berücksichtigung ihrer steuerlichen Auswirkungen auf das Unternehmen auszuschalten, um ein vergleichbares Ergebnis zu erhalten. Dabei hat die Normalisierung der Berichtsperiode Vorrang vor der Betrachtung der Totalperiode. Die internationale Vergleichbarkeit bleibt aber auch trotz Berücksichtigung dieser Bereinigungen aufgrund der unterschiedlichen nationalen Rechnungslegungsvorschriften beeinträchtigt. Nicht zuletzt deshalb besteht das Bedürfnis, zusätzlich einen Cash Flow in die Vergleichsbetrachtungen mit einzubeziehen, weil bei dieser Größe ein wesentlicher Teil der verbliebenen Unterschiede neutralisiert wird.

Das bereinigte Ergebnis kann mehr oder weniger vom ausgewiesenen abweichen. Um Mißverständnisse zu vermeiden, wird das bereinigte Ergebnis als »Ergebnis nach DVFA/SG« bezeichnet. Es verfolgt die Zielsetzung, ein von Sondereinflüssen bereinigtes Jahresergebnis darzustellen, das besser als der ausgewiesene Jahresüberschuß bzw. -fehlbetrag geeignet ist, auf möglichst vergleichbarer Basis

- den Ergebnistrend eines Unternehmens im Zeitablauf aufzuzeigen,
- als Ausgangsposition für die Abschätzung der zukünftigen Ergebnisentwicklung zu dienen,
- Vergleiche des wirtschaftlichen Erfolges zwischen verschiedenen Unternehmen zu ermöglichen.

Die besondere Schwierigkeit der Bereinigung um Sondereinflüsse liegt zum einen darin, zu einer sachgerechten und allgemeingültigen Definition zu kommen, was Sondereinflüsse in diesem Zusammenhang sind; sie besteht zum anderen aber auch darin, daß sich dem Grundsatz nach zu bereinigende Tatbestände nur schwer

1 Die Darstellung folgt Busse von Colbe/Becker/Berndt/Geiger/Haase/Schmitt/Seeberg (1996), S. 3 ff.

oder gar nicht nach einheitlichen Grundsätzen beziffern lassen (z.B. gewisse Rückstellungen, Bewertungsreserven). Branchen- oder unternehmensindividuelle Besonderheiten sowie steuerliche Sachverhalte, aber auch die Vielschichtigkeit betriebswirtschaftlicher Zusammenhänge können dem Ziel des Vergleichbarmachens entgegenstehen. Dennoch liegt es im Interesse aller Beteiligten, zu einer möglichst einheitlichen Bereinigung des ausgewiesenen Jahresergebnisses zu kommen. ...

Die Ermittlung eines Ergebnisses nach DVFA/SG und des daraus abgeleiteten Ergebnisses je Aktie dient vor allem auch dem Ziel einer vergleichenden Beurteilung des Börsenkurses. Sie stützt sich zunächst auf das Verhältnis Börsenkurs zu Ergebnis je Aktie, das als Kurs/Gewinn-Verhältnis (KGV) bzw. Price Earnings Ratio (PER) bezeichnet wird. Eine weitergehende Unternehmensanalyse muß sich mit dem Ziel anschließen, Chancen und Risiken eines Unternehmens sowie die Stärke und Nachhaltigkeit seiner Ertragskraft möglichst realistisch einzuschätzen. ...

Die Verwendbarkeit des Ergebnisses nach DVFA/SG für die Ermittlung der Kurssensitivität hängt von der Aussagefähigkeit dieses Ergebnisses für den Aktienkurs ab.

1.2 Zu bereinigende Sondereinflüsse[1]

Zur Ermittlung einer für den Zeit- und Unternehmensvergleich geeigneten Ergebnisgröße ist es erforderlich, das ausgewiesene Jahresergebnis um ungewöhnliche und dispositionsbedingte Aufwendungen und Erträge im Sinne der nachstehenden Ausführungen zu bereinigen.

1.2.1 Ungewöhnliche Aufwendungen und Erträge

Ungewöhnliche Aufwendungen und Erträge können nur dann bereinigt werden, wenn sie auf Konzernebene die folgenden drei Kriterien gleichzeitig erfüllen:

- Es muß sich um einen großen Betrag im Verhältnis zu den gewöhnlichen Aufwendungen bzw. Erträgen handeln.
- Für den Betrag muß eine vorhersehbare Seltenheit bestehen. Das heißt, es darf sich nicht um kurzfristig wiederholbare Tatbestände handeln.

1 Die Darstellung folgt Busse von Colbe/Becker/Berndt/Geiger/Haase/Schmitt/Seeberg (1996), S. 17 ff.

- Bei dem Betrag darf es sich nicht um Verluste oder Gewinne aus kontinuierlichen Aktivitäten (continuing operations) handeln.

In der Gewinn- und Verlustrechnung separat ausgewiesene »außerordentliche Aufwendungen« oder »außerordentliche Erträge« sind zu bereinigen, es sei denn, daß sie die drei genannten Kriterien nicht erfüllen. Im Anhang angegebene periodenfremde Aufwendungen und Erträge sind nur dann zu bereinigen, wenn sie als ungewöhnlich anzusehen sind.

Zu den bereinigungsfähigen ungewöhnlichen Aufwendungen und Erträgen können diejenigen gehören, die unter anderem aus folgenden Maßnahmen entstanden sind:

- Aufgabe wesentlicher Geschäftsbereiche, Produktlinien und Funktionen (discontinued operations)
- gravierende Veränderungen der Aufbau- und Ablauforganisation im Zusammenhang mit discontinued operations
- Stillegung großer Werke
- Verkauf/Entkonsolidierung großer Beteiligungen
- Abgang wesentlicher Teile des Sachanlagevermögens
- Fusionen und Verschmelzungen von bedeutenden Unternehmen
- Aufwendungen aus außergewöhnlichen Schadensfällen und Regreßansprüchen sowie entsprechende Erträge aus Versicherungsleistungen
- Aufwendungen für Firmenjubiläen
- Erträge aus Sanierungsmaßnahmen (z.B. Gesellschafterzuschüsse, Forderungsverzichte)
- Aufwendungen der erstmaligen Börseneinführung.

Zu den nicht bereinigungsfähigen ungewöhnlichen Aufwendungen und Erträgen gehören unter anderem die folgenden:

- Anlaufkosten für neue Werke und Produkte
- Vorleistungen (z.B. Forschungs- und Entwicklungsaufwendungen, Werbekampagnen)
- Erschließungskosten für neue Märkte
- Ingangsetzungs- oder Erweiterungsaufwendungen
- fehlgeschlagene Produkteinführungen
- Akquisitionskosten für den Erwerb neuer Beteiligungen
- Kapazitätserweiterungen oder -verlagerungen
- Zusatzgewinne aufgrund einmalig günstiger Nachfrage- oder Wettbewerbskonstellationen
- Verluste und Gewinne aus Termingeschäften
- Tageswertabschreibungen

- positive Auswirkungen aus Restrukturierungsmaßnahmen in den Folgejahren
- Aufwendungen für Finanzierungsmaßnahmen (z.B. Kapitalerhöhungen)

Bei der Beurteilung der Bereinigungsfähigkeit ungewöhnlicher Aufwendungen und Erträge sind auch branchenspezifische Gegebenheiten zu berücksichtigen. Nicht als ungewöhnlich anzusehen sind beispielsweise:

- Gewinne und Verluste aus der Veräußerung einer von zahlreichen Beteiligungen einer Unternehmensbeteiligungsgesellschaft im Sinn des UBGG.
- Aufwendungen und Erträge aus dem Verkauf von Anlagegütern eines Leasingunternehmens.

1.2.2 Dispositionsbedingte Aufwendungen und Erträge

Die Erfahrung zeigt, daß Bewertungsspielräume sowohl im Zeitablauf als auch von Unternehmen zu Unternehmen sehr unterschiedlich genutzt werden. Damit eine bessere Vergleichbarkeit zwischen verschiedenen Unternehmen hergestellt werden kann, wird aus Gründen der Praktikabilität die als vorherrschend angesehene Bilanzierungsmethode als »Normalfall« unterstellt.
Bei der Bemessung von Abschreibungen und Rückstellungen gibt es Ermessensspielräume. Sofern sich erkennen läßt, daß diese Spielräume dispositiv ausgeschöpft wurden, ist eine Bereinigung vorzunehmen.

Änderungen von Bewertungsmethoden haben dispositiven Charakter. Daraus resultierende Aufwendungen oder Erträge sind im Jahr der Änderung so zu bereinigen, daß das Berichtsjahr mit den Folgejahren vergleichbar ist.

1.3 Faktoren, die das DVFA-Ergebnis beeinflussen

Grundlage für die Ermittlung des DVFA-Ergebnisses ist der Konzernabschluß und der dort ausgewiesene Jahresüberschuß bzw. -fehlbetrag. Folglich sind für die Ermittlung des DVFA-Ergebnisses zunächst die Faktoren zu berücksichtigen, die den Konzernjahresüberschuß bzw. -fehlbetrag und damit die einzelnen Positionen der Gewinn- und Verlustrechnung beeinflussen. Dabei bleiben ungewöhnliche und dispositionsbedingte Aufwendungen und Erträge außerhalb der Betrachtung.

1.4 Die einzelnen Positionen der Gewinn- und Verlustrechnung und Beispiele für Einflußfaktoren

Umsatz

Zum einen ist der Umsatz abhängig von externen Faktoren, wie z. B. der Konjunktur- und Währungsentwicklung, auf die das Unternehmen selbst keinen Einfluß nehmen, sondern lediglich reagieren kann. Dabei sind die Auswirkungen dieser Einflußgrößen auf den Umsatz vom Unternehmen selbst schwer einzuschätzen. Zum anderen wird der Umsatz beeinflußt von internen Faktoren. Beispiele hierfür sind Veränderungen im Produktsortiment, Vorratsaufbau/-abbau, Akquirierung bzw. Stornierung von Großaufträgen, Veränderung der Verkaufspreise, Änderung der Marktstellung, Produktinnovation.

Materialaufwand

Ähnlich wie beim Umsatz wird der Materialaufwand von externen Größen, wie der Veränderung der Materialpreise, der Energiepreise und der Währung, sowie von internen Faktoren, wie z. B. der Veränderung in der Zusammensetzung des Materialaufwands oder verstärkten Outsourcing-Aktivitäten, beeinflußt.

Personalaufwand

Der Personalaufwand wird entscheidend tangiert von der Zahl der Mitarbeiter, den Ergebnissen der Tarifabschlüsse und den Gratifikationen bzw. Bonuszahlungen an die Mitarbeiter. Auch strategische Entscheidungen des Unternehmens, wie Personalabbau, die Belastungen aus entsprechenden Sozialplänen, eine Verlagerung der Produktion ins Ausland, wirken sich auf den Personalaufwand aus. Wichtige Faktoren sind außerdem Produktivitätseffekte und realisierte Synergien, z. B. aus Unternehmensübernahmen.

Abschreibungen auf Sachanlagen

Abschreibungen auf Sachanlagen sind abhängig vom Investitionsverhalten des Unternehmens. So steigen die Abschreibungen zu Beginn eines Investitionszyklus, und sie gehen wieder zurück nach dem Überschreiten des Investitionshöhepunkts. Darüber hinaus ist ein Wechsel der Abschreibungsmethode ein wichtiger Faktor.

Sonstige Aufwendungen/Erträge

Beispiele hierfür sind verstärkte Marketingaufwendungen, um eine neues Produkt zu plazieren, oder umgekehrt deren Wegfall, erhöhte Mietaufwendungen infolge des Verkaufs von zuvor eigen genutzter Gebäude, Steuererstattungen.

Ergebnis Finanzbereich
Das Ergebnis des Finanzbereichs ist entscheidend abhängig von der extern bestimmten Zinsentwicklung. Darüber hinaus wird das Zinsergebnis von dem Aufbau/Abbau der Verbindlichkeiten beeinflußt, z. B. um eine Akquisition oder ein Investitionsprogramm zu finanzieren. Ein weiterer Faktor ist die Veränderung in der Struktur der Verbindlichkeiten oder Vermögensgegenstände. Auch eine Kapitalerhöhung wirkt sich auf das Zinsergebnis aus, da dem Unternehmen erhebliche liquide Mittel zufließen.

Ergebnis Beteiligungsbereich
Beispiele für Einflußfaktoren sind die Entwicklung der Beteiligungserträge, Abschreibungen auf Finanzbeteiligungen oder eine Änderung des Beteiligungsportefeuilles.

Ertragsteuern
Wichtige Determinanten sind die Veränderung der Steuersätze (z. B. Solidaritätszuschlag), die Nutzung von steuerlichen Verlustvorträgen bzw. deren Abbau, die Veränderung der Steuerquote durch Änderungen in der Struktur der Erträge (in-/ausländische Gesellschaften; Ausschüttung/Einbehalt von Gewinnen).

Nahezu sämtliche Positionen der Gewinn- und Verlustrechnung werden durch die erstmalige Konsolidierung von größeren Akquisitionen bzw. den Verkauf von Unternehmensteilen beeinflußt. Entscheidend ist auch der Zeitpunkt und die Methode der Konsolidierung.

Ergebnisanteile Dritter
Das DVFA-Ergebnis je Aktie wird ohne die Ergebnisanteile Dritter betrachtet. Deshalb sind Veränderungen in der Beteiligungsquote bei Tochtergesellschaften zu beachten.

Anzahl der Aktien
Veränderungen in der Anzahl der Aktien resultieren aus Kapitalerhöhungen, Kapitalherabsetzungen oder der Ausübung von Options- bzw. Wandelrechten.

1.5 Arbeitsschema zur Ermittlung des Ergebnisses nach DVFA/SG[1]

Den Wünschen der externen Analyse, aber auch der Unternehmen entsprechend, wurde das Arbeitsschema im Sinne einer Checkliste gestaltet.

---

1 Die Darstellung folgt Busse von Colbe/Becker/Berndt/Geiger/Haase/Schmitt/Seeberg (1996), S. 37 ff.

Die Ableitung des Ergebnisses nach DVFA/SG erfolgt in den folgenden Schritten:

1. Jahresüberschuß/-fehlbetrag
2. Ingangsetzungs- und Erweiterungsaufwendungen
3. Bereinigungspositionen im Anlagevermögen
4. Bereinigungspositionen im Umlaufvermögen
5. Bereinigungsposten in den Passiva
6. Den Positionen 2 bis 5 nicht eindeutig zuordenbare Sondereinflüsse sowie Fremdwährungseinflüsse
7. Zusammenfassung der zu berücksichtigenden Bereinigungen. Dabei kann auf die Positionen 2, 3.4, 4.3, 5.4 und 6.3 das Wesentlichkeitskriterium angewendet werden
8. Ermittlung des Ergebnisses nach DVFA/SG für das Gesamtunternehmen durch Zusammenfassung der Positionen 1 und 7
9. Ermittlung des Ergebnisses nach DVFA/SG ohne Anteile Dritter
10. Ermittlung des Ergebnisses nach DVFA/SG je Aktie durch Umrechnung des Ergebnisses nach DVFA/SG ohne Anteile Dritter auf die Anzahl der adjustierten durchschnittlich dividendenberechtigten Aktien
11. Ergebnis nach DVFA/SG je Aktie »voll verwässert«
12. Ergebnis nach DVFA/SG je Aktie adjustiert im Falle von Veränderungen des Gezeichneten Kapitals

A	B	C	D
Lfd. Nr. der Pos.	Bezeichnung der Position laut Jahresabschluß oder anderer Quellen, in denen bereinigungswürdige Sachverhalte enthalten sein können.	– Mio DM/TDM – brutto	netto
1.	**Jahresüberschuß/-fehlbetrag** (gegebenenfalls vor Ergebnisabführung abzüglich darauf anzusetzender Steuern).	....	....
2.	**Ingangsetzungs- und Erweiterungsaufwendungen**	....	....
3.	**Bereinigungspositionen im Anlagevermögen**	....	....
3.1.	**Immaterielle Vermögensgegenstände**		
3.1.1	Konzessionen, gewerbliche Schutzrechte u. ä.		
	• Abschreibungen	....	....
	• Zuschreibungen	....	....
	• Änderungen von Abschreibungsdauern/-methoden	....	....
	• Gewinne/Verluste aus Abgängen	....	....
	•	....	....
3.1.2.	Geschäfts- oder Firmenwert (Goodwill)		
	• Abschreibungen	....	....
	• Änderungen von Abschreibungsdauern/-methoden	....	....
	•	....	....
3.2.	**Sachanlagen**		
	• Abschreibungen	....	....
	• Zuschreibungen	....	....
	• Änderungen von Abschreibungsdauern/-methoden	....	....
	• Gewinne/Verluste aus Abgängen	....	....
	• Bewertung von selbsterstellten Anlagen	....	....
	• Investitionszulagen und -zuschüsse	....	....
	•	....	....
3.3.	**Finanzanlagen**		
	• Abschreibungen	....	....
	• Zuschreibungen	....	....
	• Gewinne/Verluste aus Abgängen	....	....
	• Bereinigungswürdige Sachverhalte in Ausschüttungen der übernommenen Ergebnissen von Beteiligungen	....	....
	•	....	....
3.4.	**Zwischensumme 3.1. bis 3.3.**	....	....
4.	**Bereinigungspositionen im Umlaufvermögen**		
4.1.	**Vorräte und noch nicht abgerechnete Leistungen**		
	• Abschreibungen	....	....
	• Bildung von Bewertungsreserven	....	....
	• Auflösung von Bewertungsreserven	....	....
	• Veränderung des Importwarenabschlags	....	....
	• Wechsel der Bewertungsmethode und/oder des Verbrauchsfolgeverfahrens	....	....
	•	....	....

A	B	C	D
Lfd. Nr. der Pos.	Bezeichnung der Position laut Jahresabschluß oder anderer Quellen, in denen bereinigungswürdige Sachverhalte enthalten sein können.	– Mio DM/TDM – brutto	netto
4.2.	**Forderungen und Disagio**		
4.2.1.	Forderungen		
	• Abschreibungen	....	....
	• Bildung von Bewertungsreserven	....	....
	• Auflösung von Bewertungsreserven	....	....
	• Einmaleffekte aus der Veränderung des Pauschalwertberichtigungssatzes	....	....
	•	....	....
4.2.2.	Disagio	....	....
4.3.	**Zwischensumme 4.1. und 4.2.**	....	....
5.	**Bereinigungspositionen in den Passiva**		
5.1.	**Passivischer Unterschiedsbetrag aus der Kapitalkonsolidierung**		
	• Erträge aus der Auflösung im Falle eines »Lucky Buy«	....	....
	• Bereinigungswürdige übrige Erträge aus der Auflösung	....	....
	•	....	....
5.2.	**Sonderposten mit Rücklageanteil**		
	• Zuführung	....	....
	• Auflösung	....	....
	•	....	....
5.3.	**Rückstellungen**		
5.3.1.	Pensionssrückstellungen		
	• Methodenwechsel/Änderungen von Rechnungsparametern	....	....
	• Nachholungen	....	....
	• Unterlassene Dotierungen	....	....
	• Abweichungen von den üblichen Ermittlungsmethoden	....	....
	• Erträge aus der Auflösung	....	....
	•	....	....
5.3.2.	Sonstige Rückstellungen		
	• Nettoveränderung versteuerter Rückstellungen	....	....
	• Bereinigungswürdige Teile der übrigen »Sonstigen Rückstellungen«	....	....
	• Erträge aus der Auflösung	....	....
	•	....	....
5.4.	**Zwischensumme 5.1. bis 5.3.**		

A	B	C	D
Lfd. Nr. der Pos.	Bezeichnung der Position laut Jahresabschluß oder anderer Quellen, in denen bereinigungswürdige Sachverhalte enthalten sein können.	– Mio DM/TDM – brutto	netto
6.	**Den Positionen 2 bis 5 nicht eindeutig zuordenbare Sondereinflüsse sowie Fremdwährungseinflüsse**		
6.1.	**Nicht eindeutig zuordenbare Sondereinflüsse**, z. B.		
	• Aufwendungen für Firmenjubiläen	....	....
	• Erträge aus Sanierungsmaßnahmen	....	....
	• Aufwendungen aus der erstmaligen Börseneinführung	....	....
	• Steuererstattungen oder -nachzahlungen	....	....
	• Aufwendungen für außergewöhnliche Schadensfälle	....	....
	•	....	....
6.2.	**Fremdwährungseinflüsse**		
	• Umrechnungsdifferenz aus der Bilanz	....	....
	• Umrechnungsdifferenz aus der GuV	....	....
6.3.	**Zwischensumme 6.1. und 6.2.**	....	....
7.	**Summe der zu berücksichtigenden** Korrekturen (Pos. 2 +3.4 +4.3 +5.4 +6.3)	....	....
8.	**Ergebnis nach DVFA/SG (Gesamtunternehmen) (Pos. 1 + Pos. 7)**	....	....
8.1.	Ergebnisanteile Dritter	....	....
9.	**Ergebnis nach DVFA/SG (ohne Anteile Dritter)**	....	....
9.1.	Anzahl der für das Geschäftsjahr adjustierten durchschnittlich dividendenberechtigten Aktien (s. Kapitel D.1)*	....	....
10.	**Ergebnis nach DVFA/SG je Aktie** (DM)	....	....
11.	**Adjustiertes Ergebnis nach DVFA/SG je Aktie aus Anlaß von Veränderungen des Gezeichneten Kapitals**** (DM)	....	....
12.	**Ergebnis nach DVFA/SG je Aktie »voll verwässert« (vgl. Kapitel D.3)***** (DM)	....	....

* Busse von Colbe/Becker/Berndt/Geiger/Haase/Schmitt/Seeberg (1996), S. 115.

** Eine Adjustierung des DVFA/SG-Ergebnisses des Berichtsjahres ist nur dann vorzunehmen, wenn nach dem Bilanzstichtag eine Kapitalveränderung stattgefunden hat (vgl. Kapitel D.2 in: Busse von Colbe/Becker/Berndt/Geiger/Haase/Schmitt/Seeberg (1996), S. 117 ff.).

*** Busse von Colbe/Becker/Berndt/Geiger/Haase/Schmitt/Seeberg (1996), S. 123.

Erläuterung der Spalten

A: Laufende Bezifferung

B: Bezeichnung der Position laut Jahresabschluß oder anderer Quellen bzw. in der von DVFA/SG vorgeschlagenen Weise.

C: Hier ist die jeweils bezeichnete Ertrags- oder Aufwandsposition mit ihrem Bruttobetrag, dh. vor Ertragsteuern, einzusetzen. Hat ein Ertrag - auch unter Berücksichtigung latenter Steuern - keine steuerlichen Wirkungen ausgelöst, so ist der Bruttobetrag gleich dem Nettobetrag und demnach gleich in Spalte D einzusetzen. In gleicher Weise ist ein Aufwand, der keine steuermindernde Wirkung hat, ebenfalls in Spalte D einzusetzen.

D: Hier sind die aus den Bruttobeträgen unter Anwendung der entsprechenden Steuersätze ermittelten Nettobeträge einzusetzen. Für Unternehmen, die nur im Bundesgebiet steuerpflichtig sind, gelten die unter Berücksichtigung der Körperschaftsteuer und der Gewerbeertragsteuer auf Basis eines durchschnittlichen Hebesatzes ermittelten und in Kapitel C[1] aufgeführten Nettogewinnsätze. Für Unternehmen, die nur in Berlin steuerpflichtig sind, ergeben sich die entsprechenden Nettogewinnsätze ebenfalls aus Kapitel C.

Bei der Bereinigung inländischer Abschlüsse sind ausschließlich die in Kapitel C aufgeführten Nettogewinnsätze und nicht die unternehmensindividuellen Sätze anzuwenden.

Auf die aus ausländischen Abschlüssen stammenden Bereinigungspositionen sind grundsätzlich länderspezifische Steuersätze anzuwenden. ...

Die Anwendung des kalkulatorischen Steuer- bzw. Nettogewinnsatzes auf Basis der Gewinnthesaurierung setzt voraus, daß der erzielte ordentliche Gewinn zumindest den Ausschüttungsbetrag deckt.

1.6 Veränderungen bei Bilanzpositionen. Besonderheiten bei Industrieunternehmen

In der Bilanz können sich bei den folgenden Positionen durch zu bereinigende Sondereinflüsse (ungewöhnliche und dispositionsbedingte Aufwendungen und Erträge) Veränderungen ergeben:

---

1 Busse von Colbe/Becker/Berndt/Geiger/Haase/Schmitt/Seeberg (1996), S. 107 ff.

1. *Alle Positionen, bei denen die Bewertungsmethoden geändert wurden*
   Änderungen von Bewertungsmethoden haben dispositiven Charakter. Daraus resultierende Aufwendungen oder Erträge sind im Jahr der Änderung so zu bereinigen, daß das Berichtsjahr mit den Folgejahren vergleichbar ist.
2. *Aktivierte Aufwendungen für die Ingangsetzung und Erweiterung des Geschäftsbetriebes*
   Da sie als ordentlicher Aufwand angesehen werden, ist eine Aktivierung als ergebnismindernd anzusetzen.
3. *Konzessionen, gewerbliche Schutzrechte u. ä.*
   Planmäßige handelsrechtliche Abschreibungen sind analog den Abschreibungen auf Sachanlagen als ordentlicher Aufwand anzusehen.
   Bei außerplanmäßigen Abschreibungen sind u. U. Bereinigungen analog den Abschreibungen auf Sachanlagen (nachstehende Ziffer 6) vorzunehmen.
4. *Geschäfts- oder Firmenwert (Goodwill)*
   In dieser Frage ist die internationale Bilanzierungspraxis noch im Fluß. Wegen der bestehenden Auswahlrechte im Konzernabschluß wurden aus Gründen einer leichteren Vergleichbarkeit einige Empfehlungen gegeben, die aus Busse von Colbe/Becker/Berndt/Geiger/Haase/Schmitt/Seeberg (1996) zu ersehen sind.
5. *Aufgedeckte stille Reserven*
   Abschreibungen von aufgedeckten stillen Reserven im Anlagevermögen werden als ordentlicher Aufwand angesehen und daher nicht bereinigt.
6. *Sachanlagen*
   Neben den bei den vorstehenden Ausführungen zur Gewinn- und Verlustrechnung bereits erwähnten Abschreibungen auf Sachanlagen können sich bei den Gewinnen und Verlusten aus dem Abgang von Gegenständen des Sachanlagevermögens, bei der Bewertung von selbsterstellten Sachanlagen und bei Investitionszulagen und -zuschüssen Veränderungen ergeben.
7. *Finanzanlagen*
   Abschreibungen auf Beteiligungen und andere Posten des Finanzvermögens, die aufgrund einer nachhaltigen Wertminderung erfolgen, sind grundsätzlich nicht zu bereinigen. Es gibt aber hier, wie z. B. auch bei den Gewinnen und Verlusten aus dem Abgang von Finanzanlagen, u. U. Korrekturerfordernisse.
8. *Vorräte und noch nicht abgerechnete Leistungen*
   Mit Blick auf die handelsrechtlich bestehenden Aktivierungswahlrechte können sich Korrekturerfordernisse ergeben. (Siehe hierzu auch vorstehende Ziffer 1).

9. *Forderungen und sonstige Vermögensgegenstände des Umlaufvermögens sowie Rechnungsabgrenzungsposten*
   Obwohl Forderungsabschreibungen in der Regel der Berücksichtigung erkennbarer Verluste oder Wertminderungen nach dem Niederstwertprinzip dienen, können sich unter bestimmten Umständen auch in diesem Bereich ebenso wie bei den Rechnungsabgrenzungsposten Bereinigungserfordernisse ergeben.
10. *Passivischer Unterschiedsbetrag aus der Kapitalkonsolidierung*
    Erfolgswirksam gebuchte Erträge aus der Auflösung eines passivischen Unterschiedsbetrages aus der Kapitalkonsolidierung sind bei der Ermittlung des DVFA-Ergebnisses zu bereinigen, wenn am Abschlußstichtag feststeht, daß die Erträge einem realisierten Gewinn (»lucky buy«) entsprechen. Hingegen werden Erträge aus der Auflösung eines passivischen Unterschiedsbetrages, die zum Ausgleich eingetretener Verluste und Aufwendungen herangezogen werden, als ordentlich betrachtet.
11. *Sonderposten mit Rücklageanteil*
    Die bei dieser Position möglichen dispositionsbedingten Aufwendungen und Erträge sind ggf. zu bereinigen.
12. *Rückstellungen für Pensionen und ähnliche Rückstellungen*
    Zuführungen stellen in der Regel gewöhnlichen Aufwand dar. Als ungewöhnlich bzw. dispositionsbedingt sind u. a. folgende Sondertatbestände zu bereinigen:
    - Einmaleffekte,
    - dispositive oder ungewöhnlich hohe Nachholungen oder auch Unterlassungen,
    - dauerhafte Abweichungen von den üblichen Ermittlungsmethoden.
13. *Sonstige Rückstellungen*
    Infolge der sich aufgrund von Schätzungen ergebenden Ermessensspielräume kann eine Eliminierung von Rückstellungstatbeständen dann geboten sein, wenn erkennbar wird, daß die Ermessensspielräume dispositiv ausgeschöpft wurden. Die Eliminierung von Erträgen aus der Auflösung von Rückstellungen kommt nur bei großen Einzelsachverhalten in Betracht.
14. *Fremdwährungseinflüsse*
    Zwar sind Währungskursgewinne bzw. -verluste aus geschäftlichen Transaktionen Bestandteil des ordentlichen Ergebnisses und daher grundsätzlich nicht zu eliminieren, aber auch hier sind u. U. Korrekturen vorzunehmen.
    Die Währungsumrechnung für die Einbeziehung ausländi-

scher Unternehmen in den Konzernabschluß ist im deutschen Handelsrecht nicht geregelt. Auch international werden unterschiedliche Verfahren angewendet. Unabhängig vom angewandten Umrechnungsverfahren gilt, daß Währungsgewinne/-verluste aus der Umrechnung von Vermögens- und Schuldpositionen das DVFA-Ergebnis nicht beeinflussen sollten.

Im Rahmen der vorstehenden Ausführungen zur Bilanz konnten nur einige grundsätzliche Hinweise gegeben werden, die der Publikation Busse von Colbe/Becker/Berndt/Geiger/Haase/Schmitt/Seeberg (1996) entnommen worden sind. Aus diesem Grund ist bei der Klärung von Einzelheiten die Benutzung dieser Publikation unumgänglich.

1.7 Veränderungen bei Bilanzpositionen. Besonderheiten bei Versicherungsgesellschaften

Versicherungsunternehmen weisen, verglichen mit anderen Wirtschaftszweigen, viele Besonderheiten auf, die sich sowohl aus ihrer Tätigkeit ergeben als auch auf deren Bilanzierungsvorschriften beziehen. Über die ergebnisrelevanten Tatbestände hinaus, welche für alle Unternehmen gleichermaßen gelten, können bei Versicherungen zusätzlich folgende Ereignisse bzw. Entwicklungen erheblichen Kurseinfluß erlangen:

1. **Konzernstruktur**
   - Akquisitionen oder Aufgabe von Versicherungsbeteiligungen und daraus resultierende Änderungen in der Risikostruktur des Konzerns.
   - Zusammenlegung einzelner Konzernbereiche bzw. -gesellschaften und daraus resultierende Auswirkungen auf Vertriebswege und Kostenstrukturen.
2. **Versicherungstechnisches Geschäft**
   - Große Schadenereignisse wie z. B. Erdbeben oder Wirbelstürme.
   - Aussagen über die zu erwartende Schadenshöhe, die ein Versicherungskonzern aus großen Einzelereignissen zu übernehmen hat (inkl. bereits getroffener Vorsorgemaßnahmen).
   - Neue Schadentrends wie z. B. in der Kfz-Versicherung nach der Maueröffnung.
   - Position im Versicherungszyklus einzelner Sparten oder Länder.
   - Änderungen in den Tarifstrukturen oder in der Wettbewerbslandschaft.

- Wesentliche Änderungen in der Rückstellungsdotierung bzw. -auflösung.

3. **Allgemeines Geschäft**
   - Änderungen der Kapitalanlagestrukturen.
   - Aufwendungen und Erträge aus dem Abgang von bedeutenden Beteiligungen.
   - Auswirkungen von Kapitalmarktbewegungen auf die Bilanzansätze (Abschreibungen).
   - Angaben über Zeitwerte der Kapitalanlagen.
4. **Rechtliche Rahmenbedingungen**
   - Deregulierungsprozesse und deren Auswirkungen auf die Wettbewerbssituation.
   - Änderungen der Rechnungslegungsvorschriften.
   - Steuerrechtlich induzierte Veränderungen im Kundenverhalten.

2 Statistische Untersuchung über die Aussagefähigkeit des DVFA-Ergebnisses

Daß dennoch die Beziehungen zwischen deutschen Aktienreturns und Aktienerträgen denen zwischen den amerikanischen ähnlich sind, lassen neuere Untersuchungen, eine englische von Graham/Pope/Rees (GPR) und eine amerikanisch-deutsche von Harris/Lang/Möller (HLM)[1], vermuten. Sowohl GPR als auch HLM zeigen, daß die von der Deutschen Vereinigung für Finanzanalyse und Anlageberatung (DVFA) und der Schmalenbach-Gesellschaft (SG) entwickelte Ertrags-Kennziffer positiv mit den Aktienreturns verknüpft ist.

Die Zielsetzung der Studie von Booth/Broussard/Loistl (BBL)[2]
Die Studie von BBL[3] erweitert die Arbeiten von GPR und HLM in dreifacher Hinsicht.

- Teile der in beiden Arbeiten durchgeführten Analysen werden mit einem aktuelleren und umfassenderen Datenmaterial wiederholt. Die Stichprobe der Studie von BBL umfaßt 94 deutsche Gesellschaften und Zahlen aus den Jahren 1987–1992.
- Es wird explizit die Existenz mehrerer unterschiedlicher Zahlen für das DVFA-Ergebnis pro Aktie berücksichtigt. Diese Unterschiede können auch bei korrekter Berechnung vorkommen. Die Methodik liefert keine schematische Formel. Entsprechend den allgemeinen DVFA/SG-Prinzipien verbleiben den Wertpapieranalysten Auslegungsspielräume bei der Festlegung des aus dem laufenden normalen Geschäftsbetrieb erwirtschafteten Ergebnisses.
- Es werden die in den Prognosen des Ergebnisses pro Aktie enthaltenen Informationen über die Aktienkursentwicklung untersucht.

Die Methodik
Die moderne Finanzierungstheorie unterstellt Informationseffizienz bei gut entwickelten Kapitalmärkten und folgert daraus, daß die aktuellen Aktienkurse alle Informationen, die auf dem Markt verfügbar sind, reflektieren. Preisänderungen resultieren aus der Reaktion auf neue Informationen. Folglich entstehen unerwartete Kursänderungen aus unerwarteten Ertragsänderungen. Dieser Zu-

1 Graham/Pope/Rees (1992), Harris/Lang/Möller (1994).
2 Booth/Broussard/Loistl (1996 a).
3 Die verwendeten Daten wurden von Commerzbank AG, Deutsche Bank AG und Dresdner Bank AG zur Verfügung gestellt.

sammenhang wird häufig als Ertragsreaktionskoeffizient bezeichnet.

Für die empirische Messung dieses Ertragsreaktionskoeffizienten entwickelten BBL ein Grundmodell. Es enthält als abhängige Variable die Aktienreturns und als unabhängige Variablen die sowohl aus den Jahresüberschüssen als auch nach DVFA berechneten Ergebnisse pro Aktie und jährliche Dummy-Variablen. Wie bei GPR und HLM wird der Zusammenhang zwischen Aktienkursreturn und Ergebnis pro Aktie in einer Form spezifiziert, die nicht nur mit den in der Finanzierungstheorie wohlakzeptierten stochastischen Prozessen konsistent ist, sondern auch die Forderung nach der Meßbarkeit der Variablen erfüllt. Die Dummy-Variablen sind zur Abschwächung möglicher Kreuzkorrelationen eingefügt, die durch den Einfluß allgemeiner Marktentwicklungen wie zum Beispiel der deutschen Wiedervereinigung verursacht werden.

Die Returns sind definiert entweder als 12-monatige oder als 18-monatige relative Kursveränderungen. Die 12-Monats- (18-Monats-) Periode beginnt im Juli (Januar) und endet im Juni des Folgejahres. Die Ergebnisse pro Aktie sowohl aus Jahresüberschuß als auch nach DVFA sind jeweils auf den Stichtag Ende des Geschäftsjahres, regelmäßig das Kalenderjahresende, bezogen. Die Verwendung von zwei verschiedenen Renditeperioden, beide verschieden vom Geschäftsjahr, soll dem vom Stichtag abweichenden Veröffentlichungsdatum der Jahresabschlüsse Rechnung tragen. Häufig sind DVFA-Ergebnisse von mehr als einer Bank verfügbar. In diesem Falle wird der mittlere Wert verwendet.

Das Grundmodell wird in dreifacher Hinsicht erweitert:

- Die Anzahl der Banken, die jeweils ein DVFA-Ergebnis pro Aktie für ein einzelnes Unternehmen bereitstellen, wird explizit einbezogen. Damit sollen die aus der geringeren Beobachtungsintensität der Wertpapieranalysten und die aus einer geringen Kontrolle durch den Kapitalmarkt resultierenden Kursrisiken erfaßt werden.
- Die Streuung der für ein Unternehmen von mehreren Banken ermittelten DVFA-Ergebnisse pro Aktie wurde aufgenommen. Damit wird der Unsicherheit aus den unterschiedlichen Meinungen der Wertpapieranalysten über den »wahren« wirtschaftlichen Gewinn Rechnung getragen.
- Die Schätzungen der DVFA-Ergebnisse pro Aktie werden aufgenommen. Damit wird der Ansicht Rechnung getragen, daß überraschende Änderungen des Ertrages unabhängig von ihrer (positiven oder negativen) Richtung eine Risikoprämie verlangen.

Die Ergebnisse der Studie von BBL

Die umfangreichen statistischen Einzelergebnisse dieser Arbeit ergeben ein klares Bild. Nachfolgend werden die wichtigsten Erkenntnisse vorrangig als ökonomische und nicht als statistische Aussagen präsentiert:

- Bei isolierter Einzelbetrachtung können die Anleger sowohl aus den Jahresüberschüssen als auch aus den DVFA-Ergebnissen Informationen zur Aktienbewertung entnehmen. Darüber hinaus können die Anleger aus den DVFA-Ergebnissen verläßliche weitere Informationen ableiten, die sie aus den Jahresüberschüssen selbst nicht erhalten. Diese Ergebnisse stützen die Resultate von GPR und HLM.
- Die konkrete Anzahl der Institutionen, die das Ergebnis nach DVFA/SG ermitteln, ist ohne Einfluß. Offensichtlich kommt darin die Tatsache zum Ausdruck, daß alle Institutionen, die das Ergebnis nach DVFA/SG berechnen, die notwendigen Zusatzinformationen vom Unternehmen gleichermaßen erhalten.
- Die Anleger beurteilen unterschiedliche Gewinnschätzungen durch die Wertpapieranalysten als eine Unsicherheit über die laufende und künftige wirtschaftliche Entwicklung des Unternehmens.
- Die Märkte reagieren auf Informationen, übermittelt durch die von den Wertpapieranalysten der drei großen deutschen Banken regelmäßig vorgenommenen Schätzungen des DVFA-Ergebnisses. Die Anleger sind nicht beeindruckt von den Über- oder Unterschätzungen des DVFA-Ergebnisses. Sie achten vielmehr auf die Genauigkeit der Vorhersagen.

3 Cash Flow nach DVFA/SG

3.1 Begriff des Cash Flow[1]

Der Cash Flow gibt den aus den laufenden erfolgswirksamen geschäftlichen Aktivitäten resultierenden finanziellen Überschuß an. Er ist Ausdruck für die Innenfinanzierungskraft, die einem Unternehmen für Investitionen, Schuldentilgung und Dividendenzahlungen sowie für die Speisung des Finanzmittelbestandes zur Verfügung steht.
Er stellt eine Finanzgröße dar und sollte deshalb in erster Linie für finanzwirtschaftliche Analysen verwendet werden.

Der Cash Flow kann direkt ermittelt werden aus der Gegenüberstellung der Einnahmen, die gleichzeitig Erträge sind, und der Ausgaben, die gleichzeitig Aufwendungen sind. Die direkte Ermittlung ist aber sehr aufwendig und stellt keine unmittelbare Verbindung zum Jahrsabschluß her.

Deswegen wird der Cash Flow üblicherweise auf indirektem Wege aus den Daten des Jahresabschlusses abgeleitet. Dabei wird vom Jahresergebnis ausgegangen, dem der ausgabelose Aufwand hinzugerechnet und von dem der einnahmelose Ertrag abgezogen wird.

3.2 Arbeitsschema zur Ermittlung des Cash Flow nach DVFA/SG[2]

Da auch die konsequente Durchführung der indirekten Methode mit erheblichem Aufwand verbunden und von Außenstehenden großteils nicht nachvollziehbar ist, wird die folgende Cash Flow-Ermittlung empfohlen, bei der Korrekturen des Jahresüberschusses/Jahresfehlbetrages nur insoweit erfolgen, wie sie von wesentlicher Bedeutung sind und zeitliche Verwerfungen zwischen Erfolgs- und Zahlungswirksamkeit repräsentieren. Berücksichtigt werden nur diejenigen Aufwendungen und Erträge, die nicht im Berichts- oder Folgejahr zu Ausgaben/Einnahmen führen:

---

1 Die Darstellung folgt Busse von Colbe/Becker/Berndt/Geiger/Haase/Schmitt/Seeberg (1996), S. 91 ff.

2 Die Darstellung folgt Busse von Colbe/Becker/Berndt/Geiger/Haase/Schmitt/Seeberg (1996), S. 95.

1.		Jahresüberschuß/-fehlbetrag
2.	+	Abschreibungen auf Gegenstände des Anlagevermögens
3.	–	Zuschreibungen zu Gegenständen des Anlagevermögens
4.	+/–	Veränderungen der Rückstellungen für Pensionen bzw. anderer langfristiger Rückstellungen
5.	+/–	Veränderungen der Sonderposten mit Rücklageanteil
6.	+/–	andere nicht zahlungswirksame Aufwendungen und Erträge von wesentlicher Bedeutung
7.	=	Jahres-Cash-Flow
8.	+/–	Bereinigung ungewöhnlicher zahlungswirksamer Aufwendungen/Erträge von wesentlicher Bedeutung
9.	=	Cash Flow nach DVFA/SG

Zu jedem Posten sollte der entsprechende Betrag des vorhergehenden Geschäftsjahres angegeben werden. Sind die Beträge nicht vergleichbar, sollte in Fällen von wesentlicher Bedeutung analog zu § 265 Abs. 2 HGB eine Erläuterung erfolgen. Werden Vorjahresbeträge angepaßt, sollte auch dies erläutert werden. Dies gilt insbesondere auch dann, wenn der Cash Flow des Konzerns infolge einer Änderung des Konsolidierungskreises nicht mehr mit dem Cash Flow des Vorjahres vergleichbar ist.

Anhang II zu Kapitel IV Ausgewählte Ad hoc-Meldungen und Kursverläufe – Originaltexte

1 Daimler-Benz Aerospace

Reuters AG GERMANY Wednesday, 7 May 1997 18:12:30

15:10 07 May RDS-RDS Ad hoc-Service: Daimler Benz AG <DAIG.F>

RDS Ad hoc-Service: Daimler Benz AG <DAIG.F>

Mitteilung gemäß Paragraph 15 WpHG übermittelt von der DGAP.

Für den Inhalt der Mitteilung ist allein der Emittent verantwortlich.

Gemeinsame Presseerklärung

Die Lagardere-Gruppe und die Daimler-Benz Aerospace (Dasa) haben eine strategische Vereinbarung über die Lenkwaffen, Raumfahrt und Verteidigungselektronik geschlossen. In diesem Rahmen wird Daimler-Benz Aerospace die Lagardere-Gruppe bei ihrem Übernahmeangebot für Thomson CSF exklusiv und vollständig unterstützen. Daimler-Benz Aerospace ist der Ansicht, daß Thomson-Matra das industrielle Projekt mit der weitesten Öffnung in Richtung Europa ist und es erlauben wird, die wichtigsten Akteure der Verteidigungs- und Raumfahrt-Industrie in Europa zu versammeln.

Diese Konsolidierung auf europäischer Ebene ist eine dringende Notwendigkeit, um der wachsenden Konkurrenz der amerikanischen Industrie entgegenzutreten, die bereits in einige große Pole umstrukturiert worden ist.

Mit dieser Absichtserklärung mit der Daimler-Benz Aerospace weitet die Lagardere-Gruppe, die bereits mit den beiden britischen Konzernen BAe (bei Lenkwaffen) und GEC (in der Raumfahrt) verbunden ist, ihre europäischen Partnerschaften auf Deutschland aus.

* In der Raumfahrt ist vorgesehen, die gesamten Raumfahrtaktivitäten von Matra Marconi Space (gemeinsames Tochterunternehmen von Lagardere und GEC) und der Daimler-Benz Aerospace zusammenzuführen: Satelliten, Trägerraketen und orbitale Infrastruktur. Die auf diese Weise zu gleichen Anteilen zwischen Dasa und MMS entstandene Firma würde mit 15 Milliarden Francs Umsatz weltweit die Nummer Drei in der Raumfahrt und kann auf den drei wichtigsten europäischen Märkten präsent sein. Sie wird die notwendige Größe haben, um mit ihren amerikanischen Konkurrenten in Wettbewerb treten zu können.

* Bei den Lenkwaffen wird Matra BAe Dynamics (Tochterunternehmen von Lagardere und British Aerospace) eine 30 Prozent-Beteiligung am Kapital der LFK, einem Tochterunternehmen von Daimler-Benz Aerospace, in dem alle Lenkwaffenaktivitäten zusammengefaßt sind, übernehmen. MBD wird auf diese Weise ein international strategischer Partner von LFK werden. Matra BAe Dynamics und LFK werden in den Zukunftsprogrammen zusammenarbeiten und auf diese Weise einen aktiven Beitrag zur europäischen Kooperation im Bereich der Verteidigung leisten.

* In der Verteidigungselektronik haben die Lagardere-Gruppe und Daimler-Benz Aerospace die Absicht, ihre derzeitigen und zukünftigen Aktivitäten in mehreren Schritten in einem Gemeinschaftsunternehmen in gleichgewichtiger Partnerschaft zusammenzuführen. Diese Zusammenführung wird die Bereiche Führungs-, Aufklärungs-, Kommunikations- und Informationssysteme betreffen.überzeugt, daß sie mit dieser strategischen Vereinbarung eine entscheidende Etappe im Prozeß der Restrukturierung und der Stärkung der Verteidigungs- und Raumfahrtindustrie in Europa vollzogen haben.

Paris/München, 7. Mai 1997

Ansprechpartner:

Daimler-Benz Aerospace:
Christian Poppe T. 089/607-34250

Lagardere:
Jean-Pierre Joulin T. 00331/40691634
Thirry Funck-Brentano T. 00331/40691806

Ende der Mitteilung

For related news, double click on one of the following codes:

[GER] [GEE] [RDS] [LDE]
[DAIG.F]

For related price quotes, double click on one of the following codes:
<DAIG.F>

Wednesday, 7 May 1997 15:10:42

RDS [nXK0705628]

Die Veröffentlichung der Ad hoc-Meldung erfolgte am 7. Mai 1997 um 15.10 Uhr MEZ, also innerhalb der IBIS-Handelszeit, aber vor Handelsbeginn an der New Yorker Börse.

Der Kurs des Papiers und der Umsatz gingen nach der Ad hoc-Meldung leicht zurück. Verglichen mit den vorhergehenden und späteren Kursschwankungen sind außergewöhnliche Entwicklungen nicht feststellbar. Die Bloomberg Intraday Charts liegen allerdings erst ab 12. Mai 1997 vor. Sie wurden zur Abrundung dennoch aufgenommen.

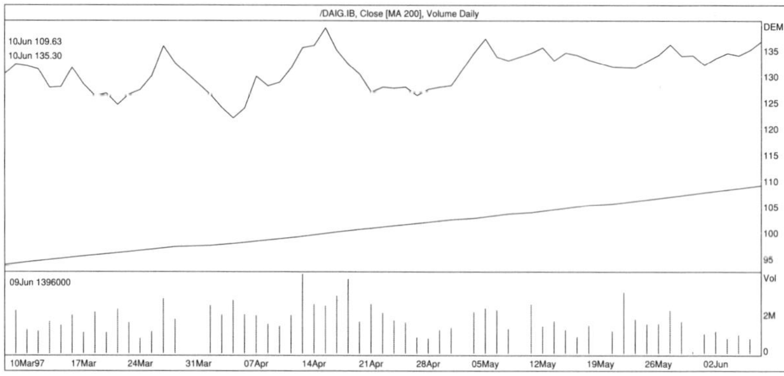
/DAIG.IB, Close [MA 200], Volume Daily
10Jun 109.63
10Jun 135.30
DEM
135
130
125
120
115
110
105
100
95
09Jun 1396000
Vol
2M
0
10Mar97
17Mar
24Mar
31Mar
07Apr
14Apr
21Apr
28Apr
05May
12May
19May
26May
02Jun

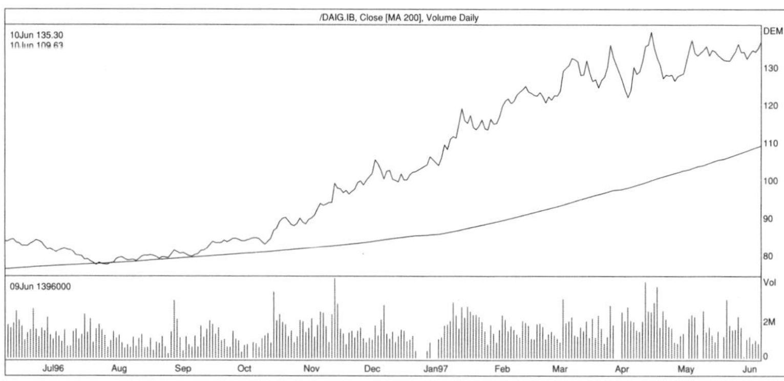
/DAIG.IB, Close [MA 200], Volume Daily
10Jun 135.30
DEM
130
120
110
100
90
80
09Jun 1396000
Vol
2M
0
Jul96
Aug
Sep
Oct
Nov
Dec
Jan97
Feb
Mar
Apr
May
Jun

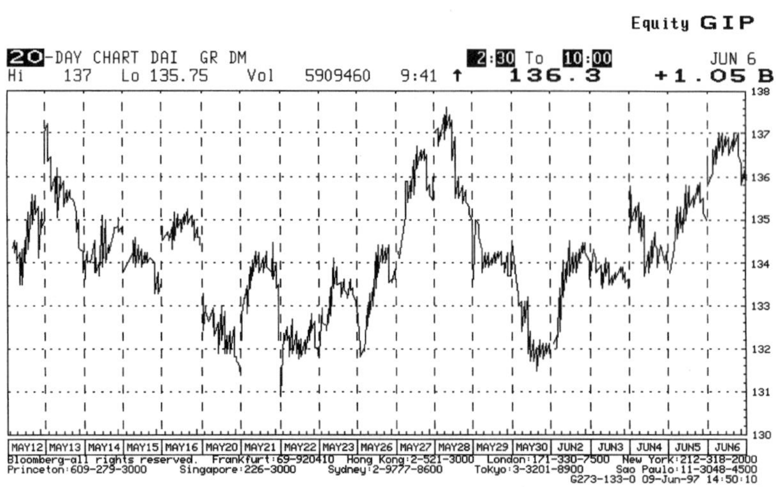
Equity GIP
20-DAY CHART DAI GR DM
2:30 To 10:00
JUN 6
Hi 137 Lo 135.75 Vol 5909460 9:41
136.3
+1.05 B
138
137
136
135
134
133
132
131
130
MAY12 MAY13 MAY14 MAY15 MAY16 MAY20 MAY21 MAY22 MAY23 MAY26 MAY27 MAY28 MAY29 MAY30 JUN2 JUN3 JUN4 JUN5 JUN6
Bloomberg-all rights reserved. Frankfurt:69-920410 Hong Kong:2-521-3000 London:171-330-7500 New York:212-318-2000
Princeton:609-279-3000 Singapore:226-3000 Sydney:2-9777-8600 Tokyo:3-3201-8900 Sao Paulo:11-3048-4500
G273-133-0 09-Jun-97 14:50:10

2 Dürr erhielt Großauftrag

Reuters AG GERMANY Friday, 9 May 1997 16:41:45

06:47 09 May RDS-RDS Ad hoc-Service: Dürr AG <DUEG.F>

RDS Ad hoc-Service: Dürr AG <DUEG.F>

Mitteilung gemäß Paragraph 15 WpHG übermittelt von der DGAP.

Für den Inhalt der Mitteilung ist allein der Emittent verantwortlich.

Dürr baut neue Lackiererei für Daimler-Benz in Bremen

Stuttgart, 9. Mai 1997 - Einen Großauftrag von der Daimler-Benz AG in Höhe von über 300 Mio. DM erhielt der Lackiertechnik-Systemlieferant Dürr Systems GmbH, ein Unternehmen der Stuttgarter Dürr AG.

Als Generalunternehmer ist Dürr verantwortlich für die Erstellung der kompletten Anlagentechnik der neuen Lackiererei im Werk Bremen. Dabei handelt es sich um eines der größten Projekte, mit dem Dürr bisher von Daimler-Benz beauftragt wurde. Die Realisierung erfolgt in mehreren Baustufen, von denen die letzte im Jahre 2003 abgeschlossen wird. Lackiert werden alle Fahrzeuge der C-Klasse, die Sportwagenmodelle SL und SLK sowie das Coupe CLK. Mit der neuen Lackiererei will Daimler-Benz die Lackierkapazität ausbauen und gleichzeitig die Kostenstruktur und Prozeßqualität der Lackierung weiter verbessern.

Wie bei den Lackiererei-Großaufträgen in den Werken Rastatt und Sindelfingen wird die Zusammenarbeit der beiden Vertragspartner nach dem Daimler-Benz »TANDEM«-Prinzip stattfinden. Im Mittelpunkt dieses Kooperationskonzepts steht die gemeinsame Verantwortung der Unternehmen für die Erreichung der Kosten- und Qualitätsziele.

Ende der Mitteilung

For related news, double click on one of the following codes:

[GER] [GEE] [RDS] [LDE]
[DUEG.F]

```
For related price quotes, double click on one of the
following codes:

<DUEG.F>

Friday, 9 May 1997 06:47:15

RDS [nXK0901779]
```

Die Veröffentlichung erfolgte am 9. Mai 1997 um 6:47, außerhalb der IBIS-Handelszeit.

Nach dem Reuters Chart gab es vor der Ad hoc-Meldung einen deutlichen Kursanstieg mit leider nicht feststellbaren Umsätzen. Danach fiel der Kurs.

Am 13. Mai 1997 war nach Bloomberg der Intraday-Kursverlauf sehr volatil mit nach Reuters überdurchschnittlichen Tagesumsätzen. Ende Mai hatte der Markt die richtige Bewertung dieser Nachricht offensichtlich gefunden.

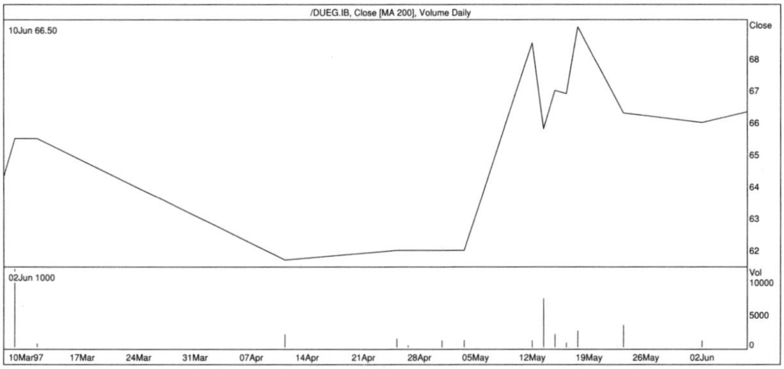
/DUEG.IB, Close [MA 200], Volume Daily
10Jun 66.50
Close
68
67
66
65
64
63
62
02Jun 1000
Vol
10000
5000
0
10Mar97
17Mar
24Mar
31Mar
07Apr
14Apr
21Apr
28Apr
05May
12May
19May
26May
02Jun

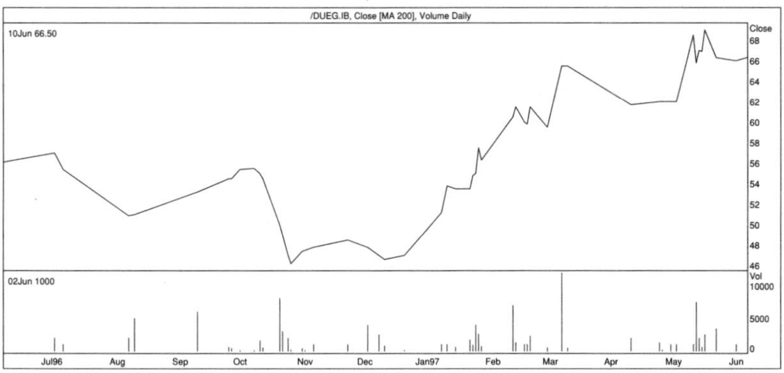
/DUEG.IB, Close [MA 200], Volume Daily
10Jun 66.50
Close
68
66
64
62
60
58
56
54
52
50
48
46
02Jun 1000
Vol
10000
5000
0
Jul96
Aug
Sep
Oct
Nov
Dec
Jan97
Feb
Mar
Apr
May
Jun

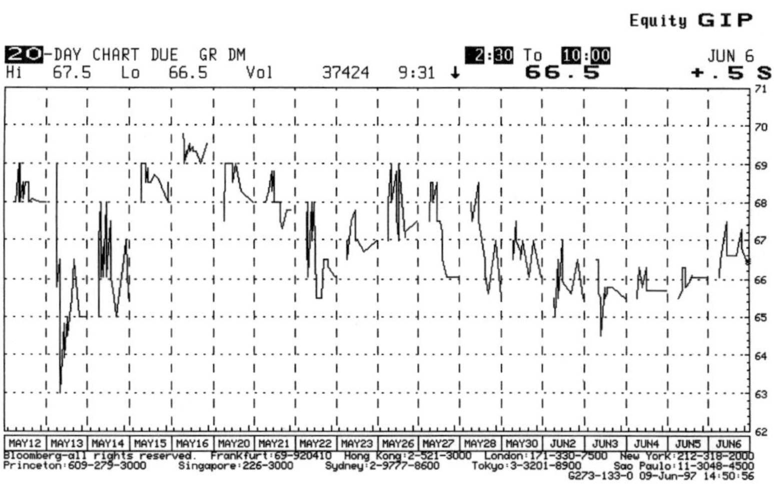
Equity GIP
20-DAY CHART DUE GR DM
2:30 To 10:00
JUN 6
Hi 67.5 Lo 66.5 Vol 37424 9:31 ↓ 66.5 +.5 S
71
70
69
68
67
66
65
64
63
62
MAY12 MAY13 MAY14 MAY15 MAY16 MAY20 MAY21 MAY22 MAY23 MAY26 MAY27 MAY28 MAY30 JUN2 JUN3 JUN4 JUN5 JUN6
Bloomberg-all rights reserved. Frankfurt:69-920410 Hong Kong:2-521-3000 London:171-330-7500 New York:212-318-2000
Princeton:609-279-3000 Singapore:226-3000 Sydney:2-9777-8600 Tokyo:3-3201-8900 Sao Paulo:11-3048-4500
G273-133-0 09-Jun-97 14:50:56

3 Gerresheimer Ergebniserwartung

Reuters AG GER Tuesday, 20 May 1997 18:33:28

06:31 20 May RDS-RDS Ad hoc-Service: Gerresheimer Glas AG <GERG.F>

RDS Ad hoc-Service: Gerresheimer Glas AG <GERG.F>

Mitteilung gemäß Paragraph 15 WpHG übermittelt von der DGAP.

Für den Inhalt der Mitteilung ist allein der Emittent verantwortlich.

Gerresheimer Ergebniserwartung 1997

Die Entwicklung der strategischen Wachstumssegmente der Gerresheimer Unternehmensgruppe, insbesondere in den Segmenten Pharmazie und Kosmetik, zeigt erwartungsgemäß ein stabiles Marktwachstum. Dagegen verläuft die Marktentwicklung bei Behälterglas – vor allem bei Getränkeflaschen – anhaltend negativ.

Das Unternehmen hat eine Neueinschätzung des Ergebnisses für das laufende Geschäftsjahr vorgenommen. Danach wird das operative Ergebnis der Gruppe durch die deutliche Abweichung im Segment Behälterglas unter Vorjahr liegen.

Am Samstag, den 17. Mai 1997, verursachte ein Wannendurchbruch in der Glashütte Achern GmbH, einen Schaden von 50 bis 60 Millionen DM. Der Schaden ist versichert.

G E R R E S H E I M E R

Glas Aktiengesellschaft

Ende der Mitteilung

For related news, double click on one of the following codes:
[GER] [GEE] [RDS] [LDE]
[GERG.F]

For related price quotes, double click on one of the following codes:
<GERG.F>

Tuesday, 20 May 1997 06:31:13

RDS [nXK2001748]

Die Veröffentlichung erfolgte am 20. Mai 1997 um 6:31 Uhr, also außerhalb der IBIS-Handelszeit.

Der Kurs fiel nach der Ad hoc-Meldung stark ab; die Umsätze waren auffallend hoch zu diesem Zeitpunkt. Der Intraday-Verlauf zeigt, daß der Markt zwei Tage benötigte, um eine richtige Bewertung zu finden. Die hohen Umsätze am 22. Mai führten zu keinen allzu großen Intraday-Preisschwankungen.

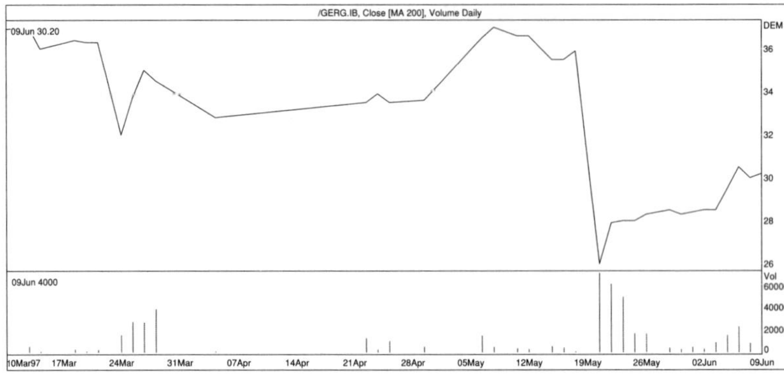
/GERG.IB, Close [MA 200], Volume Daily
09Jun 30.20
DEM
36
34
32
30
28
26
09Jun 4000
Vol
60000
40000
20000
0
10Mar97 17Mar 24Mar 31Mar 07Apr 14Apr 21Apr 28Apr 05May 12May 19May 26May 02Jun 09Jun

/GERG.IB, Close [MA 200], Volume Daily
09Jun 30.20
DEM
36
34
32
30
28
26
09Jun 4000
Vol
60000
40000
20000
0
Jul96 Aug Sep Oct Nov Dec Jan97 Feb Mar Apr May Jun

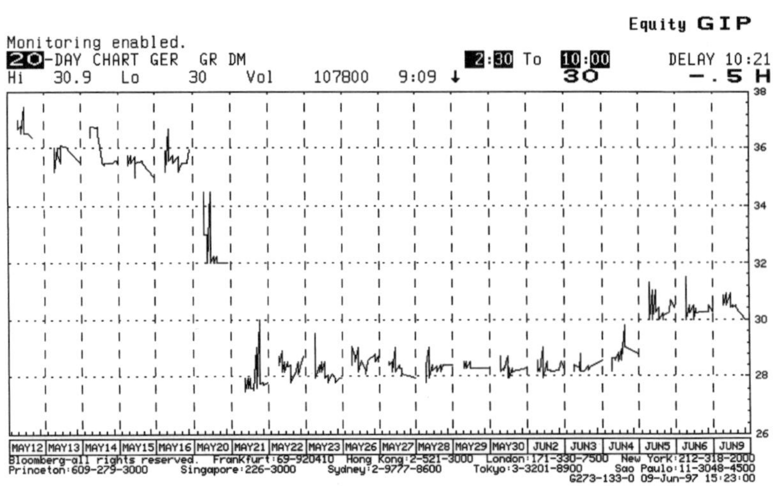
Equity GIP
Monitoring enabled.
20-DAY CHART GER GR DM
2:30 To 10:00
DELAY 10:21
Hi 30.9 Lo 30 Vol 107800 9:09
30
-.5 H
38
36
34
32
30
28
26
MAY12 MAY13 MAY14 MAY15 MAY16 MAY20 MAY21 MAY22 MAY23 MAY26 MAY27 MAY28 MAY29 MAY30 JUN2 JUN3 JUN4 JUN5 JUN6 JUN9
Bloomberg-all rights reserved. Frankfurt:69-920410 Hong Kong:2-521-3000 London:171-330-7500 New York:212-318-2000
Princeton:609-279-3000 Singapore:226-3000 Sydney:2-9777-8600 Tokyo:3-3201-8900 Sao Paulo:11-3048-4500
G273-133-0 09-Jun-97 15:23:00

4 Dresdner Bank veräußert Beteiligung an Degussa AG

Reuters AG GERMANY Wednesday, 21 May 1997 18:27:28

07:09 21 May RDS-RDS Ad hoc-Service: Dresdner Bank AG <DRSD.F>

RDS Ad hoc-Service: Dresdner Bank AG <DRSD.F>

Mitteilung gemäß Paragraph 15 WpHG übermittelt von der DGAP.

Für den Inhalt der Mitteilung ist allein der Emittent verantwortlich.

Dresdner Bank AG

Frankfurt am Main, den 21. Mai 1997

Die Henkel KGaA, die Dresdner Bank AG und die Muenchener Rueckversicherungs-Gesellschaft sind mit der VEBA AG uebereingekommen, ihre ueber die GFC Gesellschaft fuer Chemiewerte mbH gehaltene Beteiligung an der Degussa AG an die VEBA AG zu veraeussern. Henkel, Dresdner Bank und Muenchener Rueckversicherungs-Gesellschaft halten zusammen ca. 36,4% des Grundkapitals der Degussa von nominal 480.297.500,- DM. Davon entfallen auf Henkel ca. 16,7%, auf Dresdner Bank und Muenchener Rueckversicherungs-Gesellschaft je ca. 9,9%.

Der Kaufpreis betraegt fuer das gesamte Paket DM 2,91 Mrd.; auf die Dresdner Bank AG entfallen hieraus DM 789 Mio.

Der Vertrag soll vollzogen werden, sobald die einzuholenden wettbewerbsrechtlichen Genehmigungen vorliegen.

Dresdner Bank AG

Der Vorstand

Ende der Mitteilung

For related news, double click on one of the following codes:

[GER] [GEE] [RDS] [LDE]
[DRSD.F]

For related price quotes, double click on one of the following codes:
<DRSD.F>

Wednesday, 21 May 1997 07:09:47

RDS [nXK2101917]

Die Veröffentlichung erfolgte am 21. Mai 1997 um 7:09 Uhr, also auch außerhalb der IBIS-Handelszeit.

Die Ad hoc-Meldung selbst zeigt im Reuters Chart kaum Auswirkungen auf den Aktienkurs oder den Umsatz. Allerdings waren die Umsätze am vorangehenden Börsentag, dem 16. Mai, vergleichsweise hoch. Wie der Intraday Chart von Bloomberg zeigt, gingen die Umsätze auch mit Kurssteigerungen einher: Am Tag vor der Ad hoc-Meldung, dem 20. Mai, bewegten sich die Kurse in engen Grenzen, erst nach Bekanntgabe der Meldung zogen die Kurse an, wobei andere Einflüsse nicht ausgeschlossen werden können.

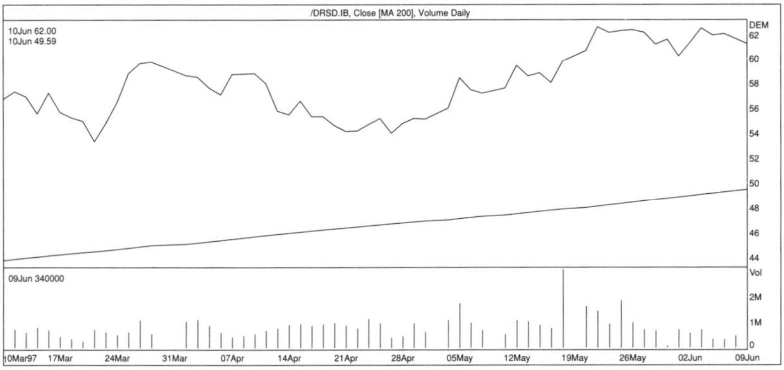
/DRSD.IB, Close [MA 200], Volume Daily
10Jun 62.00
10Jun 49.59
DEM
09Jun 340000
Vol
2M
1M
10Mar97 17Mar 24Mar 31Mar 07Apr 14Apr 21Apr 28Apr 05May 12May 19May 26May 02Jun 09Jun

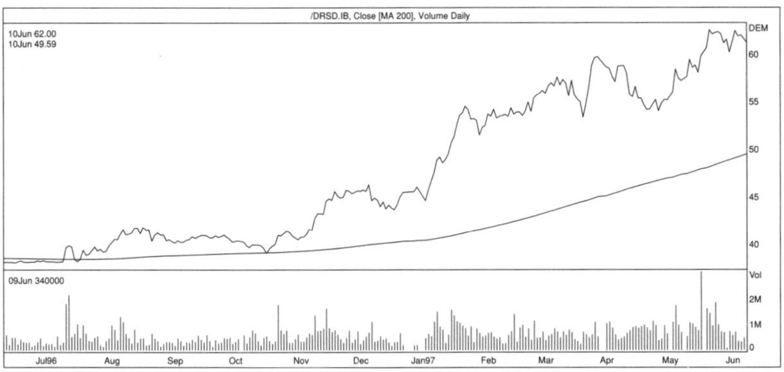
/DRSD.IB, Close [MA 200], Volume Daily
10Jun 62.00
10Jun 49.59
DEM
09Jun 340000
Vol
2M
1M
Jul96 Aug Sep Oct Nov Dec Jan97 Feb Mar Apr May Jun

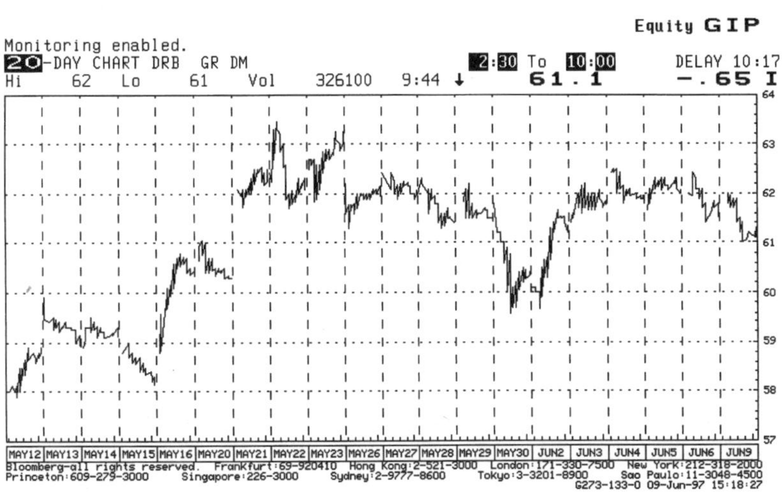
Equity GIP
Monitoring enabled.
20-DAY CHART DRB GR DM
2:30 To 10:00
DELAY 10:17
Hi 62 Lo 61 Vol 326100 9:44
61.1
-.65 I
MAY12 MAY13 MAY14 MAY15 MAY16 MAY20 MAY21 MAY22 MAY23 MAY26 MAY27 MAY28 MAY29 MAY30 JUN2 JUN3 JUN4 JUN5 JUN6 JUN9
Bloomberg-all rights reserved. Frankfurt:69-920410 Hong Kong:2-521-3000 London:171-330-7500 New York:212-318-2000
Princeton:609-279-3000 Singapore:226-3000 Sydney:2-9777-8600 Tokyo:3-3201-8900 Sao Paulo:11-3048-4500
G273-133-0 09-Jun-97 15:18:27

5 Degussa mit neuem Großaktionär

Reuters AG GERMANY Wednesday, 21 May 1997 18:26:46

07:04 21 May RDS-RDS Ad hoc-Service: Degussa AG <DGSG.F>

RDS Ad hoc-Service: Degussa AG <DGSG.F>

Mitteilung gemäß Paragraph 15 WpHG übermittelt von der DGAP.

Für den Inhalt der Mitteilung ist allein der Emittent verantwortlich.

Degussa mit neuem Großaktionär

Die Veba AG hat den Vorstand der Degussa über ihre Absicht unterrichtet, die GFC - Gesellschaft für Chemiewerte mbH, Düsseldorf, zu übernehmen, die 36,4% der Aktien der Degussa hält. Bisherige Gesellschafter der GFC sind die Henkel KGaA, die Dresdner Bank AG sowie die Münchener Rückversicherungs-Gesellschaft.

Ende der Mitteilung

For related news, double click on one of the following codes:
[GER] [GEE] [RDS] [LDE]
[DGSG.F]

For related price quotes, double click on one of the following codes:
<DGSG.F>

Wednesday, 21 May 1997 07:04:47

RDS [nXK2101868]

Die Veröffentlichung erfolgte am 21. Mai 1997 um 7:04 Uhr, also außerhalb der IBIS-Handelszeit. An diesem Tag kam es zu einem deutlichen Kursanstieg und Umsatzzuwachs. Sowohl der Reuters Chart der Schlußkurse als auch der Bloomberg Intraday Chart zeigen, daß diese Nachricht zweifelsohne Kurswirkung hatte, der Markt nicht bereits an den Vortagen reagierte und das Pricing bereits zu Beginn der Börsensitzung des 21. Mai richtig lag. Die Anpassungen an den späteren Tagen enthielten nur noch kleinere Korrekturen.

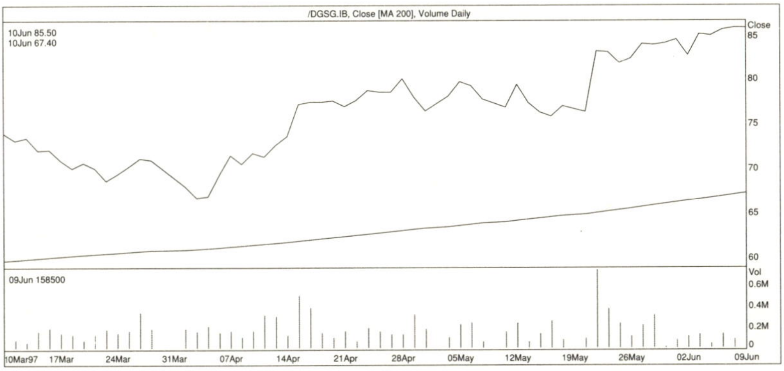
/DGSG.IB, Close [MA 200], Volume Daily
10Jun 85.50
10Jun 67.40
Close
85
80
75
70
65
60
09Jun 158500
Vol
0.6M
0.4M
0.2M
0
10Mar97
17Mar
24Mar
31Mar
07Apr
14Apr
21Apr
28Apr
05May
12May
19May
26May
02Jun
09Jun

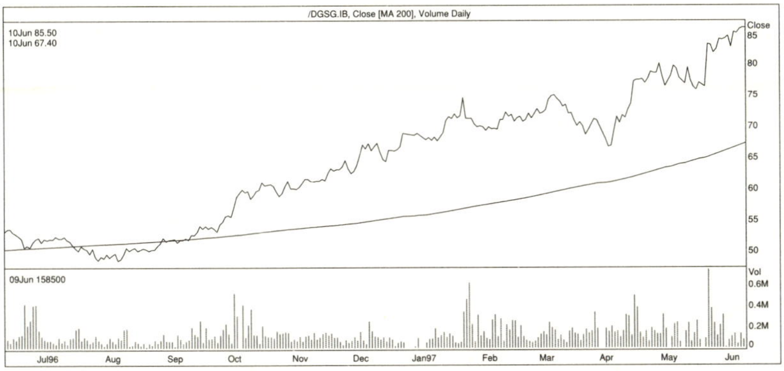
/DGSG.IB, Close [MA 200], Volume Daily
10Jun 85.50
10Jun 67.40
Close
85
80
75
70
65
60
55
50
09Jun 158500
Vol
0.6M
0.4M
0.2M
0
Jul96
Aug
Sep
Oct
Nov
Dec
Jan97
Feb
Mar
Apr
May
Jun

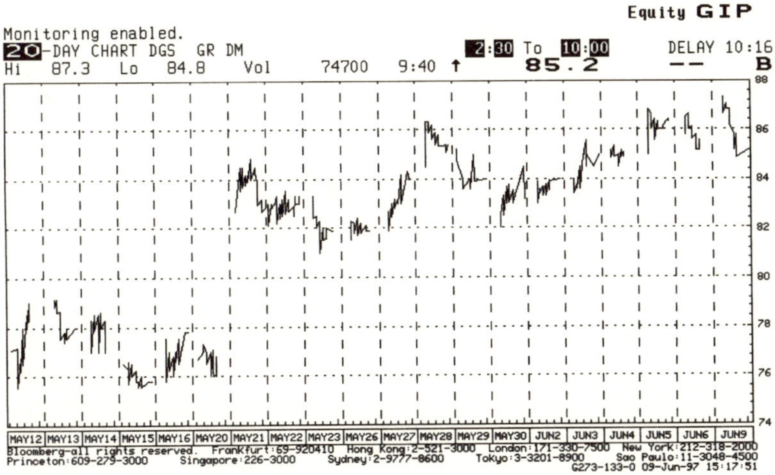
Equity GIP
Monitoring enabled.
20-DAY CHART DGS GR DM
2:30 To 10:00
DELAY 10:16
Hi 87.3 Lo 84.8 Vol 74700 9:40 ↑ 85.2 -- B
88
86
84
82
80
78
76
74
MAY12 MAY13 MAY14 MAY15 MAY16 MAY20 MAY21 MAY22 MAY23 MAY26 MAY27 MAY28 MAY29 MAY30 JUN2 JUN3 JUN4 JUN5 JUN6 JUN9
Bloomberg-all rights reserved. Frankfurt:69-920410 Hong Kong:2-521-3000 London:171-330-7500 New York:212-318-2000
Princeton:609-279-3000 Singapore:226-3000 Sydney:2-9777-8600 Tokyo:3-3201-8900 Sao Paulo:11-3048-4500
G273-133-0 09-Jun-97 15:17:51

6 Deutlicher Ergebnisanstieg der Deutschen Bank im 1. Quartal

Reuters AG GERMANY Tuesday, 20 May 1997 18:34:14

07:03 20 May RDS-RDS Ad hoc-Service: Deutsche Bank AG <DBKG.F>

RDS Ad hoc-Service: Deutsche Bank AG <DBKG.F>

Mitteilung gemäß Paragraph 15 WpHG übermittelt von der DGAP.

Für den Inhalt der Mitteilung ist allein der Emittent verantwortlich.

Frankfurt am Main, 20. Mai 1997

Deutsche Bank mit deutlichem Ergebnisanstieg im 1. Quartal 1997

Kennzahlen nach IAS (in Mio. DM)

	1.1.-31.3.1997	1.1.-31.3.1996	Veraen-derung
Zinsueberschuss	2.763	2.654	+4,1%
Risikovorsorge	288	406	-29,1%
Zinsueberschuss nach Risikovorsorge	2.475	2.248	+10,1%
Provisionsueberschuss	1.975	1.673	+18,1%
Handelsergebnis	1.001	697	+43,6%
Verwaltungsaufwand	4.253	3.689	+15,3%
Betriebsergebnis nach Risikovorsorge	1.369	1.131	+21,0%
Gewinn vor Steuern	1.289	1.007	+28,0%

Ende der Mitteilung

For related news, double click on one of the following codes:
[GER] [GEE] [RDS] [LDE]
[DBKG.F]

For related price quotes, double click on one of the following codes:
<DBKG.F>

Tuesday, 20 May 1997 07:03:42

RDS [nXK2001846]

Die Veröffentlichung der Kennzahlen erfolgte am 20. Mai 1997 um 7:03 Uhr, also vor Beginn der IBIS-Handelszeit.

Außergewöhnliche Kursschwankungen oder Umsatzanstiege/-rückgänge sind nach den Reuters Graphiken nicht erkennbar. Im Bloomberg Intraday Chart wird deutlich, daß der Markt bereits am 16. Mai 1997 mit einem Kursanstieg in der Eröffnungsnotiz startete. Sie ging jedoch zum Ende dieses Tages wieder zurück. Am 20. Mai 1997 selbst pendelte der Kurs um 97. Erst in den nächsten Tagen kam es zu zwei stärkeren Kursausschlägen, einem Kursanstieg folgte jeweils ein Abschwung. Ab 5. Juni hat der Markt die Meldung offensichtlich in eine Bewertung umgesetzt.

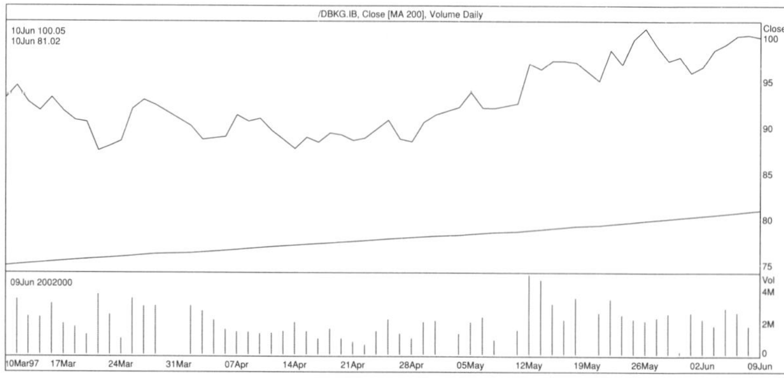
/DBKG.IB, Close [MA 200], Volume Daily
10Jun 100.05
10Jun 81.02
Close
100
95
90
85
80
75
09Jun 2002000
Vol
4M
2M
0
10Mar97 17Mar 24Mar 31Mar 07Apr 14Apr 21Apr 28Apr 05May 12May 19May 26May 02Jun 09Jun

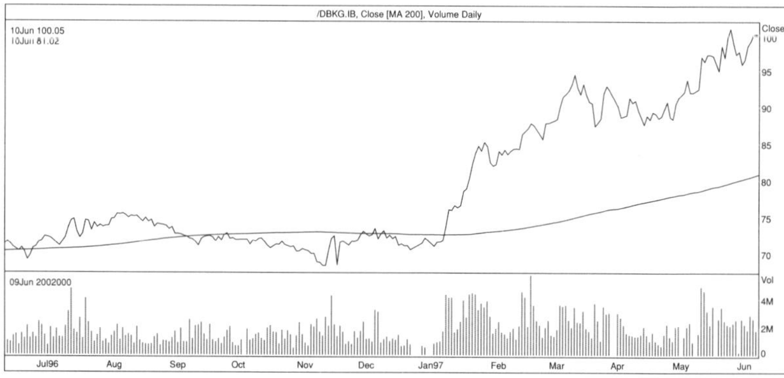
/DBKG.IB, Close [MA 200], Volume Daily
10Jun 100.05
10Jun 81.02
Close
100
95
90
85
80
75
70
09Jun 2002000
Vol
4M
2M
0
Jul96 Aug Sep Oct Nov Dec Jan97 Feb Mar Apr May Jun

Equity GIP
Monitoring enabled.
20-DAY CHART DBK GR DM
2:30 To 10:00
DELAY 10:16
Hi 100.6 Lo 99.4 Vol 664750 9:44 ↓ 99.45
-.2 B
102
101
100
99
98
97
96
95
94
93
92
MAY12 MAY13 MAY14 MAY15 MAY16 MAY20 MAY21 MAY22 MAY23 MAY26 MAY27 MAY28 MAY29 MAY30 JUN2 JUN3 JUN4 JUN5 JUN6 JUN9
Bloomberg-all rights reserved. Frankfurt:69-920410 Hong Kong:2-521-3000 London:171-330-7500 New York:212-318-2000
Princeton:609-279-3000 Singapore:226-3000 Sydney:2-9777-8600 Tokyo:3-3201-8900 Sao Paulo:11-3048-4500
G273-133-0 09-Jun-97 15:17:25

7 Quartalsbericht der Bertrandt AG

Reuters AG GERMANY Tuesday, 20 May 1997 18:34:52

09:10 20 May RDS-RDS Ad hoc-Service: Bertrandt AG <BDTG.F>

RDS Ad hoc-Service: Bertrandt AG <BDTG.F>

Mitteilung gemäß Paragraph 15 WpHG übermittelt von der DGAP.

Für den Inhalt der Mitteilung ist allein der Emittent verantwortlich.

1, Quartalsbericht der Bertrandt AG, Tamm im Neuen Markt

Wie bereits ausführlich berichtet, führten auslaufende Budgets und Modellverschiebungen bei Kunden im In- und Ausland zu reduzierten Zuwachsraten in den ersten sechs Monaten des laufenden Geschäftsjahres. Diese Entwicklung spieglt sich in den Kennzahlen der ersten Hälfte des Geschäftsjahres 1996/97 (01.10.1996 bis 31.03.1997) wider.

Der Halbjahresumsatz von DM 49,5 Mio. liegt 2% über dem außerordentlich guten Vergleichszeitraum des Vorjahres, allerdings deutlich unter den für diese Zeit geplanten DM 59 Mio.

Das Ergebnis der gewöhnlichen Geschäftstätigkeit ist nahezu ausgeglichen, so daß der Jahresplan nicht mehr erreicht werden kann.

Dabei wurden die Umsatz- und Ertragszahlen insbesondere von den Ergebnissen der ausländischen Töchter beeinflußt, die sich allerdings nicht steuermindernd auswirken. Neben den geplanten Anlaufverlusten in Leamington Spa ist insbesondere die Zurückhaltung der französischen Autoindustrie hervorzuheben, die ausgelöst durch starke Verkaufsrückgänge bereits seit über 12 Monaten die Ausrichtung der Modellpolitik überdenkt. Es kann allerdings davon ausgegangen werden, daß die französischen Fahrzeughersteller noch in diesem Jahr eine groß angelegte Produktoffensive starten werden, die einen ebenfalls großen Fremdentwicklungsbedarf erfordern wird.

Wie bereits berichtet, wurde in den ersten sechs Monaten permanent in notwendige Vorleistungen wie Personaleinstellungen, Personalaus- und Personalweiterbildung sowie in Anlagen und Maschinen investiert, um das langfristige Wachstum zu sichern. Weiterhin wurden weitreichende Maßnahmen zur Rentabilitätssteigerung, insbesondere in den ausländischen Tochtergesellschaften, eingeleitet.

Bei den deutschen Tochtergesellschaften sind die aufgebauten Kapazitäten heute voll ausgelastet und es kann darüberhinaus mit weiteren bedeutenden Projekten gerechnet werden,

Die Umsatzprognose des 2. Geschäftshalbjahres 1996/97 liegt bei DM 60,5 Mio. gegenüber DM 49,5 Mio. im 1. Geschäftshalbjahr und überschreitet in der Summe damit den Gesamtwert des Vorjahres deutlich.

Die Eigenkapitalquote zum 31. März 1997 beträgt rund 49%.

Der Quartalsbericht, der bereits ein Ergebnis nach den Anforderungen von US-GAAP enthält, kann bei der Deutsche Börse AG auch im Internet unter der Seite http://www.neuer-markt.de abgerufen werden.

Für das Geschaftsjahr 1996/97 erwartet der Vorstand ein positives Ergebnis und geht davon aus, daß eine Dividende für die Aktionäre ausgeschüttet werden kann.

Tamm, 20. Mai 1997

Bertrandt AG

Der Voratand

Ende der Mitteilung

For related news, double click on one of the following codes:
[GER] [GEE] [RDS] [LDE]
[BDTG.F]

For related price quotes, double click on one of the following codes:
<BDTG.F>

Tuesday, 20 May 1997 09:10:44

RDS [nXK2002717]

Die Veröffentlichung erfolgte am 20. Mai 1997 um 9:10 Uhr, also außerhalb der Handelszeit an der Frankfurter Börse, aber innerhalb der IBIS-Handelszeiten.

Der zyklisch verlaufende Kursabschwung wurde durch die Ad hoc-Meldung kurzfristig in eine Seitwärtsbewegung gebremst mit entsprechend hohen Börsenumsätzen am Tag der Veröffentlichung. Der Markt aber hat zunächst weiter mit Kursabschlägen reagiert, ehe er zu einer positiven Einschätzung mit Kursanstiegen fand.

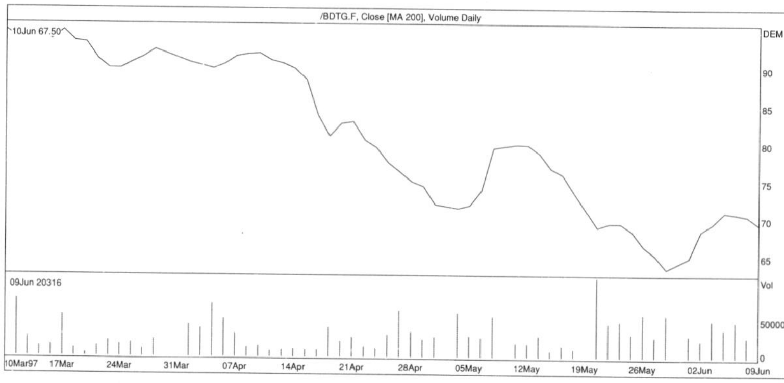
/BDTG.F, Close [MA 200], Volume Daily
10Jun 67.50
DEM
90
85
80
75
70
65
09Jun 20316
Vol
50000
0
10Mar97 17Mar 24Mar 31Mar 07Apr 14Apr 21Apr 28Apr 05May 12May 19May 26May 02Jun 09Jun

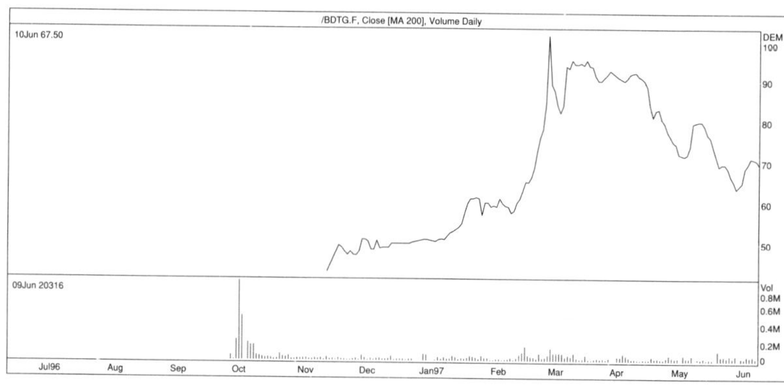
/BDTG.F, Close [MA 200], Volume Daily
10Jun 67.50
DEM
100
90
80
70
60
50
09Jun 20316
Vol
0.8M
0.6M
0.4M
0.2M
0
Jul96 Aug Sep Oct Nov Dec Jan97 Feb Mar Apr May Jun

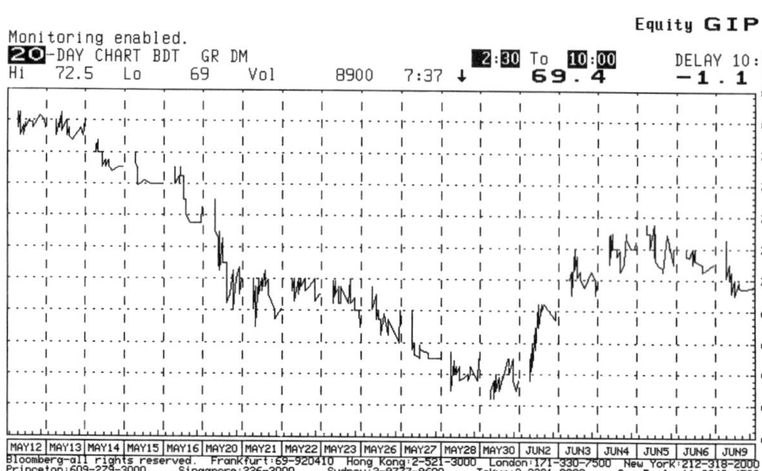
Equity GIP
Monitoring enabled.
20-DAY CHART BDT GR DM
2:30 To 10:00
DELAY 10:14
Hi 72.5 Lo 69 Vol 8900 7:37 ↓ 69.4 -1.1 F
82
80
78
76
74
72
70
68
66
64
62
60
MAY12 MAY13 MAY14 MAY15 MAY16 MAY20 MAY21 MAY22 MAY23 MAY26 MAY27 MAY28 MAY30 JUN2 JUN3 JUN4 JUN5 JUN6 JUN9
Bloomberg-all rights reserved. Frankfurt:69-920410 Hong Kong:2-521-3000 London:171-330-7500 New York:212-318-2000
Princeton:609-279-3000 Singapore:226-3000 Sydney:2-9777-8600 Tokyo:3-3201-8900 Sao Paulo:11-3048-4500
G273-133-0 09-Jun-97 15:15:50

8 Nürnberger Versicherungsgruppe steigerte Konzernüberschuß

Reuters AG GERMANY Monday, 2 June 1997 12:34:28

09:00 02 Jun RDS-RDS Ad hoc-Service: Nürnberger Beteiligung <NLVG.F>

RDS Ad hoc-Service: Nürnberger Beteiligung <NLVG.F>

Mitteilung gemäß Paragraph 15 WpHG übermittelt von der DGAP.

Für den Inhalt der Mitteilung ist allein der Emittent verantwortlich.

Konzernjahresüberschuß und DVFA-Ergebnis erfreulich gestiegen

Die NÜRNBERGER VERSICHERUNGSGRUPPE steigerte ihren Konzernjahresüberschuß von 45,3 Mio DM im Jahr 1995 auf 72,2 Mio. DM (+59%) im Jahr 1996. Im gleichen Zeitraum erhöhte sich das Ergebnis je Aktie im Nennwert von 50 DM nach DVFA/GDV für den NÜRNBERGER Konzern von 76,70 DM auf 88,37 DM (+15%).

Ende der Mitteilung

For related news, double click on one of the following codes:
[GER] [GEE] [RDS] [LDE]
[NLVG.F]

For related price quotes, double click on one of the following codes:
<NLVG.F>

Monday, 2 June 1997 09:00:37

RDS [nXK0202071]

Die Veröffentlichung der möglicherweise kursbeeinflussenden Tatsache erfolgte am 2. Juni 1997 um 9:00 Uhr, also vor Beginn des Parketthandels an der Frankfurter Börse.

Der Aufwärtstrend des Kurses hielt an; das Handelsvolumen erreichte zu diesem Zeitpunkt den Höchststand seit Oktober des Vorjahres. Auch aus dem Bloomberg Intraday Chart ist jedoch zu erkennen, daß die Kurs- und Umsatzsteigerungen bereits in den Tagen vor der Meldung einsetzten. Soweit erkennbar, hat der Markt die Meldung selbst ohne volatile Kursveränderungen verarbeitet.

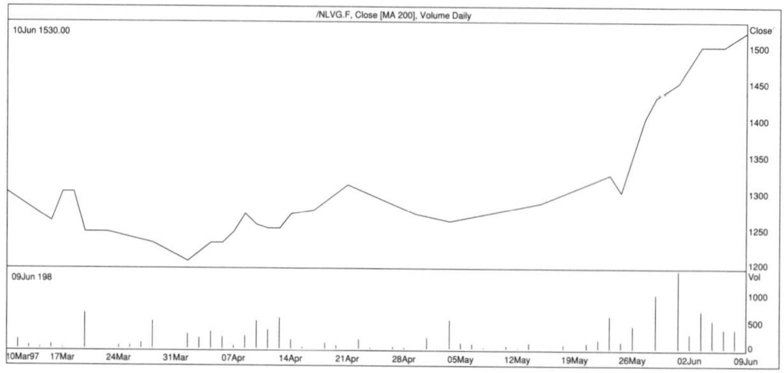
/NLVG.F, Close [MA 200], Volume Daily
10Jun 1530.00
Close
1500
1450
1400
1350
1300
1250
1200
09Jun 198
Vol
1000
500
0
10Mar97 17Mar 24Mar 31Mar 07Apr 14Apr 21Apr 28Apr 05May 12May 19May 26May 02Jun 09Jun

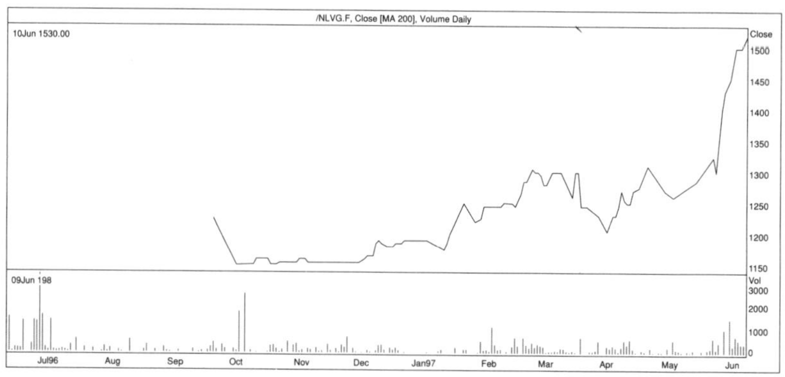
/NLVG.F, Close [MA 200], Volume Daily
10Jun 1530.00
Close
1500
1450
1400
1350
1300
1250
1200
1150
09Jun 198
Vol
3000
2000
1000
0
Jul96 Aug Sep Oct Nov Dec Jan97 Feb Mar Apr May Jun

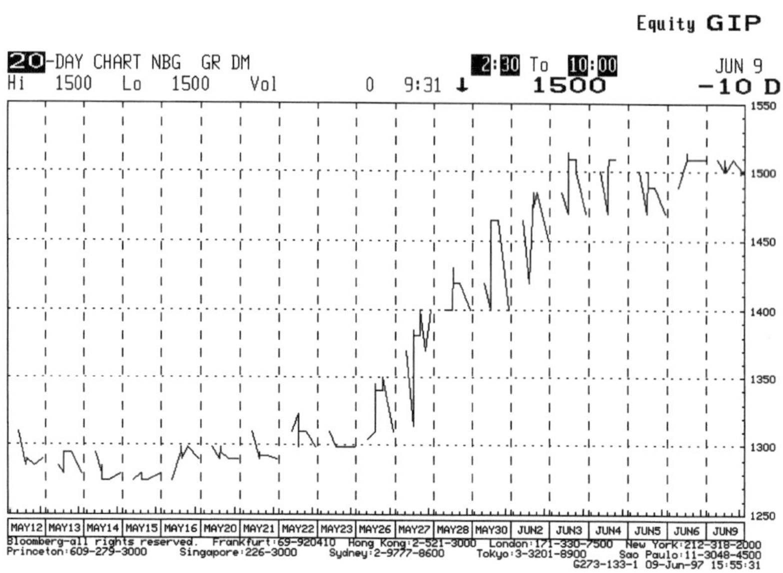
Equity GIP
20-DAY CHART NBG GR DM
2:30 To 10:00
JUN 9
Hi 1500 Lo 1500 Vol 0 9:31
1500
-10 D
1550
1500
1450
1400
1350
1300
1250
MAY12 MAY13 MAY14 MAY15 MAY16 MAY20 MAY21 MAY22 MAY23 MAY26 MAY27 MAY28 MAY30 JUN2 JUN3 JUN4 JUN5 JUN6 JUN9
Bloomberg-all rights reserved. Frankfurt:69-920410 Hong Kong:2-521-3000 London:171-330-7500 New York:212-318-2000
Princeton:609-279-3000 Singapore:226-3000 Sydney:2-9777-8600 Tokyo:3-3201-8900 Sao Paulo:11-3048-4500
G273-133-1 09-Jun-97 15:55:31

9 Hochtief AG verfolgt Fusionsabsichten nicht weiter

Reuters AG GERMANY Monday, 2 June 1997 19:02:13

17:07 02 Jun RDS-RDS Ad hoc-Service: HOCHTIEF AG <HOTG.F>

RDS Ad hoc-Service: HOCHTIEF AG <HOTG.F>

Mitteilung gemäß Paragraph 15 WpHG übermittelt von der DGAP.

Für den Inhalt der Mitteilung ist allein der Emittent verantwortlich.

Die HOCHTIEF AG und die Deutsche Bank AG haben sich entschlossen, die geplante Poolung von Beteiligungen der Deutsche Bank AG und der HOCHTIEF AG an der Philipp Holzmann AG nicht weiter zu verfolgen und das bei der EG-Kommission anhängige Fusionskontrollverfahren durch Rücknahme der Anmeldung zu beenden. Damit ist die geplante Aufhebung des zwischen der HOCHTIEF AG und der Commerzbank AG bestehenden Kaufvertrages über ein 10%-Paket Philipp Holzmann AG-Aktien hinfällig.

Die HOCHTIEF AG beabsichtigt, auch in Zukunft im Rahmen des rechtlich Möglichen mit der Philipp Holzmann AG zusammenzuarbeiten.

Ende der Mitteilung

For related news, double click on one of the following codes:
[GER] [GEE] [RDS] [LDE]
[HOTG.F]

For related price quotes, double click on one of the following codes:
<HOTG.F>

Monday, 2 June 1997 17:07:15

RDS [nXK0206127]

Die Veröffentlichung dieser Tatsache erfolgte am 2. Juni 1997 um 17:07, also außerhalb des Handels am Frankfurter Parkett.

Sowohl Reuters Chart der Schlußkurse als auch Bloomberg Intraday Chart zeigen starke Kurs- und Umsatzbewegungen im Vorfeld dieser Ad hoc-Meldung. Bei Hochtief begannen die Kurs- und Umsatzzahlen mit der Bewegung ca. um den 12. Mai, hatten einen starken Anstieg am 13.–15. Mai, der in den nachfolgenden Tagen wieder etwas korrigiert wurde.

Die Kurserheblichkeit der Meldung kann – wenn überhaupt – eher aus den Entwicklungen vor der Publikation als aus der Entwicklung danach abgeleitet werden.

/HOTG.IB, Close [MA 200], Volume Daily
09Jun 74.50
09Jun 68.25
09Jun 500
DEM
Vol
10Mar97 17Mar 24Mar 31Mar 07Apr 14Apr 21Apr 28Apr 05May 12May 19May 26May 02Jun 09Jun

/HOTG.IB, Close [MA 200], Volume Daily
09Jun 74.50
09Jun 68.25
09Jun 500
DEM
Vol
Jul96 Aug Sep Oct Nov Dec Jan97 Feb Mar Apr May Jun

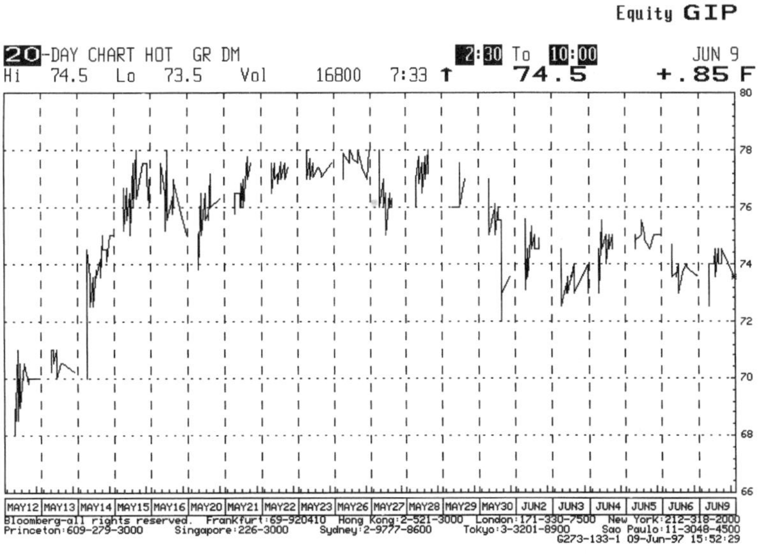
Equity GIP
20-DAY CHART HOT GR DM
7:30 To 10:00
JUN 9
Hi 74.5 Lo 73.5 Vol 16800 7:33 ↑ 74.5 +.85 F
MAY12 MAY13 MAY14 MAY15 MAY16 MAY20 MAY21 MAY22 MAY23 MAY26 MAY27 MAY28 MAY29 MAY30 JUN2 JUN3 JUN4 JUN5 JUN6 JUN9
Bloomberg-all rights reserved. Frankfurt:69-920410 Hong Kong:2-521-3000 London:171-330-7500 New York:212-318-2000
Princeton:609-279-3000 Singapore:226-3000 Sydney:2-9777-8600 Tokyo:3-3201-8900 Sao Paulo:11-3048-4500
G273-133-1 09-Jun-97 15:52:29

10 Fusionsverfahren mit Philipp Holzmann AG

```
Reuters AG GERMANY        Monday, 2 June 1997 19:02:49

17:19 02 Jun RDS-RDS Ad hoc-Service: Philipp Holzmann
AG <HOZG.F>

RDS Ad hoc-Service: Philipp Holzmann AG <HOZG.F>

Mitteilung gemäß Paragraph 15 WpHG übermittelt von
der DGAP.

Für den Inhalt der Mitteilung ist allein der Emittent
verantwortlich.

----------------------------------------------------

PHILIPP HOLZMANN Frankfurt am Main 2. Juni 1997

Aktiengesellschaft

Wie uns mitgeteilt wird, haben die Hochtief AG und
die Deutsche Bank AG sich entschlossen, die geplante
Poolung von Beteiligungen der Deutsche Bank AG und
der Hochtief AG an der Philipp Holzmann AG nicht
weiter zu verfolgen und das bei der EG-Kommission
anhängige Fusionskontrollverfahren durch Rücknahme
der Anmeldung zu beenden.

Die Philipp Holzmann AG und die Hochtief AG
beabsichtigen, auch in Zukunft im Rahmen des
rechtlich Möglichen zusammenzuarbeiten.

Ende der Mitteilung

For related news, double click on one of the
following codes:
[GER] [GEE] [RDS] [LDE]
[HOZG.F]

For related price quotes, double click on one of the
following codes:
<HOZG.F>

Monday, 2 June 1997 17:19:50

RDS [nXK0206247]
```

Die Bekanntgabe der Ad hoc-Meldung war am 2. Juni 1997 um 17:19 Uhr, also außerhalb des Handels am Frankfurter Parkett.

Bei Holzmann verlaufen Kurs- und Umsatzentwicklungen ähnlich wie bei Hochtief, bis auf den starken Umsatz nach der Meldung. Der Markt reagierte am 3. Juni mit einem starken Umsatzanstieg, aber keinen Kursveränderungen.

Die Kurserheblichkeit der Meldung kann - wenn überhaupt - eher aus den Entwicklungen vor der Publikation als aus der Entwicklung danach abgeleitet werden.

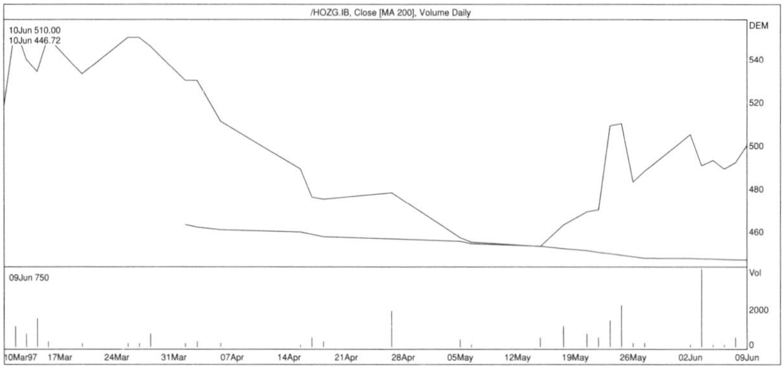
/HOZG.IB, Close [MA 200], Volume Daily
10Jun 510.00
10Jun 446.72
DEM
540
520
500
480
460
09Jun 750
Vol
2000
0
10Mar97 17Mar 24Mar 31Mar 07Apr 14Apr 21Apr 28Apr 05May 12May 19May 26May 02Jun 09Jun

/HOZG.IB, Close [MA 200], Volume Daily
10Jun 510.00
10Jun 446.72
DEM
540
520
500
480
460
440
420
400
380
360
340
09Jun 750
Vol
5000
0
Jul96 Aug Sep Oct Nov Dec Jan97 Feb Mar Apr May Jun

Equity GIP
20-DAY CHART HOZ GR DM
2:30 To 10:00
JUN 9
Hi 497 Lo 490 Vol 2600 7:35 ↓ 492.7 +7.7 D
530
520
510
500
490
480
470
460
450
440
MAY12 MAY13 MAY14 MAY15 MAY16 MAY20 MAY21 MAY22 MAY23 MAY26 MAY27 MAY28 MAY29 MAY30 JUN2 JUN3 JUN4 JUN5 JUN6 JUN9
Bloomberg-all rights reserved. Frankfurt:69-920410 Hong Kong:2-521-3000 London:171-330-7500 New York:212-318-2000
Princeton:609-279-3000 Singapore:226-3000 Sydney:2-9777-8600 Tokyo:3-3201-8900 Sao Paulo:11-3048-4500
G273-133-1 09-Jun-97 15:52:59

Stichwortverzeichnis

Abnormal Performance 192, 204
Abschlußbestandteile
- IAS 36
- US-GAAP 30
Accrual Principle 29
Ad hoc-Mitteilung 117, 143
- standardisierter Aufbau 149
Ad hoc-Publizität 113
- formaler Ablauf 121, 124
- Problemfälle 145
Ad hoc-Publizitätspflicht
- betrifft gegebene Tatsachen 129
- Freistellung durch BAWe 127
- gemessen an Auswirkung auf DVFA-Ergebnis 176, 192
- Pflicht des Emittenten 128
- Problemfälle 145
Ad hoc-Publizitätspflicht
- interner Verfahrensablauf 141
Ad hoc-Service
- der DGAP 147
Akquisitionen 128
AktG
- §118 ff. Hauptversammlungsrecht 119
- §131 Auskunftsrecht 120
Aktienkursänderung mit Insidertatsachen 186
Aktionärsclubs 82
Aktionärsmessen 80
Aktionärsrechte 59
Aktionärszeitschriften 80
Alert-Mitteilung 138
Analystenbesuch
- erwünsche Angaben zur Bilanz 100
- regelmäßig gestellte Fragen 92
Analystenkonferenz Siehe DVFA-Analystenkonferenz
Anhang 25, 43
- freiwillige Angaben 47
- Pflicht-, Wahlpflichtangaben 43
Anlegerschutz 116
Ansprechpartner Siehe IR
APT 185, 190
Auskunftsverweigerung 120
Ausschüttungsbemessungsfunktion 29
Auswirkungen auf die Vermögens- und Finanzlage oder auf den allgemeinen Geschäftsverlauf 113

BAWe
- Kurserheblichkeit 200
- Telefon, Telefax-Nr. 151
- Überwachungsrechte 114
Bereichsöffentlichkeit 20, 118–119, 124–125
berufsethische Grundsätze Siehe DVFA-Standesrichtlinien
Berufsstand der Finanzanalysten, Portfoliomanager und Anlageberater 105
Berufsverband
- der Kapitalmarktexperten
-- Aktivitäten 67, 103
Bestimmtheitsmaßwerte 186
Bestimmungsfaktoren eines Wertpapierkurses 180
Betriebsbesichtigungen 81
Betriebsvergleich 39
Bilanzierungs- und Bewertungswahlrechte 25, 42
bilanzpolitische Gestaltungsmöglichkeiten 29–30, 39
Börsengesetz Siehe BörsG
Börsenpflichtblatt
- regional 153
- überregional 152
Börsenplätze 151
Börsenzulassungs-Verordnung Siehe Börs-ZulV
BörsG
- §44 a 4, 115
- §44 b 118
- §44 b Zwischenbericht 3
Börs-ZulV 4, 118
Bundesanzeiger 124
Bundesaufsichtsamt für den Wertpapierhandel Siehe BAWe

Call Center 84
CAPM 185, 190
Cash-Flow 42
Cash-Flow nach DVFA/SG 42, 235

Cash-Flow Statement
chaostheoretische Konzepte 184
close period 164
Company Announcements Office der Londoner Börse 136

DAX-Werte 197
decision usefulness 29
Deutsche Börse AG 147
Deutsche Gesellschaft für Ad hoc-Publizität mbH Siehe DGAP
Deutsche Telekom
- Börsengang 87
DGAP 146
Diffusions-Sprung-Prozeß 184, 191
Direktmail 85
Dividend Discount model 181–182, 185, 187
DVFA
- Kapitalmarktkommunikation 189
DVFA/SG-Ergebnis 40, 103
DVFA/SG-Ergebnis pro Aktie 41
- Erklärungskraft 186, 189, 232
DVFA-Analystenkonferenz
- Aufgabenbereiche DVFA/Emittent 69
- Bewirtung/Geschenke 75
- Einlaß- und Sicherheitskontrolle 72
- Fachpublikum 76
- Konferenzablauf 72
- Nachbereitung 76
- Räumlichkeiten 75
- schriftliches Informationsmaterial 74
- Terminierung und Einladung 69
- Ziel und Intention 67
DVFA-Berufsgrundsätze 68
DVFA-Code of Conduct Siehe DVFA-Standesrichtlinien
DVFA-Ergebnis Siehe DVFA/SG-Ergebnis
DVFA-Ergebnis pro Aktie 189
DVFA-Kommission
- Effiziente Unternehmenskommunikation 192
- Methodenkommission 192
DVFA-Standesrichtlinien 71, 77

Earnings-Response-Koeffizient 190–191
Eigenkapital
- -kosten 5
- -versorgung 2
Eigentümerinteressen 4
Einzelfallbeurteilung 207
Einzelfallkatalog 132
Einzelfallprüfung 179
Einzelgespräche 81, 171
elektronische Medien Siehe Informationsverbreitungssysteme
Ergebnis nach DVFA/SG Siehe DVFA/SG-Ergebnis
Erheblichkeitsgrenze 196

Fact Book 11, 13, 64, 75, 81
fair presentation 29
FASB 31, 197, 211
Financial Accounting Standards Board Siehe FASB
Financial Community Siehe IR
Finanzanalysten
- Funktion im effizienten Kapitalmarkt 170
- gefahrgeneigte Tätigkeit 171
- tatsächliche Funktion im realen Kapitalmarkt 171
Finanzanzeigen 80
Finanzflußrechnung 42
Finanzkommunikation
- systematische - Siehe IR
Forschungs- und Entwicklungsbericht Siehe Lagebericht
full and fair disclosure 115
Full-Service-Informationsverbreitungssystem 146, 152
fundamentale Analyse 185

GARCH-Modelle 184
Gerüchte 143, 145
Geschäftsbericht 65
Geschäftsführung der Börsen 114
Gläubigerschutz 116, 188
- Prinzip des 4
Goodwill bei den Kapitalmarktteilnehmern 10

Handelbarkeit der Wertpapiere 159
Handelsaussetzung 123, 125
Handelsgesetzbuch Siehe HGB

Handelszeiten an deutschen Börsen 125, 156
Hauptversammlung 59, 145
- Bereichsöffentlichkeit 120
- Berichterstattung 61
- frühzeitige Terminierung 60
Herrschaftswissen 165
HGB 25, 27–28, 37
- §§238 ff. Rechnungslegung 3, 116
- §§264 ff. Jahresabschluß 3
- §§325, 328 aktienrechtliche Publizitätspflichten 116
- §289 Lagebericht 117
Hinweisbekanntmachung 114
Hotline 81

IAS 25, 31, 34, 37–38, 103, 197
IASC 28, 31, 34, 41, 56, 181, 197
Income Statement 30
Indextracking 185
Indikator der Kurserheblichkeit
- DVFA/SG-Ergebnis pro Aktie 189
Informationsasymmetrie 169, 172
Informationsbasis
- Rechnungslegungsdaten 25
Informationsbedarf
- Bestimmungsfaktoren 12
Informationsbereich
- Unternehmensdaten 9
- Unternehmensumfeld 9–10
- Vergangenheit bis Gegenwart 9, 25
- Zukunftsinformationen 9–10
Informationseffizienz des Kapitalmarktes 162, 168, 171
Informationsfunktion 28
Informationsgehalt
- DVFA/SG-Ergebnis 41, 187, 232–234
- Jahresüberschuß 41, 187
Informationsinstrumente
- - zur freiwilligen Kommunikation 11
- gesetzlich vorgeschriebene - 11
- zielgruppenorientierter Einsatz 12
Informationsintermediäre 78
Informationsmanagement 126
Informationsmittler
- Fachjournalisten 7
- Verstärkereffekte der - 8
- Wertpapieranalysten 7
Informations- und Chancengleichheit 165
Informationsverbreitungssysteme
- elektronische 113, 146
Informationsvorsprünge
- naturgegebene 165
innerer Wert einer Aktie 183
Insider
- Berufsinsider 161
- Beteiligungsinsider 161
- Kapitalmarkteffizienz 172
- Organinsider 161
- Sekundärinsider 161
Insiderdelikte
- Vermeidung 125
Insidereigenschaft
- Finanzanalysten, Wirtschaftsprüfer 161
Insiderhandelsverbot 160, 211, 214
- Ausnutzung einer Insiderinformation 160
- Empfehlung aufgrund von Insiderinformation 160
- unbefugte Weitergabe von Insiderinformation 160
Insiderpapiere 162
Insiderproblematik 12, 159
Insiderrelevanz 141
Insidertatsache 160, 163
International Accounting Standards Siehe IAS
International Accounting Standards Committee Siehe IASC
International Organization of Securities Commissions Siehe IOSCO
Internet Homepage 91
Investmentresearch 169, 208
Investor Relations Siehe IR
Investorenkennziffer 189
IOSCO 33
IR 1, 23, 59, 67
- Ansprechpartner im Unternehmen 11
- Bedeutung der - 2
- Financial Community 1
- Fremdbezug über externe Agentur 23
- für Privatanleger 82
-- Inhalte 86
-- Instrumente 84

- Informationsbereich s. dort
- Kommunikationsinstrumente s. Informationsinstrumente
- Merkmale der - 2
- Meßbarkeit des IR-Erfolgs 21
- Qualität der Kommunikation 6
- Unternehmenskommunikation mit den Kapitalgebern 1
- Verteilerliste für Unternehmensinformation 11
- Vorteile der - s. a. Goodwill
- Vorteile der - s. a. Marktliquidität
- Zielgruppen der - Siehe Kapitalmarkteilnehmer

Jahresabschluß 3, 9, 25–27, 38, 44, 48, 50, 61, 209, 212, 224, 227
- Rechnungslegung Siehe dort

Kapitalaufnahmeerleichterungsgesetz 25
Kapitalkosten 165
Kapitalmarktrecht 159
Kapitalmarktteilnehmer 7
- Informationsbedarf der - 8
- Informationsmittler 7
- institutionelle Anleger 7
- private Anleger 7
Kapitalmarkttheorien
- Konzepte der - 183
- empirische Überprüfungen 190
KGV 41, 177, 181, 195, 218
Kommunikation
- mit ausländischen Anlegern 38
- zeitnah, umfassend 88
Kommunikation mit der Financial Community
- Beispiel SAP AG 88
Kontinuität Siehe zweckmäßige Unternehmenskommunikation
Konzernabschluß 25
Kursbeeinflussungspotential 113
Kursbeurteilung
- vergleichende 41
kurserhebliche Tatsache Siehe Kurserheblichkeit einer Tatsache
Kurserheblichkeit einer Tatsache
- 5%-Grenze 195
- Auffassung des BAWe 200–202
- DAX-Werte 197–200
- DVFA-Definitionsvorschlag 192
- DVFA-Ergebnis als Kennziffer der Aktienkursentwicklung 196
- kasuistische Aufzählung 193
- konkrete Bestimmung 186
- Systematik 164
Kurs-Gewinn-Verhältnis Siehe KGV
kursrelevante Informationen
-britische Vorschriften 135
Kursrelevanz Siehe Kurserheblichkeit
Kurswirkungsanalyse
- Marktbezogene Faktoren 178
- Zweistufigkeit der - 176

Lagebericht 48, 117
- Elemente des -s 49
- Kurserheblichkeitspotential 176, 188, 201, 202

Marktliquidität 6, 23
Materiality-Grundsatz 132
mean-reverting-Prozeß 191
Meßbarkeit des IR-Erfolgs Siehe IR
Misappropriation Theory 173
Mitteilungspflicht 114
Mitteilungspflicht nach §15 WpHG Siehe Ad hoc-Publizitätspflicht
Multiplikatoren am Kapitalmarkt 130

Nachtragsbericht Siehe Lagebericht
natürlicher Informationsvorsprung 169
nichtlinearer Ansatz 191
NYSE 167, 191

objektives Tatbestandsmerkmal 180
öffentliche Bewertung 171
originäre Primärinsider 169
- Unternehmensleitung 170

PER 41, 218
Pflichtblätter 153
- überregional 152
Portfoliotheorie 185
PR 1
- Merkmale der - 2
- Unternehmenspublizität 2
Prävention 168
Preiswürdigkeitsprüfung 41
Pressegespräch 125

Pressekonferenz 63
price sensitive 135
Price-Earnings-Ratio Siehe PER
Primärinsider Siehe Insider
- Primärinsider
professionelle Mindeststandards
Siehe DVFA-Standesrichtlinien
Prognosebericht Siehe Lagebericht
Public Relations Siehe PR
Publikationsorgane 152
Publizitätspflicht 141
Publizitätspflicht nach §15 WpHG
Siehe Ad hoc-Publizitätspflicht
publizitätspflichtige Tatsache 163

quiet period 164

Random-Walk-Hypothese 183
Rechnungslegung
- anglo-amerikanisch 31
- deutsch 25
- international aktuelle Tendenzen 38
- kontinentaleuropäisch 31
Rechnungslegungsdaten
- Informationsgehalt 26
Rechnungslegungsfunktionen 32
Rechnungslegungsphilosophie 28, 30, 196
Rechnungslegungsstandards
- international 28
Rechnungslegungssystem
- anglo-amerikanisch 27
- kontinentaleuropäisch 27
Regulatory News Service Siehe RNS
repräsentative Unternehmenskennziffer 189
Reputation Siehe zweckmäßige Unternehmenskommunikation
Reuters AG 147
Risikoeinschätzung 115
RNS 135
Roadshows 81
Round-Table-Gespräche 80

schwach strukturierte Probleme 186, 193
SEC 33
Sekundärinsider Siehe Insider
- Sekundärinsider 161
SFAS 31, 41–42
soft information 209
Sondereinflüsse
- außerordentliche 40
- dispositionsbedingte 40
- einheitliche Bereinigung 41
- ungewöhnliche 40
standardisierte unerwartete Erträge 190
Statements of Financial Accounting Standards Siehe SFAS
Stetigkeit Siehe zweckmäßige Unternehmenskommunikation
Steuerbemessungsfunktion 29
Straftatbestand 160, 180
- subjektives Tatbestandsmerkmal 180

Tatbestandsmerkmal
- Eignung einer Tatsache zur erheblichen Kursbeeinflussung 132
technische Analyse 184
Telefonkonferenzen 89
Ticker Plant Frankfurt Siehe TPF
TPF 148

Überreaktions-Theorie 191
unbestimmte Rechtsbegriffe 186, 193
Unternehmens- und Kurswert
- angemessener - 5
Unternehmensberater als Insider 169
Unternehmenshandbuch Siehe Fact Book
Unternehmenskommunikation
- - mit den Kapitalgebern Siehe IR
- Grundsätze Siehe zweckmäßige Unternehmenskommunikation
- systematische – Siehe IR
Unternehmenspräsentation
- unterjährig 80
Unternehmenspublizität 56
- - über gesetzlichem Mindeststandard 4
- gesetzliche, fallbezogene - 3
- gesetzliche, regelmäßige - 3
- investorengerechte - 5
Unternehmenspublizität Siehe auch IR
Unternehmensveröffentlichungen
- regelmäßige 113

US Generally Accepted Accounting Principles Siehe US-GAAP
US-amerikanisches Wertpapierrecht 132
US-Börsenaufsicht Siehe SEC
US-GAAP 25, 27, 29, 37-38, 103, 197

Vergleichbarkeit Siehe zweckmäßige Unternehmenskommunikation
Veröffentlichungen nach §15 WpHG
- die Kür 143
- die Pflicht 143
- Prinzipien 143
- Problemfälle 145
Veröffentlichungspflicht 113
Verteilerliste Siehe IR
Vertreter der Investoren
- Finanzanalysten 169
Volatilität 167, 184, 196, 199, 201
- und KGV-Multiplikatoren 206
Vorabinformation 150
vwd-Vereinigte Wirtschaftsdienste GmbH 147

Wertpapierhandelsgesetz Siehe WpHG
Wesentlichkeit Siehe zweckmäßige Unternehmenskommunikation
Wirtschaftlichkeit Siehe zweckmäßige Unternehmenskommunikation
Wirtschaftsbericht Siehe Lagebericht
Wirtschaftsmedien 152
Wissensvorsprung der Organinsider 160
WpHG 3, 103, 159, 194, 210
- §12 163
- §13 160
- §14 160
- §15 113
- §15 Veröffentlichung und Mitteilung kursbeeinflussender Tatsachen 3
- §39 Abs.3, Bußgelder 115
- §39 Bußgeldvorschriften 4
- praktische Umsetzung des §15 WpHG 141
- Regelungszweck 165

Zeitnähe Siehe zweckmäßige Unternehmenskommunikation
Zeitvergleich 39
Zusatzbericht Siehe Lagebericht
zweckmäßige Unternehmenskommunikation
- Adressatengerechtigkeit 17
- in Krisenzeiten 19
- Kontinuität, Stetigkeit, Vergleichbarkeit 15
- Probleme 20
- Reputation 19
- Wesentlichkeit, Effizienz 14
- Wirtschaftlichkeit 18
- Zeitnähe 17
Zweites Finanzmarktförderungsgesetz 3, 157, 165, 215
- Gesetzesabsicht 166
- unbestimmte Rechtsbegriffe 166, 186
Zwischenbericht 3, 9, 13, 118 Siehe a. BörsG §44b

Ihre Meinung zählt!

Um unsere Fachliteratur an Ihren Wünschen auszurichten und weiter zu verbessern, sind wir an Ihrer Meinung interessiert.
Deshalb bitten wir Sie freundlichst um Ihre Mitarbeit. Vielen Dank!

Fragebogen

Aus welchem Buch stammt dieser Fragebogen?____________________

Welche Erwartungen hatten Sie an das Buch?____________________

Wurden Ihre Erwartungen erfüllt? ❑ ja ❑ nein ❑ teilweise

Wie beurteilen Sie den Inhalt?____________________

Wie bewerten Sie die typografische Gestaltung? (Textanordnung, Schriftgröße, Lesbarkeit, Abbildungen)____________________

Wie beurteilen Sie den Preis? ❑ sehr preisgünstig ❑ angemessen ❑ zu teuer

Was könnte man besser machen?____________________

Sonstiges____________________

Und so erreichen Sie uns:
Fax 07 11/21 94-119 • Telefon 07 11/21 94-112
Schäffer-Poeschel Verlag • Joachim Bader • PF 103241 • 70028 Stuttgart
e-mail: bader@schaeffer-poeschel.de • Internet: http://www.schaeffer-poeschel.de

SCHÄFFER POESCHEL